可持续增长十项议题

——周小川有关论述汇编

杨燕青　　孙俊滔◎编

中国金融出版社

责任编辑：黄海清　童祎薇
责任校对：孙　蕊
责任印制：程　颖

图书在版编目（CIP）数据

可持续增长十项议题：周小川有关论述汇编/杨燕青，孙俊滔编．—北京：中国金融出版社，2022.8
ISBN 978 - 7 - 5220 - 1688 - 7

Ⅰ．①可…　Ⅱ．①杨…②孙…　Ⅲ．①中国经济—经济增长—研究　Ⅳ．①F124.1

中国版本图书馆 CIP 数据核字（2022）第 134237 号

可持续增长十项议题——周小川有关论述汇编
KECHIXU ZENGZHANG SHIXIANG YITI：
ZHOU XIAOCHUAN YOUGUAN LUNSHU HUIBIAN

出版
发行　**中国金融出版社**

社址　北京市丰台区益泽路 2 号
市场开发部　（010）66024766，63805472，63439533（传真）
网 上 书 店　www.cfph.cn
　　　　　　（010）66024766，63372837（传真）
读者服务部　（010）66070833，62568380
邮编　100071
经销　新华书店
印刷　保利达印务有限公司
尺寸　155 毫米 ×230 毫米
印张　25
字数　295 千
版次　2022 年 8 月第 1 版
印次　2022 年 8 月第 1 次印刷
定价　98.00 元
ISBN 978 - 7 - 5220 - 1688 - 7
如出现印装错误本社负责调换　联系电话（010）63263947

前　言

　　可持续增长，作为 G20 在 2008 年国际金融危机后以全球经济金融政策协调同步实现经济复苏的"叙事关键词"，是 2009—2016 年全球经济治理"高光时刻"的见证。在经历了中美贸易摩擦、新冠肺炎疫情和地缘冲突几大外部冲击后，随着 G20 机制滑向边缘，可持续增长这一"叙事关键词"似乎失去了昔日的荣光。

　　世界正站在历史的十字路口，全球面临着第二次世界大战以来最严峻的经济、政治、地缘、环境和社会的全方位挑战，全球经济增长不可持续：2001—2007 年，全球经济平均增速为 3.5%；国际金融危机后，2010—2019 年下降到 3% 左右；2020 年后，疫情的"持久伤疤"（lasting scar）和地缘冲突将全球带入滞胀的宏观经济区间，未来五年，全球经济增速将进一步下降。

　　经济增长不可持续从根本上打破了以往经济、市场和社会得以稳健运行的多重均衡。疫情和加息触发债务不可持续和金融动荡，地缘冲突引发粮食和能源危机，加之老龄化冲击，财政不可持续加剧，而这又导致全球本应投入应对气候变化的资金不足，环境不可持续更为恶化。被寄予厚望的数字化和科技进步未能弥补全球价值链断裂重塑导致的效率损失，也没能带来"好的工作"（good job），而数字经济时代的平台、垄断和"赢者通吃"，却又带来公平竞争和收入分配等一系列问题。所有这些必然导致民众不满和社会撕裂，民粹政治竞相登场，不仅于事无补，还在国内和全球加剧各领域多层面的不可持续，直至催生新的动荡和危机。

重回"可持续增长"这一"叙事关键词"，恐怕是理清层叠缠绕如乱麻的问题和现象，从经济学基础理论、微观激励/机制设计、宏观政策框架的系统思考出发，寻求经济社会"系统最优解"的不二路径。

本书汇编了周小川 2018—2022 年在"可持续增长"这一主题下的近 40 篇学术观点和思考结晶，其中既有在联合国、国际清算银行（BIS）和 G30（三十人小组）等国际论坛上针对全球政策制定的研讨内容，也有在清华大学、中国金融学会和中国社科院等场合所作的严整学术报告，以及在博鳌亚洲论坛和一系列其他场合的讲座实录，所述内容深厚丰富，蕴含思想灵动深邃，闪现着创造性思维。

"经济运行的优劣，像是马拉松长跑，不在一时快慢，而在于耐力，即可持续性，特别是不能摔倒受伤而又中断"——这是可持续增长的要旨。围绕这一要旨，本书内容针对十大议题展开："气变应对与'双碳'目标"，是可持续增长的重点和核心，通过纳入"碳约束"，利用基于数学规划的宏观经济模型揭示了深层次政策逻辑；"ESG 与普惠金融"是可持续增长主题在金融领域的阐释，并延展到信息科技底层架构、宏观平衡等深层次议题；"科技发展与数字经济""收入分配与科技冲击"从数字经济、人工智能和数字货币切入，对公平竞争、就业和收入分配等政策响应进行了深入探讨，并提供了应对科技冲击实现可持续增长的"政策工具箱";"养老金改革与财务可持续性""金融稳定与公司治理""宏观经济健康与金融改革"等围绕养老金的财务可持续、金融稳定,以及以货币政策为核心的宏观金融议题,将财政、金融和公司治理打通,系统分析可持续增长的宏观金融政策框架;"对外开放与国际贸易体系变革""跨境税收协调与数字税""'一带一路'与债务负担",则从全球治理面临的贸易冲突、税负公平和债务风险等重大挑战出发,融汇历史长波和前沿挑战,从"中国策"和"全球公共品"两个层面提供了具有远见的应对方案。

本书内容展现了相当深厚的经济学功力、流动的科学思维、跨越时间序列和国界的政策制定沉淀,以及当三者融会贯通时所能达致的境界。可持续增长,既是研究的目标宗旨,也是核心方法论,系统最优解与政策制定逻辑一脉相承。而将反馈特性、连续函数、条件概率分布等科学方法借用到经济政策制定中,将增值税(VAT)逻辑用于全球碳税设计,将国际贸易"反倾销"政策工具移植到平台经济"赢者通吃"的治理中……这些灵感叠出的"迁移学习"方法令人耳目一新、由衷赞叹。

本书的内容精髓建构在学理之上,严整的均衡模型隐含了对总量平衡、财经纪律等冷静的逻辑和价值观思考。深入阅读中,更高层面的人类关怀会跃然纸上——在强势袭来的科技冲击下守护公平竞争,消解集中数据系统无所不能的"迷思",强调人文关怀和科技伦理等,无不引人掩卷深思。在长波理论下观照全球大局,疾呼警惕"冷战"式贸易格局回归,以"全球数字税"服务于"全球公共产品",打造全球连通碳市场，"碳边境税"用于支持欠发达国家等，都是周小川先生这位长期为多边主义财经政策制定作出贡献的全球宏观政策思想者的分析与论证。

　　回到可持续增长，回到"初心"。面临"百年未有之大变局"，期待本书的出版能够引发深层次的思考、有价值的讨论，并推动系统求解"最优解决方案"。

本书编者

2022 年 7 月

目　　录

议题一

气变应对与"双碳"目标

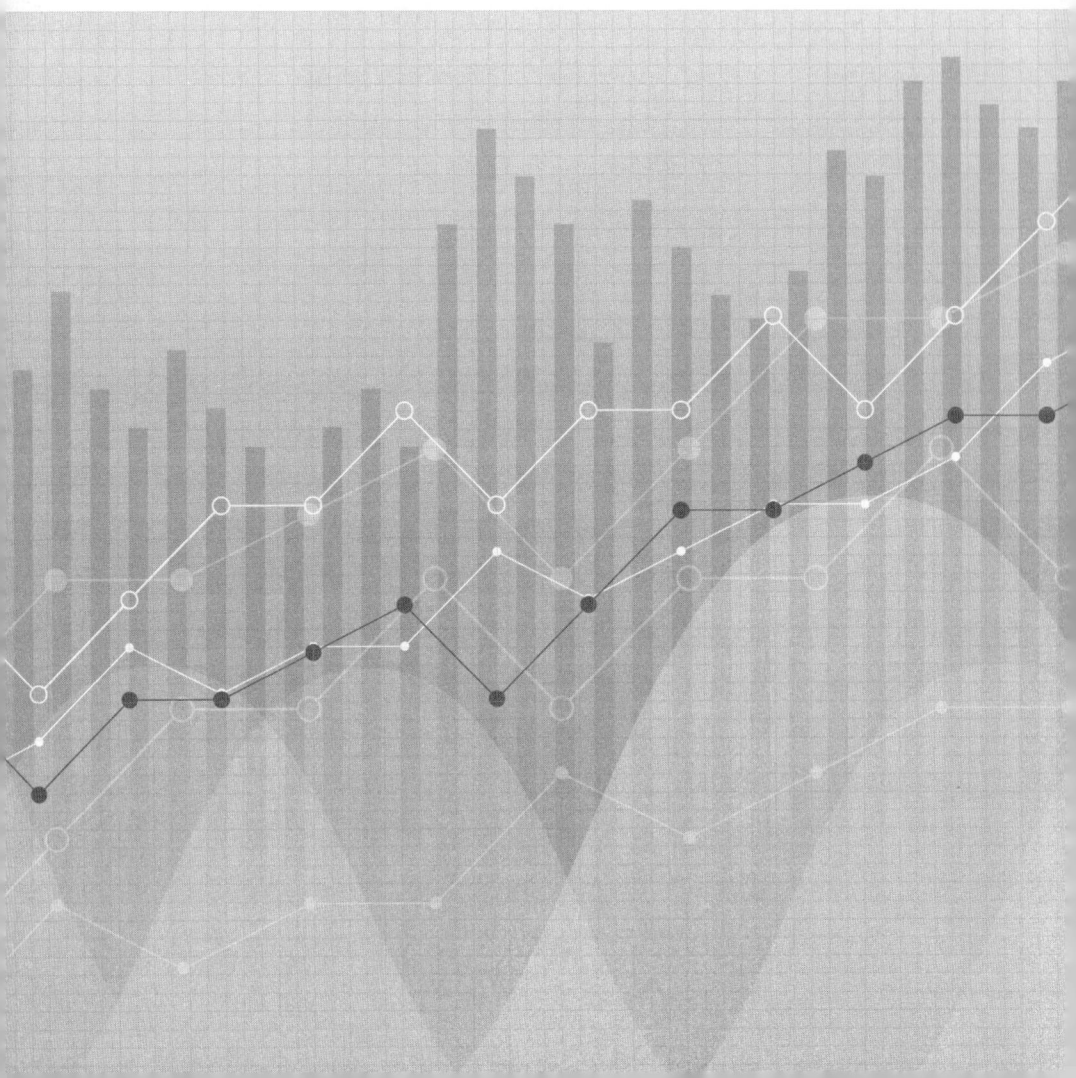

编者引言

国家主席习近平已向全球宣布了中国实现减碳的"30·60"目标及若干具体措施，国家发展改革委正在将其具体化为"1+N"规则，并且"N"中多数规则已制定完毕。作为可持续发展、气变和环境问题的中国方案，"30·60"目标（"双碳"目标）是具有世界意义的庄严承诺。对此，2021年出版的《碳中和经济分析——周小川有关论述汇编》一书，针对"30·60"总量目标、碳市场、（跨期）投资激励机制、技术演进和碳市场连通等领域进行了分析。此后，周小川又在若干论坛上对目标和激励的优化、金融业如何完成使命等作了引人关注的发言，本议题收编了近期的有关内容。

如何优化迈向"30·60"目标的路线图、时间表？首先，需要经济发展才会在减排上有科技进步、投资增加；其次，在减碳路径上，要寻求优化的步伐，不宜先快后慢，也不宜先慢后快。本议题的关注点就是，以系统方法论定义和表达"30·60"目标的具体路径，以及达致该目标的各年度量化指标，即通过动态规划模型和资源配置优化模型导出系统性理解。

在未来走向碳中和的几十年内，最具挑战的任务是这一过程之中需要组织、动员大量的投资。能否成功动员并利用好这么大的投资，是金融界面临的重大挑战。公共财政能动员一部分资金，大量资金还得动员民间资本。

如果要动员民间资金，需要用市场的规律，也就必然要寻求恰当的激励机制，使面向减碳或零碳的投资具有可预期、可测算的合理回报率。尤其是建立合理的机制，使大量资金能够投入减排新技术和新产品的研发，以及各行业各领域设备的更新换代。用好激励机制，目前已有包括补贴、奖励、碳税、碳市场价格等一系列工具正在使用或设计中，力度不一，缺乏协调，面临的问题是，需要研究什么是最优激励。对此，可用一般均衡模型或其对应的年度资源配置优化模型进行表达，进而产生影子价格。借助碳价格（即理论上的影子价格）传导，可以影响企业行为和消费者行为，进而实现政府、企业、家庭"非一致性行为主体"的优化协调。因此，碳价格应代表最优激励机制。

同时，从优化模型的对偶性可以看出，行政手段（数量方式）与价格手段二者非此即彼：采取市场价格方式则不必过多依赖行政手段，而主要用行政手段则认为价格手段没有必要，而且越是不用好价格工具，就越依赖行政分解的数量控制。行政手段必然将总量任务按条条块块分解落实，缺乏灵活性，也不易动员民间投资，易出现类似"拉闸限电"的现象，也难以证明总量与分解是否最优。价格手段较有弹性，能为投资、研发、创新提供更好的激励机制；缺点是存在通胀效应，某些特定情形下会影响民生。

对于如何动员和激励投资去实现"30·60"目标，金融界有着不可或缺的特长，需要重视金融业在定价、风险管理及跨期、跨境投资中的作用，包括对应的市场建设等工作的深化与落实。

围绕碳市场的基础功能，本议题还讨论了若干相关概念和配套政策。如，提出借鉴增值税 VAT 做法追踪碳足迹；借鉴沪（深）港通等的做法，对多个碳市场进行可控的连通；把西方国家拟征收的边境调节税收入用于购买发展中出口国的负值碳配额，支持发展中国家减排；加强碳排放的需求侧管理和向需求方的价格传导机制；净零城市规划和净零公司承诺应计算外购及转出的碳排放；最重要的减排行动将发生在电力行业，其中电网的运行能力与定价能力是关键。

金融业在应对气变和
碳市场建设中的角色与潜能[①]

很高兴能够参加第二届"绿天鹅"研讨会并作一个发言。本场会议的主题是"气候转型中金融体系的作用",需要研究和探讨的问题很多,借这个机会跟大家分享一下我的观点。

一、实现碳中和需要动员巨额投资

面对全球气变难题,金融界要勇敢地承担起自己的责任。在未来走向碳中和的几十年内,最艰巨的任务是这一过程之中需要组织、动员大量的投资。仅就中国而言,按照各研究机构的估算,较低的也需要约 140 万亿元人民币的投资,还有的估算需要几百万亿元人民币;就全球来说,估算的投资数字更是非常庞大。因此能否成功动员并利用好这么大的投资,是金融界面临的重大挑战。

其中,财政能动员一部分资金,但只能解决一小部分问题。毕竟在这么庞大的投资中,财政资金的最终占比必然不会太高,大量资金还得动员民间资本。离开了金融业,没有任何其他行业或机构能承担这么大的资金动员任务。如果要动员民间资金,需

---

① 源自周小川 2022 年 5 月 31 日在人民银行和国际清算银行(BIS)、欧洲央行、央行与监管机构绿色金融网络(NGFS)联合举办的第二届"绿天鹅"会议上的发言(中文译稿)。

要用市场的力量，也就必然要寻求恰当的激励机制。也就是说，要使投资者不仅仅出于实现碳中和目标的觉悟性作出选择，更主要的是因为创造了一种面向碳中和的市场激励体系，即面向减碳或零碳的投资具有可预期、可测算的合理回报率。

从目前中国的情况来看，要吸引这么庞大的投资，金融业的工作还有相当大的差距。包括在当前及稍后一段时间内还需要就市场建设方面的内容进行讨论，取得共识。同时，其他各项任务也是非常重要的。就金融界来讲，要建立一些基本指标体系；要提高透明度，使投资、贷款等各类金融产品都能明确地披露对二氧化碳、其他温室气体的排放和气候变化的影响；本身也应该带头减排、实现零排放，尽管金融界自身实现零排放在整体碳中和大局当中只是一个相对较小的成分。

总之，金融业的一些基础工作是重要的，但更重要的、面临更大挑战的是如何大规模动员和使用社会资金，尤其是建立合理的机制，使大量资金能够投入减排新技术和新产品的研发，以及各行业各领域设备的更新换代。有人认为，二氧化碳减排包含的物理化学及工程内容比较多，因而主要是工业部门的事情，金融部门在当中只能起到辅助作用。这似乎不重视金融业的角色，而从前面提出的需动员庞大资金的角度来看，金融业的功能及其特长是至关重要的。

二、重视金融业在定价、风险管理及跨期、跨境投资中的作用

首先，碳中和所需的长期投资及价格形成需要金融市场的定价能力。实体经济中的大宗商品价格形成其实早已是靠金融市场及其规律进行定价的。不是说因为碳市场具有金融属性，所以才

需要金融业的参与，而是碳市场本身需要运用从金融业发展起来的定价功能。

其次，尽管早期的碳市场可能主要解决的是当期的定价以实现增产节约的问题，但其实实现碳中和所需的大额投资多数都是针对跨期的项目，少说得两三年，中期三五年甚至更长才能见到效果。不管是研发、设备更新，还是兴建新工厂和设施，都是跨期投资。一些大的、高难度的研发项目，比如受控核聚变，期限跨度还需要更长。金融界历来注重应对跨期问题，应该说解决跨期问题是金融业的一个特长，涉及期限转换、收益与风险分摊、跨期会计核算等多方面。

再次，长期的投资必然会涉及大量的风险管理。一些新技术、新工艺的应用前景明显是具有风险的，而金融业本质上就是管理风险的行业，在这方面有理论、有实践、有人才，必然大有用场。

最后，很多投资还涉及跨国境的项目和资源配置。跨国境的资源配置与优化需要建立在不同货币、汇率、兑换、金融市场套保及有关核算的基础之上，因此也是金融业的本行，有很大的发挥作用的潜力。

三、注重构建统一的碳交易市场

在今年博鳌亚洲论坛年会的有关讨论中，我看到有人提出，将碳市场设计分为碳排放权市场和碳补偿市场，还有人提出把碳移除（carbon removal）、碳抵消（carbon offset）、碳削减（carbon reduction）、国家核证自愿减排量（Chinese Certified Emission Reduction，CCER）等说成是不同性质的产品，需建立不同的市场。事实上，碳市场应该是一个规模尽可能大的统一大市场，这个市场既包括惩罚性功能，也就是要排碳需要先通过碳市场购买排放配额

（权）；同时也体现鼓励性功能，即借助市场配额价格的激励机制把利益转送给碳减排、碳吸收、碳汇或者是碳捕获、利用和封存（Carbon Capture，Utilization and Storage，CCUS）的行动者，其中也涉及各种排放现有设备、工艺路线的技术改造等行动。

从总量上来看，需要购买碳排放配额的资金总量应该等于所有用于激励碳减排、碳吸收的资金总量。此外，如果征收碳税的话，那么源自排放的所有碳税收入都应该用于支持碳减排、碳沉降、碳补偿，中间不应该被挪用。从市场供求来讲，构建统一的市场能防止资金被误用和挪用，也就是说，不能将从排放配额中收到的费用挪作他用，而碳补偿的资金还需要从别的地方去筹集。这显然并不是最优资源配置安排。同时，统一的市场所形成的碳配额约束条件也能确保在未来几十年中由碳中和路线图、时间表所规定的各年度碳减排总量得以顺利实现。

当然，这当中还存在跨期的问题。当期的资金平衡大家比较容易理解，但如果跨期的话，就需要考虑到一些对碳减排、碳沉降及 CCUS 等的投资需要在未来某个投产年份才能产生碳吸收等回报，因而需要用到碳远期、碳期货的价格，或需要通过净现值法将未来回报转换到当期收益来形成对投资的激励。

因此，把碳市场再细分为不同产品的市场，虽然从概念上说未尝不可，但从实际操作和未来功能发挥来看，不利于最优价格的发现和资源配置的优化，还需要从数学模型及其表达上加深对市场的功能和作用的理解。实际上，碳市场应是一个统一的市场，其所产生的价格也是一致的价格，并且以资源配置最优化为目标。

四、碳配额设置的几种主要方法及差别

总的来说，碳市场的数学表达也是个宏观经济模型，是在生

产要素资源约束下，即在当前存量设备生产能力、劳动力、总储蓄、技术与智能等约束下，争取创造最大的 GDP（或者经改进表达的 GDP）。从方法论上看，由于在宏观经济模型中添加了分年度的碳排放目标，因此需要在这种宏观模型中新加入一个约束条件：所有的碳排放减去碳吸收的量要小于等于碳中和路线图、时间表所规定的年度碳排放总量，也就是碳配额总量。当然，还可以把其他主要温室气体增列为若干约束条件，这样也就存在若干个配额。约束条件增加以后，需要使用更多资源才能实现原定的GDP，即可能会在一定程度上把 GDP 向下拉。在此基础上，如果找到了最优资源配置，也就对应得出了碳排放配额的影子价格，即在 GDP 损失最小的情况下实现了年度碳排放的约束值。具体在设计配额的时候，有增量配额法，有全量配额法，也有混合法，也许还有其他的办法。

在增量配额法中，基年的碳排放予以认可，或者说是给予免费配额；新增的碳排放必须在配额市场中购买配额；同理，新增的减排（广义的 CCER）获得负值配额，可在市场上出售；年度约束条件为正值配额加上负值配额小于等于年度碳排放增量控制目标（亦可为负值）。在全量配额法中，当年的全部碳排放（存量与增量）均需购买碳配额；当年全部碳吸收经核定均获得负值配额，可出售；年度约束条件为正负配额之和小于等于年度全量碳排放控制目标。约束条件对应的（也是市场供求所平衡出的）是碳配额价格。

考虑到一些行业和企业仍处于转轨阶段，全量配额法可能压力过大，还有一种过渡办法就是存量和增量配额混合。起始年碳市场约束的形成是靠增量配额。从起始年以后，每年从全部存量中拿出一定比例要求排放机构付费购买配额。如果按照每年多拿出基年排放量的 10% 付费，那么经过 10 年以后，也就过渡到全部碳排放都必须购买碳配额的全量配额法。此办法也适用于另一种过渡形式，即一部分行业先进入配额系统，另一部分则较晚纳入。

上述三种办法在具体的实际操作中都是可行的。最佳的办法和符合实际的办法应使各方能够接受，可能还需要作一些妥协，总之，应使所有的减排微观单位都能清楚地看到这一影子价格并据此行动，这种数学关系应该尽可能清晰。

此外，值得一提的是，碳价格（理论上的影子价格）与配额价格（管理用的价格）不必然一致，上述三种碳市场配额交易形成的碳配额价格有可能是不一样的。这在一定程度上可以解释一个问题：目前国际国内各方关于碳市场的讨论有时候说的不是同一种配额，相互之间概念不同，也导致各自形成的价格不一样。

当然，碳价格存在的差异中可能还包括历史因素和国别因素。一些发展水平较低的发展中国家目前还有很多特别粗放的碳排放，相对而言比较容易通过更新换代而被淘汰掉，其边际减排成本相对较低。但我们也要看到，在全球控制碳排放再向前走若干年以后，这种极低成本、容易被更新的环节实际上会被更新完，那时各国碳配额价格将有一个全球趋同的趋势。

五、关于漂绿（green washing）/蹭转型（transition washing）

目前漂绿概念不统一，覆盖面太大，而且各国对"绿色"的定义也不一样。当前可缩小到蹭碳（减排）[CO_2（reduction）washing]/蹭温室气体（减排）[GHG（reduction）washing]。

金融产品是否被蹭碳减排没有独立的验证办法，取决于其支持的相关实体经济活动是否及多大程度上削减 CO_2，这在中国就是 CCER。可通过产生多少 CCER 来标识金融工具的成色。对产生 CCER 的实体活动应给予财务支持、激励，主要有 CCER 配额交易、补贴、减税等。对相关金融活动再给予优惠应主要是象征性的，以防止出现扭曲。

金融上，贷款或债券如冠以减碳，可使用较低档的风险权重，是因为未来相关实体活动被中止或削减的概率低，也能获得较多的监管认可。有意"蹭/漂"（washing）是自己骗自己。

如不存在扭曲的滥用补贴，各金融机构自报的含有"蹭/漂"（washing）的业务量是否夸大也并无大碍。像自报普惠金融统计数据也有同样的问题。

蹭转型需要有更清晰的定义。实际上，CCER 是与转型过程（transition process）有联系的，是按照减碳总量的路线图、时间表而在各个年度计算并核定具体的减碳凭证，有助于定量判别转型的实质。

建议中方将 CCER 扩展一下，由 Chinese Certified Emission Reduction 扩成 Comprehensive Certified Emission Reduction，涵盖三个部分：一是碳汇（carbon sink）类，含碳移除、CCUS 等；二是尚未纳入配额交易的公司内部在提供同等产出下节约的碳（CO_2）；三是第三方公司提供的中间品（含新材料、新设备）能使社会经济层面实现间接减碳。

六、金融业应发挥特长做好各项工作

实现碳中和目标需要大规模的未来投资。如何面向动员和激励投资去实现这一目标，金融界既有不可或缺的特长，也还有很多工作需要深化和落实。

首先，如果要处理贷款和投资，就必须把未来的减排回报折换为净现值。

其次，必须考虑通货膨胀因素。在构建整个碳配额约束及价格形成时都要考虑作通货膨胀调整，而且通胀率还有不确定性。既然气候变化及碳中和需要多年的行动，那么累计通胀的影响会比较显著。

再次，必须考虑投资回报的不确定性和风险。因为这些投资中大量涉及科研新技术，可能有的成功、有的不成功，有的设备和技术更替最后达不到或者超过事先设想的回报。这些都需要风险管理的机制和技能。

最后，由于未来可用技术的不确定性，整个减排系统的多个参数在未来都需要强调动态调整。可以先从二氧化碳做起，其后再把二氧化碳减排领域获得的相关技能扩展到其他温室气体。

国家主席习近平 2020 年已向全球宣布了中国减碳的"30·60"目标，中国的金融界也正在努力，争取在应对气候变化和实现这一目标方面作出应有的贡献。同时，在这个过程中还要努力追求一种优化，争取以最小的、最合理的代价取得预定的效果。

基于碳市场的政策选择①

一、可借鉴增值税（VAT）做法追踪碳足迹

建立有效的碳足迹追踪，并据此进行必要的调节，是实现"双碳"目标的应有内容。我们这里讨论如何借鉴 VAT 的做法来帮助更好地建立对碳足迹的追踪。

（一）借鉴 VAT 做法的几点理由

一是，人们需要选用低碳量的消费品或投入品，因此产品或服务应能标识其定量的碳足迹。二是，对于复杂的供应链（长链与树形链），如不使用分段附加值技术计算碳排放，下游企业很难核算其最终产品的碳足迹。三是，同一产品可能因能源来源和工艺不同而含碳量不同。不能按产品（服务）笼统去核定。四是，如果想收碳税，按 VAT 原理核算碳排放附加税（Carbon Added Tax，CAT），在流转环节征收具有合理性。五是，国内碳税和碳边境调节机制（CBAM）均需维护平等竞争，对碳排放附加（Carbon Added，CA）的核算如不准确、不使人信服，会损坏公平竞争。

---

① 源自周小川向联合国"非国家主体净零承诺高级专家组"提供的讨论素材。

（二） VAT 的几大特点

一是对长链条和树形复杂链条的应对特性比较好。二是不按产品类别计税。三是增值税系统不容易伪造单据。

（三） 模仿 VAT 做法建立追踪碳排放附加的系统

可以模仿 VAT 的做法建立一套系统，建立与之类似的发票制度、进项抵扣制度，从而得出碳排放附加。同时，在出厂商品的标签中，或者卖给消费者的商品标签中，都标明碳排放，除了标明价格还标明碳含量。这种发票单据系统也需要有交叉核验，对伪造作出处罚。

然而该系统跟 VAT 系统也存在差别。根据经济学原理，value added 要扣除所有的投入品，其中包括零部件、原材料、能源消耗、交通消耗等。所以，value added 要按生产要素来衡量，生产要素主要就是劳动力和资本（劳动力也可以细分出管理人才和技术人才）。carbon added（CA）不出自于生产要素。资本本身也没有产生 carbon，人力虽然会产生 carbon，但不是主要的。可以把 CA 归纳为四个方面的来源：一是自身生产或服务过程中的能耗，对于多数企业而言是电力，电力很好统算。二是自身用到的交通，也包括出差坐飞机等，但多数是货运。三是自产材料。自产材料如果含碳量高应该计算进去，比如有的工厂做建筑预制件（如预制的大墙板等），其用到的水泥假如是自己所属工厂生产的，水泥又是产生碳排放比较多的，那么就应该计算进去。四是涉化学反应的特殊工艺过程，其中主要是化工（还有一些是石油化工、造纸、废料处理等），某些特定化学反应工艺，有可能排放出大量的二氧化碳。除此之外的工艺过程，基本是不太重要的碳排放领域。

中国目前的讨论中特别关注的是，碳排放主要集中在化石能源和八大行业。化石能源中的含碳量很多都可通过电力反映出来，另有一些通过交通得到反映。除电力和交通外，八大行业中的化工、石油化工、冶金和有色冶金、建材、造纸、废物处理等，其多数排放已经包括在能耗和交通里了。额外的就是化工、有色冶金、造纸等使用自产材料或特定化学反应所排放的碳。所以，可以通过这几个环节对碳排放作附加的计算得出CA。当然这也是有一定工作量的。

对于有多个产出品的大中型公司来说，需要自行将本公司能耗、交通的CA分解到多个产出品中，以便每种产品（或服务）向后定量传递其碳足迹。审计师可定期予以评估。这有可能出现结构误差，而不会有总量误差。恰好，大中型公司的VAT也需要做类似的工作。此外，还要设计一种税基技术，调动企业收存好涉碳发票/凭证，否则会缴纳偏多的CAT。

未来，除了二氧化碳，还要看其他温室气体（GHG），其他GHG也都要折算为二氧化碳当量。GHG里面也涉及一些自产材料和特殊工艺的问题，其中也包括农业。但这些都是少数行业，绝大多数企业涉及的主要是能耗（能耗里主要是电力）和交通。

（四）可考虑借助现有VAT系统和队伍来建立对碳足迹的追踪

可以考虑借助现有的VAT系统和队伍来追踪碳排放附加，在现有的VAT发票体系上加上一栏，即除了有一栏通过扣减进项而得出的价值型的value added外，再加上一栏carbon added，这样就可以由这个队伍顺便把这件事也做了。与此同时，可以顺便按照carbon added收取一定的碳排放附加税（CAT）。按照增值税的道理，在每一个环节收一定的CAT，有助于保证税收合理性，抑制碳排放，并由最终使用者承担。这都是 VAT 特有的优势。

需要注意的是：一是税率别太高。碳排放的基准激励机制是碳市场价格，税收可以是它的一个分量，总的激励数值仍由碳市场决定。对生产环节的排放者来说，其中一小部分应付排放成本是 CAT 收走的，剩余的还需要在市场上购买二氧化碳配额，以承担全部碳排放成本。二是开征碳排放税时要在预算上作一个承诺，把该税种作为特殊目的税，收到的税款由预算部门全部用于支持碳减排、气变减缓或气变适应项目支出，不得挪用。在满足这两个条件下，收取一定的 CAT 才是有说服力的。现有的 VAT 整个系统和队伍也可以用上。

二、建立碳市场的相互连通[①]

我们知道，欧盟的碳市场是相对比较大的市场，前两天碳价格升至每吨 52 欧元；美国在碳市场建设方面还有待更明确的行动；全球也尚未见到建设统一碳市场的可行路径。就中国而言，目前已有不少省份开始建立碳市场，全国碳市场将于 6 月启动交易，其运行状况还有待观察。多数人认为，统一的碳市场会更加有效率并能合理定价；分散的多个小型市场在效率、定价能力等方面可能会存在问题。解决方案之一就是建成统一的碳市场。那么是不是还可以有别的办法呢？

我们可以试着换一种思路和做法，学习中国金融市场的做法，建立类似沪港通、深港通、沪伦通、中德 D 股通，把各个碳市场进行市场可控的连通。形象地说，相当于每个国家的市场都

---

① 源自周小川 2021 年 5 月 9 日在"2060 展望碳中和：能源、技术与投资"交流会上的发言。

是一个盛水的大容器，各大容器的水位可能不一样，但如果这些容器下面都用一些小管子加以连接，就有助于它们间的水位趋同。当然，这一过程也取决于连通管子的粗细或者是否设有可调节的阀门，使它处于某种可控连接状态。如果一开始就全面大流量地连通，可能有些方面没有足够的承受能力；如果由小流量逐渐扩大，会慢慢形成与统一大市场类似的效果。如果把金融市场这种连通的经验嫁接到碳市场，不同国家和区域的碳市场通过这种连通机制，碳价格将走向趋同，相当于碳配额价格比较高的地区对碳配额价格比较低的地区的一种资金支持，也给碳的边境调节税收入合理回流提供了渠道，而这种资金支持往往还可以连带着科技方面的支持。从起步来讲，应该允许发展中国家每年有一定数量的负值碳配额拿到欧洲碳市场去出售。过去中国实际上已经有小规模的负值碳配额被拿到欧洲碳市场上出售，形成对中方碳减排、碳沉降以及碳存储方面的鼓励，获得了资金方面的支持，这一机制的效果应该说是很好的。

总之，市场连通机制不仅对于未来碳市场定价的合理性有帮助，而且对新兴市场是有好处的。

三、碳边境调节机制应支持发展中国家减排①

我们知道，有不少西方国家（特别是欧洲国家）主张对进口含碳产品征收边境调节税，实际上一些国家过去对跨境航空业应该征收碳排放费用也作过一些讨论和尝试，当时争议很大。目前，关于碳的边境调节税已经被列入 G20 议题。从分析的角度来

① 源自周小川 2021 年 5 月 9 日在"2060 展望碳中和：能源、技术与投资"交流会上的发言。

讲，这个动议有它合理的一面，也有不合理甚至危险的一面。从合理角度看，如果某些欧洲国家在本国生产某一产品时采用的是低碳或零碳的生产技术和工艺，生产成本会比较高，产品价格也就比较高；而进口的同类产品根据其碳足迹测算出生产过程中排了较多的碳，这种高排碳产品生产成本可能比较低，所以产品价格比较低，在欧洲市场上就有销售竞争力，会挤掉欧洲本地的生产。这样的话就会形成一种错误的激励机制，即不鼓励低碳或零碳的生产工艺，而鼓励减排力度不够的生产工艺，这主要体现在发展中国家生产的同类出口产品。从这个角度来讲，征收边境调节税在欧洲内部保证了进口产品和国内产品处于平等竞争或公平竞争。这样就可以保护欧洲本地的生产，当然这种保护不是指贸易保护主义意义上的保护，而是指保护了低碳或者零碳的生产工艺和生产过程。

这是其合理的一面，但它也存在很多问题，其中一个就是有可能导致贸易保护主义，容易产生贸易摩擦，使得双方都互相升格边境税措施或者非关税壁垒，这样的话会影响全球自由贸易体系。另外一种可能性是征收边境调节税实际上是出于补充财政资金的需要。在国际金融危机以及新冠肺炎疫情影响下，各国财政赤字加大，公共债务与 GDP 之比升高，在缺钱的情况下，为平衡财政收支而增加各种不同名目的税收，名义上会借着碳减排等需要，实际上是用于补充财政收支缺口，包括防疫和医疗体系的缺口、养老金缺口、救助金融机构的资金缺口等。当然，从经济分析上说，征收边境调节税实际上是向本国最终使用者，特别是消费者转嫁了成本，使他们付出更高的价格来购买同样的产品或服务，最终成本是由消费者或者说最终使用者承担的。从这个角度来讲，边境调节税并不是由发展中国家掏钱交的税，但它影响了产品的竞争力，也影响了市场份额。

我们知道，根据联合国气候变化框架公约（UNFCCC），发达国家有义务向发展中国家减排提供资金和技术，这也是全球碳减排的一个中心议题，但这么多年来未得到真正落实。所以说，如果一定要征收边境调节税的话，应该要求西方国家把征收边境调节税的所有收入全部用于购买发展中出口国家的负值碳配额，也就是说用于支持发展中国家或者具体出口国的减排。特别是按照碳足迹，对于排放多的，应帮助它们改造生产工艺和生产过程来实现碳减排。我们知道，虽然各个碳市场的价格可能不一样，但是在全球推广碳市场过程中，发展中国家也正在运用碳市场促进减排活动，有的是绝对减排或者碳沉降，有的是相对减排（即针对当前碳排放强度目标的阶段性减排），它们都可以产生出负值碳配额。

如果边境调节税收入全部用于购买发展中国家的这部分碳配额，既有助于满足 UNFCCC 对于向发展中国家提供资金支持的要求，又抑制了资金被挪作他用，没被用于应对全球气候变暖这一正当用途的可能。

四、实现零碳的需求侧管理

实现零碳，在进行碳排放供给侧管理的同时，还需要考虑需求侧管理和需求方价格机制的作用。供给侧主要包括电力生产企业的碳排放；需求侧则包括百姓的取暖、空调、交通出行、做饭等最终需求，当然也包括企业所使用的中间投入品带来的碳排放。

（一）实现零碳是不是依靠供给侧就够了？

一种观点是，供给侧响应就够了。尽管未来随着人均收入提高，能源消耗还会进一步提高，特别是在发展中国家，但未来可再生能源、核能甚至受控核聚变等技术得到应用，将推动能源生产方、供给方实现零碳排放，就不用担心需求方能源消耗增加。另一种观点则认为不太可能只靠供给方，必须对需求方也加以管理。世界人口可能朝向100亿发展，人均收入提高会带动中等收入国家、新兴市场和发展中国家的生活方式向高收入国家靠拢。甚至出现美国式的人均高能耗，如一年四季奢侈的室温控制产生非常大的人均二氧化碳排放。当然也有一些国家，如中国，就规定夏天空调不能低于26摄氏度，冬天暖气标准为22摄氏度。因此，虽然说技术上可以帮助供给侧减碳，但很大程度上要靠对需求方进行管理。

对需求方来说，应该对不同碳排放量的能源进行区分，通过价格机制和对觉悟的鼓励，让消费端关注所用产品/服务的碳足迹，高含碳的产品价格应更高，低含碳的应便宜。这不仅适用于居民最终消费，还适用于供应链上的企业对投入品的选择。此外，新型建筑要用高效能的保温材料；建筑应多靠自供能源，减少对外部能源的需求。

（二）需求侧要承担向低碳、零碳转型的代价

在低碳转型过程中实际上有相当一部分成本需要转嫁给最终使用者，也就是由企业和消费者来承担。可以作两种转型假设：一种是能舒舒服服地转型，比如说由于科技进步，可再生能源成本低于化石能源，这样不用宏观指导也不用激励机制就能实现转型。另外一种则是需要花费巨大努力、付出巨大代价进行转型。这种转型不仅要花费代价、组织资源去支持供给侧转变，包括使用碳配额和加大低碳科技的投入，还需要提供强有力的激励机制使消费者有所选择。这样，转型可能会带来一定的通胀压力，需要管理好通胀，处理好利益受损人群的不满等。

可以进行很多具体的行为调整和技术研发来推动消费端进行碳减排，如建立一个有效率的、有价格激励机制的对可再生、间

歇式电力的消纳机制。

(三) 需求侧管理面临着困难的政策选择

需求侧管理政策之所以比较难,主要来自两种政策制定思路方面的障碍。一种是管制经济(包含中央计划型经济)的思路,认为要管制价格,如委内瑞拉,汽油曾比水还便宜;还有一些转轨国家,要从价格管制变为服从市场定价(包括二氧化碳排放配额定价)也会存在思维障碍。另一种是民粹主义倾向,认为如果调整老百姓使用的能源价格,可能导致民意出现问题。有些国家一旦取消用能补贴,老百姓有可能上街游行,如在印度尼西亚、哈萨克斯坦和法国都发生过。惧怕这些影响会使政府不敢承担改革的风险,使有些价格扭曲久拖不决。之后又会由于无力再继续补贴而改革动作过猛,缺乏合理的时机选择和设计过渡过程,引起民意上更大的反弹,再进一步反馈回来说明需要有民粹主义政策。

如果要照顾贫困人口,应多从收入分配上给予穷人定量货币补贴,并通过价格信号引导把补贴资金用于少消耗化石能源的产品。另外,还可以针对补贴和价格调整制定一个补贴递减的时间表,以实现稳步调节。

总之,需求侧管理既是必要的,也是有可能的,但需要克服一些障碍。

五、城市作为需求方应承担碳减排责任[①]

目前,有些雄心勃勃的城市和公司已计划并承诺实现净零排

---

① 源自周小川向联合国"非国家主体净零承诺高级专家组"与 C40 城市集团磋商所作的点评(中文译稿)。C40 城市集团是一个致力于应对气候变化的国际城市联合组织,中国、美国、加拿大、英国、法国、德国、日本、韩国、澳大利亚等多国的城市为其成员。

放的时间表和路线图，但度量方法并不一致，其中一部分未计算外购电力的供给侧排放，这是不合理的。尽管电力供给侧有自身的动力（如减少购买排放配额）去减碳、去转型，但在成本上、在转型投资上、在分时电能消纳上仍需要城市和生产企业的支持、配合，并承担相应的责任和考核。由于电力的转型投资金额十分巨大，城市和公司部门应通过三个渠道参与转型筹资：一是承担更高一些的外购电价，使供给侧通过碳配额交易将资金转入碳抵消、碳移除活动；二是城市居民和公司员工更多地参与绿色/零碳投资基金去支持转型投资；三是投资于本城市、本公司的可再生能源（也包括储能、分时消纳、保温措施等），以减少对外购含碳电力的需求。

现代城市越来越依靠电网输送的电力，而且城市应该是电力消耗大户。电网的电力中又有相当大的比例（在中国是70%左右）还是来自化石能源的发电。这个改变会是比较缓慢和逐步的，而且需要大量资金投入。城市的发电设施有很多都慢慢关停了，只保留了少数热电联运型的，也就是少量把取暖和发电联合在一起的电厂。因此，衡量城市是不是减碳或者达到零碳，就应该把外部电网的电力消耗部分所含的平均碳排放都计算在城市份额上。此外，城市有义务通过某种融资或者拍卖碳配额或者征收碳税，来投资于整个电力供应系统的改造和去碳化。

与此类似的还有城市的一些大型消耗品，比如城市建设要用到的钢材、木材、铝材等。所购进的物品，包括已经运出城区的废弃品和垃圾处理等，虽然都是在城市以外发生的，但是碳排放同样应该记在这个城市头上。这与电力类似，不应该是一个会计问题，而是一个供需双方复式记账（double entry）的问题。因此，从本质上来看，降碳或者实现零碳的计量（不是会计标准问题）应该从需求方面想出办法。

六、电网的运行能力与定价能力是关键

想要减碳，就要最大限度发展并用好可再生发电能力，但现在的电网往往不能容纳间歇式太阳能、风能等发电，需要对电网进行改造与智能化从而吸纳电力。同时，由于可用太阳能、风能很可能分布在偏远地区，因此需要扩建长距离电网并进行调度。而且，输变电中线损不可忽视，需要输电技术的关键突破。建设和利用好产能和调峰设施，则要求现代电网显著提高调度能力。与此同时，电力消纳度的优化需要给消费端明确的激励。在市场机制中将激励信号分解并传导给多种独立实体，都必须依靠价格及其优化。

（一）电网系统是将碳价格向下分解传导最重要的"二传手"

向碳中和转型涉及千家万户，需要通过激励机制把许多行业和消费环节调动起来，为此要将二氧化碳及其他主要温室气体价格分解、传导、落实到多个具体经济环节，并争取做到最优化。因此，要充分重视电力体制，特别是着力研究电网的作用。在中国的碳排放中，目前电力供给方差不多占了一半，电力行业是碳减排中非常重要的部门。同时，未来要想多减排还要更多地用电，当然应该是绿色的电，用电的占比会进一步扩大，而且会非常显著。因此，需要认真研究电网的角色和作用，涉及发电、电网调度、输电、配售以及储能等环节，这些都是电力体制改革的关键环节。另外，从价格信号的角度看，电网未来将是碳价格最核心的价格传导者，是最主要的"二传手"，类似于货币政策从基础货币供给向多层次货币量及价格传导的

机制。它能够分解为各种不同的价格分别提供给电源供给方、储存方、调峰方、用户方等。

在发电端，光伏发电或者风力发电每千瓦的装机成本降低并不等于电力成本降低，因为要进入电网的调度过程，涉及调度能力、可行性、成本和优化，非常复杂。同时，光电和风电是间歇性发电，其年均发电小时相对比较低，因而电网给它们提供什么样的上网电价非常重要。同时，由于它们是间歇性发电，电网如何去指挥蓄能电站等各种储能装备以及调峰装备会变得更加重要。由于电力体制改革的总方向是各类企业独立核算，更多运用市场和竞争机制，因此电网要在整个系统中给出多种价格信号来指挥运营并引导投资。

（二）电网本身的技术提高也很重要

过去传统技术的电网，输电的电压等级比较低，线损比较高，难以吸收光电、风电等上网，为此不可避免地出现弃风、弃光现象。现在基本上都在向超高压直流或者超高压交流的输电进行改造，电网的调度和优化能力显著提高，一些绿色电力上网和配送的技术和条件已好多了。电网的自动化技术及智能调度能力也是非常重要的环节，它能尽可能地把可再生能源加以最大化运用，包括预测光照和风力的供给能力，以及如何指挥储能设备和在必要时启动调峰设备。这实际上是个最优化过程，也能在很大程度上转化为对电网各个环节的定价。同时，要尽量减少电网在整个调度过程中的损失，主要是减少线损。电网技术的发展本身也涉及对投资新装备需求的计算和价格信号对投资的引导。

在用户端方面，要通过分时电价等做法，鼓励和引导用户在可再生能源可用时多用电；在可再生能源供给量少且必须依靠调峰机组（不得不少量使用化石能源发电）时，尽量引导最终用户少用电。

总之，电网除了在物理功能上要起到重要的优化作用以外，还要注意它是最主要的价格机制的"二传手"，也就是如何通过电网的现代化管理更好地实现定价和调度，实现供给和需求之间的匹配。另外，对于中国近年来以加大市场化力度、企业独立运作为特征的电力系统体制改革，与最大限度吸纳、鼓励、调度非化石电源的碳中和转型，该如何协调配合，也应加强研究。

"双碳"问题需要最优化概念及其数学表达①

关于碳市场，我今天主要想讲如何更好地通过数学表达和数学规划，把碳排放和"30·60"目标表达得更清晰，使各方争论能够得到合理解决。不论是"30·60"目标，还是未来气温究竟降 1.5 摄氏度或 2 摄氏度，都是高度数量化的问题，应该有更明确的数量表达。同时，如果能够建立数学模型的话，相关概念就会更加清晰。目前有一些争论，我观察是由于讨论中相关概念、目标、条件、逻辑等不够清晰导致的。所以，通过数学表达，可以使这些争论更上一个台阶。

在实际中，有人认为主管部门站位不够高，所以要实现"30·60"目标很困难。也有人说方案不能制订得太紧，比如今年夏天电力短缺，限电就会停工停产，进而损失 GDP 和经济社会的福利。为此，有人认为煤电项目不能不搞。前几天，国家主席习近平正式对外承诺，我们不再新建境外的煤电项目，受到了国际上广泛的欢迎和好评。

解振华同志刚才讲到，我国将陆续出台"1 + N"政策体系。尽管如此，各方也还是会有争论，总有人会认为自己的方案更好。那么到底哪个方案好，这就涉及最优化选择的问题，需要通

① 源自周小川 2021 年 9 月 24 日在清华大学公共管理学院"双碳"国际论坛上的演讲。

过数学方式更好地表达。

　　STEM（科学、技术、工程、数学）是清华大学的强项，大家可以将研究和讨论引导入更加科学、清晰、理性的轨道。

　　"30·60"目标是中长期规划和资源配置的问题，从数学上来讲，可以用几种数学规划（最优化）模型来表达。下面，我讲五点应用。

一、用动态规划模型表达路线图、时间表的优化

　　我们现在要探讨的是，对于给定目标，如何设计从现在到2030年、再到2060年的最优路线图、时间表。如果用动态规划的方法分析，需满足的最主要的数学条件是，在这一时间段内，任选一个起点和终点进行优化，是否能够独立存在，是否依赖起点年份之前的状态信息（即是否满足 without after effect）。在数学上回答这个问题比较容易，但实际情况比较复杂，就不展开论述了。

　　动态规划在工程上有很多应用，在社会经济领域主要是研究资源配置最优化问题。不论是 2030 年还是 2060 年，实际上我们最关心的是在达到"30·60"目标的同时，如何实现经济社会福利最大化。衡量经济社会福利的一个流量指标是累计 GDP 或者人均 GDP。累计 GDP 可以是不同年份 GDP 直接相加，也可以设定折现系数。折现后的累计 GDP 最大化，代表我们经济社会福利最大化。当然，关于 GDP 也有争议，可考虑用改进型的 GDP，但不成熟。总体而言，有了 GDP 就有了经济实力，才能投资，进而作低碳转型。损失 GDP，减少了投资，就会影响转型。另外一个衡量经济社会福利的存量指标，是资产或者财富。现在我们就是要把环境和气候改善看作一笔财富。习近平总书记表达得很清楚，

"绿水青山就是金山银山"。

当前有些争论，认为有的方案太激进，会影响福利。实际上在谈论最优路线图和时间表时，大家都是想用最低的累计 GDP 代价来争取达到"30·60"目标，在这一点上并没有太大分歧。但如果光用语言争论，可能会由于概念和目标表述上的不清晰，导致大家对最优路线图和时间表产生不同意见。

用动态规划表达，有些概念可以更加清晰化，但是数量表达和可计算不同。可计算要求有足够的数据和合适的算法。

目前，动态规划的算法还比较差，模型稍微复杂一点，像气候变化等问题，一旦把细节表达清晰，算法就解决不了了。但是我认为这也没有关系，用它搭建一个框架，即使没有算法可以解决，仍旧可以作多方案模拟，从中进行比较，并用目标体系来衡量是不是最优。

最大的困难是假设条件。因为我们现在并不知道几十年以后那些关键年份的科技会发展到什么程度，只能按照一般规律作一些假设。比如说今天上午我们开顾委会时，万钢主席提到了高温气冷堆，还有人提到核聚变，这些技术如果 20 年或 30 年以后确实是可行的，且成本也不高，那么许多问题就很好解决了。也许有人说我们现在不用费太大力气，可以等那时再说。所以假设很重要，应该具有一定的合理性。

二、实现年度碳目标的资源配置优化

有了路线图、时间表以后，年度总量控制目标就有了，就可以讨论年度范围内如何最佳地进行资源配置，如何引导增产节约和投资实现节能减排。这可以通过线性规划和非线性规划来解决，就是在国民经济的优化模型里加入年度碳排放总量约束条件。这一约束条件与其他约束条件（劳动力、资本、土地等）并列，在多个约束条件下，追求 GDP 和经济增长的最大化。此时，年度目标仍旧是 GDP 最大化。至于有些人想改进 GDP 指标也未尝不可。

对于非线性规划问题（如生产函数非线性化等），在实际计算时，可以用分段线性化来处理。在线性规划中，可以用拉格朗日函数转换表达出 CO_2 的影子价格。相应地，在非线性规划中，可以用库恩—塔克定理转换进行类似的表达，这就把追求特定目标的最优化问题转换为一般均衡问题，二者具有等价性。中金公司发布的《碳中和经济学：新约束下的宏观与行业分析》也讲到了运用可计算一般均衡模型的问题。一般均衡，是指劳动力、资本等供需平衡；现在，我们要增加一个约束条件，即碳排放减去碳吸收小于等于年度要实现的碳排放总量。这里有一个重要的隐含条件，就是如果可以用一般均衡模型来表达，那么市场机制对于实现"30·60"目标就可以起重大作用，进而让市场在资源配置中起决定性作用，同时更好发挥政府在市场建设和规制上的作用。

关于年度规划模型，还需注意两个方面：一是有些争论的针对性不强，没有放在一个最优化选择的框架里讨论，没有明确目标、约束、假设和逻辑。今天上午开顾委会，联席主席柯成兴也谈到，最重要的三个因素是规格、价格和成本。如果讨论时相关概念不够精确，就有可能引起误解或者不必要的争论。二是年度优化模型得出的解，就是要实现的最优化目标，即碳总量约束下的资源最优配置。经济体制改革、改革开放等要实现的就是资源优化配置，即该节约的节约，该增产的增产，并要引导投资到最有用的地方。

三、影子价格与最优激励机制

最优化模型计算出的影子价格隐含着要花多大的成本来达到GDP 最优化的目标。同时,影子价格也代表了最优激励机制,即对碳排放要有点惩罚,对于碳汇或其他可以吸收碳的科技创新(包括 CCUS 等)都应该鼓励。借助影子价格能够明确最优的奖惩数量,进而实现关于碳排放、减碳、零碳生产和消费的最优激励机制安排。此外,如果把影子价格适当扩期到两年、三年,就可以发挥引导投资的作用。如果设计得好,就不会出现时起时浮,不会出现比如煤电项目太多了,进而排放超标、停产、限电等情况,大家的预期也就会稳定,投资也就可以被正确引导。如果激励机制不是最优,投资就不是最优安排,就会造成资源浪费,未来低碳和零碳的目标就会受到影响。

四、碳市场价格的形成与传导

这一类优化模型和实践的连接点在于,供求关系决定的市场价格是最接近理论影子价格的,这也是大家重视碳市场的原因。因为理论上的最优影子价格难以精准测算,在实践中利用市场机制去探索最优激励机制是最有效的方式。过去已有一些实践案例,但是实际效果取决于碳市场究竟怎么组织、规则怎么定。最后有可能做不对,或者做出偏差。在偏差情况下,就有可能偏离最优化目标,也就是偏离了最优选择。这里也涉及政府和公共政策的作用,这也是今天上午顾委会讨论的内容。我认为要帮助整个经济社会,就要通过碳市场探讨最优的碳价格,进而通过碳价格来引导微观经济。

如果我们没有用到影子价格和最优安排，在实践中就会较大程度地需要其他行政措施进行干预。在价格没有起到足够作用的情况下，就需要依靠指令性计划、道德说教、罚款等其他手段实现。这些辅助手段可能是必要的，但实际上也是市场机制用得不够好的一种表现，有可能导致非最优的选择。就我国的情况来看，比如大家很关注电力体制改革，因为电力是二氧化碳排放最重要的行业，电力体制包括电源、电网、储能、消纳等几个方面。机制不顺则电力价格不能有效传导，例如有一些不错的城市级电力体制改革方案，但由于某些考虑，电价峰顶不能动，价格不能有效传导，就会导致一些合理的调峰、消纳、季节性使用等这类有助于优化的措施不能实现。

五、优化的基础工作

度就是度量，需要获得可度量的数据；测，可以是测算，很多碳排放是通过其他不同参数测算的，而不是在大气中直接度量的，应该符合 MRV（可度量、可报告、可核校）要求。同时，要高度重视信息披露，因为涉及金融等。有了这些以后，最优化的概念就可以更好地发挥作用，甚至有些具体的计算都可以实现。

六、碳价格的传导会改变企业和家庭的行为

假定企业在其生产要素约束及投入产出关系中，仍旧追求利润（即销售收入减投入成本）最大化。在有了碳配额价格后，销售排碳产品要额外购买碳配额，销售吸碳产品则可卖出配额而增加收入，因此改变了销售收入。企业使用的若干投入品会因碳足

迹和碳市场价格而改变价格，企业会据此优化投入品构成及相关工艺，也就是企业将根据碳市场信号调整自己的优化选择，也包括对自身投资（研发与设备更新）的选择，无须因气变去根本性地改造企业机制。

同理，假定消费者（通常以家庭为单位）在其就职收入的约束下，仍旧追求消费效用的最大化，则由于含碳产品的价格因碳配额价格而改变，消费者会调整优化其消费选择，包括合理化的替代。同时，像家居安装太阳能电池板及储能设备之类的做法，也受到碳配额价格的鼓励。

下一部分，我们将说明这种行为调整在理论上是充分、必要的，意味着不需要额外的行政/道义措施就可实现减碳的目标。当然，只要不打算根本改造政府、企业、家庭的总体结构关系，额外的非价格型激励在多数情况下是有益的。可想而知，这一传导机制对于非主权实体（特别是企业和家庭）如何响应气变的目标是有实质意义的。

七、非一致性行为主体的优化协调

传统的三部门（政府、企业、家庭）模型中，三种主体的目标函数各异，政府追求 GDP（或总福利）最大化，企业追求利润最大化，家庭追求消费效用最大化，由价格体系实现三种行为的最优化协调。在政府模型中再加入一个年度碳排放约束（隐含碳价格），相当于在原有的约束集（如劳动力总量约束）中再增加一项，并通过碳价格向企业和家庭传导。仍可以通过拉格朗日函数推导出实现政府目标最大化的条件，该条件的表达式仍是企业追求利润最大化的生产函数，和家庭追求效用最大化的消费函数。所不同的是碳配额价格将影响企业收入、投入品选择、消费品选择，也间接影响资本和劳动报酬。这种数学关系表明，可以在三部门不同目标函数（及行为）情况下取得最优化协调，而不必去强求目标的统一；同时这一协调的纽带正是碳价格。

当然，现实经济社会比简化的理论模型复杂得多，但仍不妨利用上述模型及拉格朗日函数关系去认识碳价格在行为协调中的关键作用，也有助于把政府的努力更多地集中在市场失灵环节和基础设施（包括 MRV 等）环节。

所以，相关部门在制订政策方案时，可以多同大学等学术单位研究交流方法论，避免拍脑袋式决策。运用最优化的概念和方法可以使政策方案更加合理可靠，其中最重要的就是影子价格，或者是合理的碳市场价格。这对于测算"1＋N"政策方案，特别是多部门的"N"非常有帮助。总的来看，探讨碳市场、绿色金融等问题需要运用最优化方法，需要有明确的目标和传导机制。不论从规划计划还是从落实执行来讲，价格信号都起到非常核心的作用。

"双碳"目标约束下的
最优化模型和最优解[①]

"金融支持碳达峰、碳中和"是非常重要的课题，这一课题报告做得很好很充实，覆盖面广，涉及了实现"双碳"目标的方方面面，还详细地介绍了国际上的研究与实践。

碳价：宏观、微观、市场和信息的连接点

结合朱隽刚才的综述，我感觉，总的来说，可以将报告内容划分为四个方面：宏观方面（包括宏观影响、政策应对等）、微观方面、市场建设方面和信息方面（包括信息披露要求、相关标准、压力测试等）。至于如何把这四个方面联系起来，看成一个有机的整体而非零碎的板块，并针对性地提出政策建议，我认为碳价是使这四个方面真正形成一个系统工程的连接点。

为什么说碳价，也就是碳排放价格，具有连接四个领域的作用呢？

首先，确定碳排放价格实际上是想寻求一个最优解。如果从现在开始到2060年，每年都设置碳排放总量控制目标，那么基于

---

①　源自周小川2021年8月15日在CF40内部课题评审会就《金融支持碳达峰、碳中和》（课题报告）所作的评审。

这些控制目标会形成一个碳排放价格，它既能激励减碳行为，又是使排碳行为受到惩罚或付出代价，而且这个最优解是动态的，反映了从现在开始到 2030 年、再到 2060 年的减排最优路径，因此这是一个典型的动态优化问题，最后求得的最优解也能够确定/反映年度碳配额总量。

具体而言，无论是惩罚排碳行为还是激励减碳行为，究竟什么样的奖惩措施是最优的？在理论上这是存在一个最优解的。为了得到这一最优解，我们应该构建一个最优化模型，即在年度碳配额的约束下应如何最大化国内生产总值（GDP），或者，我们应如何用最小的 GDP 代价来实现年度碳配额。当然这一最优解不仅包含今年的最优解，还应该包括未来若干年的最优解。

其次，在年度碳配额总量确定以后，碳排放价格还能在具体的投资场景中发挥优化配置的作用。刚刚朱隽在综述里介绍了绿色金融，它在十多年以前被称为气候变化融资，当时国内一些人对其是坚决抵制的。绿色金融涉及的主要问题是资源配置，也就是说怎样配置资源既能顺利地实现年度碳排放目标，又能通过投资帮助实现未来若干年的动态目标。所以，绿色金融最首要的是制定激励机制（当然它还涉及绿色意识、风险控制等其他问题），碳排放价格就是其中最为重要的内容。

再次，理清这些概念和理论就能够告诉我们，什么样的市场、什么样的机制能够决定碳配额的定价，从而能够通过市场机制来寻求最优解。这实际上和一般均衡理论或最优化模型中市场机制实现最优解的道理是一样的。当然，这种市场机制应尽可能地覆盖所有重要的排放和减排经济活动，也就要求必须做好基础工作，使基础数据能够反映主要经济活动。对于那些排放很小或减排力度很小的经济活动，不排除一定程度上可以忽略或简化，毕竟它们对整体排放活动影响不大，大型的排放和减排项目不能忽视，因为它们关系到市场的功能建设和最优解的确定。在这当中，碳价格是宏观、微观、市场和信息四大领域的连接点，应该把各个环节都联系起来，形成一个系统工程。

最后，从理论模型的角度考虑，要实现动态优化就必须具备一定的前提条件。一是信息要充分、准确。这涉及信息收集、标准制定、信息披露等相关规定的完备性。二是模型假设要合理。所有数学模型都需要有相关的假设，但只有合理的假设才具有实践意义。三是优化的目标要清晰。如果目标不清晰，最终得不到最优解，或者得到的最优解也是模糊的。

人们对动态优化还有许多其他的讨论。其实，在国家主席习近平提出"30·60"目标时，其动态路径就已经基本上勾画出来了。当然，我们还可以进一步详尽优化来平衡"30·60"目标和经济代价，也就是如何在实现"双碳"目标的同时，保持 GDP代价最小化。因此，事情并非像有些人士批评减碳热情所说的那样，推动减碳而完全不顾生产方和 GDP 的损失会造成经济严重下滑。值得争议的问题反而应该是，人们是否及如何能说明现行及想要出台的政策组合是值得信赖的优化选择。

最优政策应当基于理论模型的最优解

许多人都关注"双碳"目标，但对于寻求最优解的具体措施是众说纷纭，仔细去观察，许多讨论往往都是在文字层面上去寻找最优解和最优政策。

我个人理解，最优解应当包括两个层面的含义：一个是长期的动态最优解，即从现在开始到 2060 年实现碳目标的最优动态路径，即碳排放总量的路线图、时间表；另一个是近期如何优化奖惩机制以实现年度目标，或是在中短期内，给定从即期开始到未来三四年的时间范围内，通过最优化奖惩措施来实现当期目标。

换句话说，如果顺利建成了最优化模型，即在碳配额的限制下追求 GDP 的最大化，这种模型应该能够解出碳配额的一个影子价格。如果我们在实践中采取该影子价格，就在理论上实现了最优配置，因为影子价格体现的就是最优奖惩机制。放眼未来，它也反映了最优的投资策略，即投资到何种程度既能达成目标又最合算。反之，如果我们在实践中偏离了碳配额的影子价格，也等同于在理论上偏离了最优选择和最优路径。

这种最优解，我个人以为，是很难用文字定性地予以准确描述、论证的，因为它终究是个定量问题，应该用定量的方法解决，并且其解决的方法在数学上已经很成熟，具有可行性。因此，当前不管在国际上还是在国内讨论碳定价时，都不应该人为地拍脑袋定价，而应从最优化模型出发，从碳配额总量价格出发来推出各有关行业的任务和资源配置，需要严谨地证明该价格是最优选择。

在此基础上，结合理论模型来看相应的政策选择，就很好理解了。碳税可以作为一种措施，碳税加上非碳税成本（主要是碳市场价格），两者之和的效果应等于碳配额的影子价格。碳税可能起到一定的基础性作用，但其前提条件是所有碳税收入应该用于减碳或实现零碳的各项经济活动，包括投资等。

此外，还可以从数学模型的角度来考虑这些措施的具体结合方式，奖惩机制包括对减碳的激励和对排碳的惩罚，两者在模型里应该表示为同一个变量，只是正负号相反。因此，奖惩的绝对值应该是相同的，不可能是两个数值，要想把碳税和碳市场价格拼接起来合用，就应该考虑二者的这种内在统一性。

总之，目前很多人通过文字层面的定性讨论追求最优解、寻找最优路径和争论最优政策，如果这些讨论不使用数学模型的定量表达，就会导致争议，最基本的问题是无法说明某一策略相较另一策略更优，也说不清各变量之间的关系。其实这些关系在模型里是非常简明清晰的，只是用定性文字难以描述出来而已。所以，应该把"双碳"目标这个系统工程建立在系统性理解的基础之上。

金融促进碳市场建设

最后再谈谈金融领域的政策协调，这也是避不开的。课题组在报告中就金融支持"碳达峰、碳中和"提出了多项政策建议。这当中，我认为最重要的是促进碳市场的建设，使碳市场在功能上能够寻找最优影子价格，同时在政策实践中向这一最优影子价格靠拢。

当然，除此之外的其他辅助措施也是有效的，包括道德（觉悟）、监管和国际合作方面的措施，这些补充也都有益无害。实际上，正是因为人们在实践中还不太敢向最优影子价格靠拢，奖惩措施也不够充分，所以寄希望于多补充一些辅助措施来完善市场功能。假如明确了碳排放价格的最优化，并且在实践中尽量去落实这一最优价格，那么价格将成为最主要的一项工具，有很多目标可以借此依靠市场机制得以实现。

总之，"金融支持碳达峰、碳中和"课题已经有了许多有益的探索与产出，但总体而言，气候变化问题在国内仍是一个相当年轻的研究课题，是关于"30·60"目标的一项中长期议题，还需要更多的人持续研究、深入探索、不断优化，并提出更加精准、可行的政策建议，帮助人们理解、制定和评估政策，并把成果落实到实践中去，对中国经济发展、对全球气候变化应对作出贡献。

议题二

对外开放与国际贸易体系变革

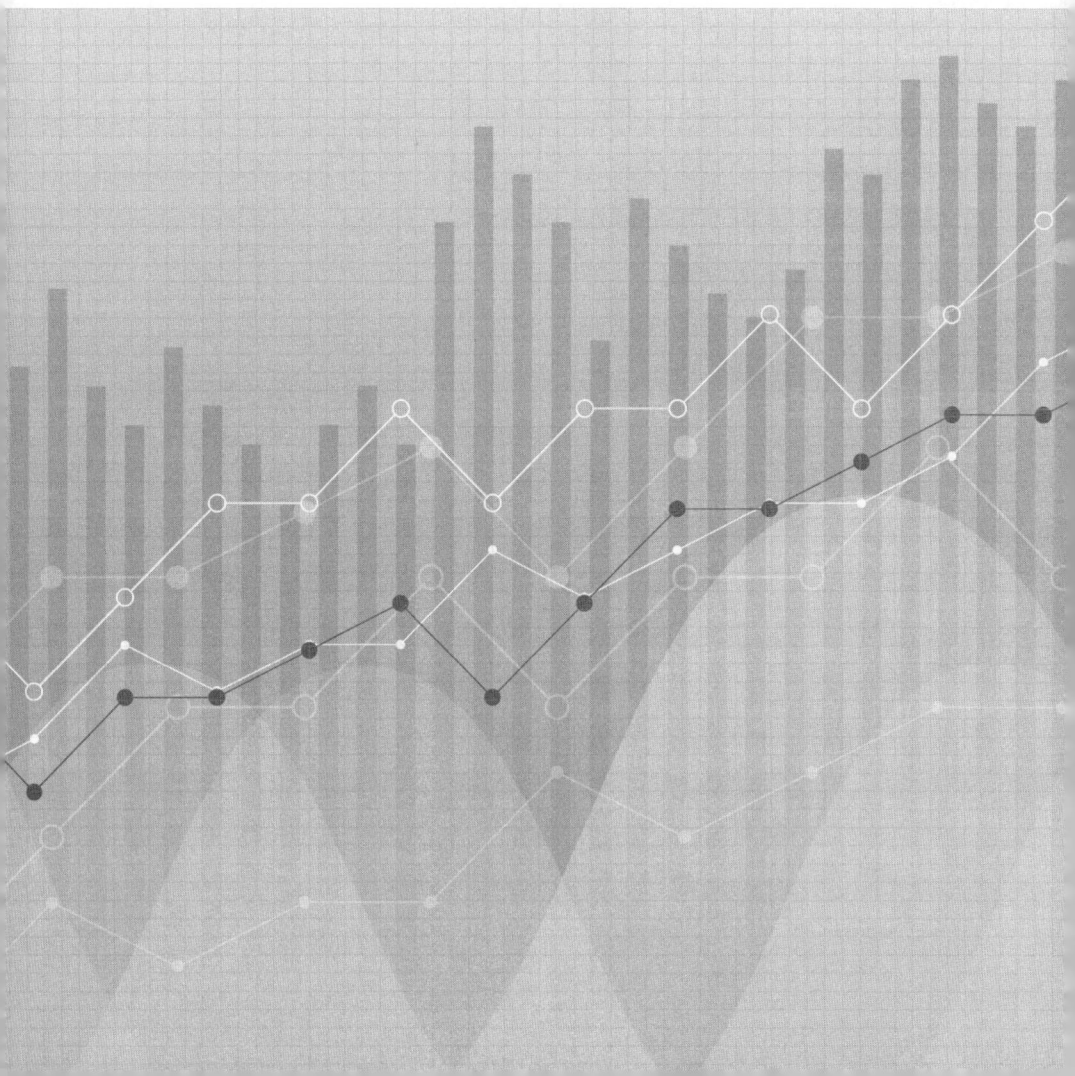

编者引言

随着这一轮全球化到达顶峰，近年来，保护主义和单边主义再现，"去全球化""贸易战""科技战""脱钩"在中美关系恶化的背景下渐成趋势，"新冷战""新巴统"等提法此起彼伏，新冠肺炎疫情将全球价值链在"韧性"议题下的重构提速，而俄乌冲突让能源禁运、经济金融制裁成为全球现实，联合盟国、抱团成伙、科技封锁重回全球舞台。

以开放促改革，是中国过往40多年融入全球经济金融系统并实现经济增长奇迹的核心战略。当下的全球格局对中国未来的可持续发展无疑构成挑战。回顾一下"冷战"史鉴，在自由贸易成为全球经济架构基础设施之前，全球曾呈现如下格局。

——经贸存在三大板块：以西方国家为主订立的关税及贸易总协定（GATT），苏联与东欧社会主义国家的经互会（CMEA），以及不结盟运动（Non-Aligned Movement）、77国集团和联合国贸发会议（UNCTAD）。

——存在"巴黎统筹委员会"（简称"巴统"），即西方国家针对军品、尖端科技和稀缺战略资源建立的出口管制委员会，直到1994年才解散。

——军备竞赛，表现为科技实力和财力比拼，以及资源在军事和其他领域配置的权衡和抉择。

——贸易结算和货币金融格局。在欧元出现之前，英镑、德国马克都是比较强势的货币，后来日元加入国际货币竞争，不过，西方跨国贸易结算以美元为主，美元独大；CMEA 间贸易结算基本是中央计划下实物平衡基础上的记账贸易，自身的结算货币处于劣势。

走出"冷战"，世界才迎来全球化和贸易投资自由化、便利化大发展的局面。然而好景不长，现阶段世界经贸格局又发生变化。本议题的关注点是，中方需在长远和客观的基础上谋划每一步棋，国际贸易需考虑如何与国民经济发展的主要目标更好结合。无论是贸易、科技，还是军事，应超越一时一事的优势与劣势考量，更重视长期的竞争力和效率。

国际局势越复杂，中国越要加大对外开放力度，在更高水平上实现对外开放，以真正的多边主义态度来向前推进开放型世界贸易投资格局的形成，在这个意义上，考虑加入全面与进步跨太平洋伙伴关系协定（CPTPP）和数字经济伙伴关系协定（DE-PA），全面推进落实区域全面经济伙伴关系协定（RCEP），都是积极举措。

坚持对外开放，
防止"冷战"式贸易格局的再现①

很高兴参加主题为"新百年中国对外开放新格局"的论坛。感谢陈旭书记、江小涓院长、陈德铭部长和易小准副总干事，这些都是老同事。我想讲两个问题。一是对外开放要往前走，避免倒退至"冷战"式贸易格局。二是对全球价值链问题谈几点想法。

第一部分　对外开放要往前走，
避免倒退至"冷战"式贸易格局

一、对外开放要向前推进，也要反对"冷战"思维

首先，在中国坚定推行并扩大对外开放之时，世界上正出现一种去全球化、加强贸易管控的"冷战"思维，这是一种倒退，有可能使世界贸易格局滑向"冷战"时期的状态。这种倒退不是

---

① 源自周小川 2022 年 1 月 10 日在清华大学服务经济与数字治理研究院 2022 年会——"新百年中国对外开放新格局：全球价值链角度的分工与治理"上的演讲。

我们中方的选择。中国是从全球格局的角度出发，习近平总书记作出了非常鲜明的表态，要坚定地支持全球化，要坚定地推动中国对外开放。尽管国际局势很复杂，但是中国要更加对外开放，要在更高水平上对外开放。习近平总书记还强调，要积极参与世界贸易组织（WTO）改革；研究并申请加入全面与进步跨太平洋伙伴关系协定（CPTPP）和数字经济伙伴关系协定（DEPA）；我们签署了区域全面经济伙伴关系协定（RCEP）并已正式生效，要全面地推进落实RCEP。这都是中国积极推进对外开放的举措，同时，我们主张用真正的多边主义向前推进开放型世界贸易投资格局的形成。

但是，在特朗普当选美国总统以后，保护主义、单边主义抬头，美国有一些人开始运用关税、禁运等手段实施经济、贸易、金融、人才等方面的"冷战"，还出现了"去全球化""新冷战""脱钩""分岔"，甚至"新巴统"等新提法，并联合盟国，主张搞抱团成伙，共同进行科技封锁、金融制裁等。有些做法还在进一步发展，对全球开放型经济形成了负能量。这是一个重大的挑战，我们也不得不有回应和反制。虽然我们积极主张开放，但国际环境中还是存在倒退的力量。总体而言，今后的趋势具有一定程度的不确定性，主要取决于以美国为首的西方国家采取何种态度。尽管我们不愿意看到这种倒退，但是局势有可能朝着这个方向发展。

是否有可能出现"新冷战"？"新冷战"下的贸易格局会是什么局面？我们不太愿意用"新冷战"这个词，但是负面因素确实有一些"冷战"的特点。我想借此机会回顾一下，上一轮"冷战"下的贸易究竟是什么格局？同时，在"冷战"格局中，我们能够学到什么，可以汲取什么样的经验教训？这有助于研究如何防止全球贸易投资格局滑向"冷战"模式，以更好地应对这种负能量。

二、对"冷战"时期贸易格局的回顾

第一个特点是存在三大板块。第二次世界大战以后，以西方国家为主订立了关税及贸易总协定（GATT）；苏联与东欧社会主义国家则成立了经互会（CMEA）。这中间存在个别交叉，1947年发起 GATT 时，捷克斯洛伐克也是发起国之一。CMEA 主要是苏东社会主义国家，后来蒙古国、越南也在其中，但中国不在里面。两大阵营都主张国际分工并开展贸易，但机制不同。而两大阵营之间的互相贸易则很少，更谈不上相互间投资了。这方面有不少资料可以参考，详细内容不再赘述。

对于其他的发展中国家或者当时的第三世界国家（当中一些国家曾是西方国家的殖民地，而后慢慢独立），存在一个是否要选边的问题。很多国家不愿意选边站队，于是创设了不结盟运动（Non-Aligned Movement），贸易方面成立了77国集团，组织了联合国贸发会议（UNCTAD）。当时77国集团和UNCTAD主要强调解决南北贸易不平等问题，西方国家出口给它们的机器设备非常昂贵，而它们出口的初级产品价格被压得非常便宜。为此，它们主张建立国际经济新秩序，改变南北关系，加强南南合作。其间，中国曾以观察员身份多次参会。但作为贸易板块来说，当时77国集团内的贸易量并没有形成大气候。

现在，如果美国拉着西方国家结成同盟、共同抱团并对贸易、投资进行管制，有可能又逼着贸易体制向过去的板块状况发展。我们不愿意这样，但是也要先分析好这个可能性，冷静观察趋势会怎么演变。同时，与之前类似，有很多国家明确表示不愿意选边站队，但是也面临着不选边的实际困难。

第二个特点是当年存在"巴统"。"巴统"的全称是"巴黎统筹委员会"，有的称之为"多边出口管制协调委员会"（Coordinating Committee for Multilateral Export Control），但更多的称之为"向共产国家出口协调委员会"（Coordinating Committee for Export to Communist Countries）。"巴统"是西方国家成立的委员会，总的来讲管制三个方面的出口，一是军品，二是尖端科技，三是稀缺资源或战略资源。在"巴统"的目录单上曾经管制了上万种产品。后来随着全球局面的缓和，西方国家认为，世界安全的主要威胁不再来自军事集团和东方社会主义国家，于是"巴统"在1994年解散。

当前已没有正式的类似于"巴统"的协调机制，但是美国有一些人正拉拢西方国家，在军事、高新科技领域有所行动，最近还出现了要搞"巴统 II""新巴统"的声音；还有一些动向是针对稀土金属等稀缺资源的管控。所以说，要防范出现第二代的"巴统"，这需要通过研究加以应对。

第三个特点是军备竞赛。军备竞赛涉及地缘政治，在经济上有三个方面值得注意。一是科技实力比拼。二是财力比拼。三是国民经济中的资源配置，资源是倾斜于军备还是国民经济的其他方面，特别是人民生活。这两者之间需要权衡。如果权衡得好，可能会发挥一些互补作用；如果权衡不好，会产生显著负面影响，较为常见的情况是军备过多占用资源。

第四个特点体现在贸易结算上，涉及货币金融方面的选择与竞争。苏联实行计划经济，同时以实物分配为主、货币为辅，因此金融不受重视，相对较弱。回顾一下当时国际支付领域的状况，从金本位过渡到美元独大，在欧元出现之前，英镑、德国马克也算是比较强势的货币，后来日元也变强了，而西方国家间跨国贸易的结算一直是以美元为主。CMEA 间贸易结算则基本上还是靠中央计划下的实物平衡，在实物平衡的基础上实行记账贸易；结算货币使用的是转账卢布或瑞士法郎，而大家在出口作价上往往高估自己的价格，所以并不是真正用卢布和瑞士法郎进行结算，只是用作记账单位。如果贸易有差额就采取挂账形式，等之后慢慢消化、弥补。

直到苏联解体、CMEA 解散以后，中国以瑞士法郎为单位的记账差额还在账上挂了许多年，既不能现金支付，又平衡不掉。当时 CMEA 没有强的本币，难以使用本币进行结算，既妨碍了贸易的开展，又导致了支付体系的低效，还使本币信心趋于低下。与此同时，由于长期存在本币的高估，东欧各货币实际上存在黑市，如在苏黎世市场，东欧国家货币可以在黑市上买到。此外还有易货贸易，也有个别的美元结算的贸易，以及若干跟过去记账贸易差额挂钩的补偿贸易。各国之间贸易谈不上便利化和高效。在 CMEA 货币弱势的情况下，实际上美元占了很大优势，在全球起到主导型货币的作用。今天来看，货币格局已经改变，未来需要特别重视高水平对外开放中的支付与结算格局，重视对外开放中货币的作用。

以上这四个特点与今天要讨论的全球价值链联系起来，都会试图把现行价值链进行分割，试图各自形成不同阵营的价值链，或者团伙的价值链，形成所谓的价值链分岔。

此外，还有一个重要的历史进程是"亚洲四小龙"的发展。它们不同于最早期 77 国集团和 UNCTAD 强调南北之间贸易不平等的思路，不纠缠于贸易是否公平，而是着重利用国际贸易实行出口导向型的发展战略，同时推进自身经济的市场化改革（"亚洲四小龙"最开始的体制也都是管制型经济，而且有的管制非常严格）。"亚洲四小龙"的发展模式对后来世界经济的发展产生了重大的影响。

三、几点启示

虽然对"冷战"时期的贸易格局没有一致的结论，但总的来看，多数人认为世界贸易的割裂导致低效，影响各国的福祉；市场分割导致的管制更是低效且劳民伤财。从那以后，出现了全球化和贸易投资自由化、便利化大发展的格局。现阶段，世界经贸格局发生了很大变化，全球价值链已全面融合，形成了不易分割的状态。各国通过实现比较优势，发挥出全球化分工的作用，同时也特别关注发展中国家的利益。现在有些人试图分割价值链或者供应链，总体上不受欢迎，但也观点各异。不仅美国内部有各种不同的观点，而且西方各个国家也有不同的观点。作为实例，特朗普政府硬对中国出口商品加征关税，并认为成本应由中方承担，这违背经济学常识，使美国民众受损，也助长了美国国内通胀。这说明，任一经济对策均需依据科学精神认真计算、评估其成本，辨清利弊。中方亦不能超脱于这种博弈，需在长远和客观的基础上谋划每一步棋。这个博弈过程还要看下一步怎么演变，也包括我们怎么做好自己的工作。在当今的国际形势下，中国要按照国家主席习近平的要求，全力支持全球化，扩大对外开放，主张多边主义，反对保护主义，反对单边主义，推动 WTO 改革等，这就要求把握正确的方向，反对倒退的力量。

这当中，关键是要重视长期的竞争力。不同的贸易体制，最后体现的不是一时一事的优势与劣势，而是从长远来看的竞争力与效率。除了看贸易本身，更要看它如何与国民经济发展的主要目标结合得更好。

在科技方面，从中长期来看，科技的竞争力主要取决于经济与科技体制，不是简单组织几个大项目的问题，这在当前更加明显。

在军备发展方面，需要有比较强的公共财政实力，而且要结合科技发展、军民融合发展。如果结合得好，有一些科技发展是可以双向服务的；如果结合得不好，则会大量占用公共资源、挤占民生资金，尽管军事实力提升了，但是在别的方面造成了损失，会使长期竞争力受到影响。

在人才方面，竞争会更加显著。而且，对于科技发展和军备能力建设，人才都是至关重要的。

在货币方面，要高度重视国际货币竞争。中国适时推动了人民币国际化，特别是在数字时代力争在数字货币方面取得进展。在金本位解体之后，美元占了统治地位，但如果美国动辄使用与美元结算相关的科技系统对其他国家实施制裁，短期来看是可以作为一个武器，而长期来看却损害了美元的地位和信誉，反而给其他货币带来机会。所以在这种情况下，货币是一种与贸易相关的长期较量。

第二部分　关于全球价值链问题的研究

《全球价值链发展报告2021》是一项非常有意义的研究，有很多发现，引起很多重要的讨论。围绕全球价值链问题，还有不少需要进一步深入研究的内容。

一、服务贸易究竟有多大

过去说世界是圆的，20世纪90年代出了一本书，书名是《世界是平的》，意指有了互联网以后，大量服务业变得可贸易了。在统计上需要关注两种数字：一个是贸易总额（Gross，含中间品）中服务贸易的占比；另一个是贸易中的服务增加值最终对GDP（不含中间品）或GNP贡献了多少。最早的概念是，货物是可贸易的，服务是不可贸易的。货物里也有个别东西是不可贸易的，比如发电，电力是货物，但如果电网不通则无法出口，所以是不可贸易的。从统计上来看，现在越来越多的服务可贸易了，但是占比还不算大。虽然难以从海关统计口径反映出服务贸易的准确数字，但对服务贸易的统计也在不断加强和改进，似乎不会相差得太离谱。虽然有很多服务已变成可贸易的，但如果仔细想一想，多数主要的最终服务仍是不可贸易的。货物与服务在贸易中的比例尚难以根本改变。尽管服务业占GDP的比重越来越大，在很多国家已占到一半以上，发达国家有的占70%、80%以上，但即便在美国，服务出口总额与GDP之比也仍较小。是否还有其他显著遗漏需要研究？《全球价值链发展报告2021》讨论了价值链中的合资/外资企业中的服务，以及以资本利得表现的服务收入，按GDP和GNP的口径，收入法GDP包括了常住本国的外国人的收入，对外要素收入则应纳入GNP。按理说，如果服务贸易收入遗漏的差额大，可通过GDP和GNP之间的差别观测出来，但从各国GDP和GNP的差别来看，看不出来有那么大。这些方面可能还需要进一步研究。

二、遗漏的数字应会在别处出现

中美贸易顺差/逆差数量到底有多大的问题，从价值链的角度会得出不同的估计。海关统计货物贸易进出口，尽管很多服务贸易不通过海关，但对服务贸易的统计后来也增强了，所以大致上会有一个统计数额。这个统计到底准不准？即使双边不准，比如中美之间不准，多边综合统计也不见得不准。从国民账户体系

（SNA）收入法统计的角度看中国，资本项目有管制，尽管管制不见得非常有效，但是资本项目的交易都需要登记，都有核算，去除资本项目后，如果每年的外汇顺差收入非常大，那么说明多边贸易平衡中的总顺差大。在国际金融危机前后中国曾经有一段时间是这样的情况，因此导致了人民币汇率升值的压力。从社会核算矩阵（SAM）的角度看，如果海关统计对服务贸易有遗漏，数字会从收入法 GDP 核算中显露出来，同时可以找出中间存在的一些值得讨论的问题。从这个角度来看，很大程度上能够与价值链分析进行互补印证。

三、税改能否反映价值链上的增值分布

2021 年 G20 实施了税改，包含若干内容，其中之一是基于 OECD 关于税收应在价值产生地加以征收。与此相关的还有最低企业所得税率（15%），意在遏制税率的逐底竞争。有争议的问题之一是避税地是否在价值链以外占了很大的便宜？国际金融危机以来，G20 最先关注的是避税天堂（2009 年），随后是税基侵蚀与利润转移（BEPS）。按收入法 GDP 核算，避税天堂真正获取的收入主要是当地的律师费、会计师费、注册费等，资本收益即使到手也立即被投资到其他地方，它们成为资本流动的转运站。在这种情况下，虽然西方国家少征收了一些税，但是很难说明避税天堂占了多大便宜，而且这些避税天堂本身在全球 GDP 中占比并不大，有人认为似乎不值得大动干戈。这种分析很有意思，表明某些资本没有国别属性，还需要进一步研究。当然这其中，可能有些资本收入转换成了个人收入，并可能存入了瑞士私人银行，所以 G20 在后续措施中提出自动情报交换（AIE 规则），主要是针对这些个人存款，从逃税的角度进行处置。中国也参与其

中并作了承诺。总体上看，需要估算这些税收漏洞总量大致有多少。如果从全球价值链的角度加以研究，很多事项还需要反复推敲，需要从数量上加以平衡估算。《全球价值链发展报告2021》讨论了税基侵蚀与利润转移，以及新一轮税收改革。G20 和OECD 提出新一轮全球税收改革，美国等各方给予了高度评价。但仔细想一下，这次税收改革重点似乎不在于数字税，重点还在于15% 的企业所得税。税收改革在某种程度上可以结束全球的税收逐底竞争，但是可能更大的目的是，发达国家自金融危机和疫情以来，财政赤字过大、债务过高，急于提升自己的财政收入。至于按价值链在价值产生地纳税，还是很粗糙的构想，不能过于乐观，执行上会有很多问题，有很多具体问题还没解决好。

四、应给予跨国公司更多的正面肯定

税收问题引出另一个观点，也就是《全球价值链发展报告2021》的重要内容之一——分析跨国公司。从中国改革开放的进程来讲，跨国公司可以看作一个很正面的、积极的力量，跨国公司发展使得全球生产格局、价值链、对外开放程度都有了很大的进展。但是它也有缺陷，也钻漏洞。从国际金融危机以来到现在，很多舆论都在打压跨国公司，美国甚至试图把跨国公司召回美国生产，这是一种逆全球化的动向。在全球税收改革问题上和在进行全球价值链分析研究时，要注意不应该过度打压跨国公司，低估它们的正面作用和它们的声音。与此同时，我们也看到中国有许多公司正在变成跨国公司，而且中国还将出现一些小型跨国公司、专业化很强的跨国公司，也反映我们支持全球化、积极参与全球价值链发展的态度。

五、跨国数字平台对全球价值链计量的挑战

真正对价值链计量挑战更大的、需要进一步研究的是跨国数字平台的服务贸易。数字经济领域涉及很多服务贸易，即互联网上提供的各种服务，无论是从海关统计、服务贸易统计，还是从外汇统计，都很难核算清楚，因为有大量的服务不收费。不收费如何赚钱？一是广告，所以对广告如何按价值产生地计量、如何收税等，需要开展更多的研究。二是准备上市的平台公司的市值往往炒得很高，然后就有变现获利的机会，这种收入表面上似与贸易和价值链无关。这改变了过去基于成本核算的贸易和服务贸易体系，同时中间含有大量的直接补贴、间接补贴和交叉补贴，有些是 WTO 明确反对的。但现在对于数字经济的政策处理还有很多不明确之处，办法也不多。我认为这是更重要的对价值链计量的冲击。

换一种思路
考虑数据跨境流动的难题①

数据跨境流动的三点担忧

当前的规则和国际协作主要讨论的是 CPTPP 和 DEPA 是否能被接受和执行。难点不仅在于数据跨境流动，还有数据作为可贸易商品能用于自由买卖以及自由存储，比如存储于某个国家的大型数据库。不少国家对此存在以下几点担忧。

首先是对安全的担忧，在地缘政治冲突发生之后对安全的顾虑就更大了。各国的政府和贸易部门也无法确定某一组或者某几组大数据最终能得到何种的产物和结果，是否会对安全产生危机，从审慎角度来看，主张不允许数据自由买卖。

其次是对隐私的担忧，各国保护隐私的理念、考虑和设定的法规不一样，如欧洲现在比较严格，采用《通用数据保护条例》（*General Data Protection Regulation*，GDPR）。由于各国对隐私的定义不一样，因此贸易肯定会产生障碍。有人建议把数据分很多类，像海关商品分类为 4 位数、6 位数、8 位数等，我个人估计现

① 源自周小川 2022 年 4 月 21 日在博鳌亚洲论坛 2022 年年会"数字经济：让所有人获益"分论坛上的讲话。

在数据还无法实现这么细致的分类。庞大的数据乍一看并没有什么作用，但数据通过挖掘就有可能发现非常有价值的东西。挖掘数据的技术很多，过去是数据库，现在有人工智能、模式识别等，特别是人工智能的技术范围非常广。

最后的难点是定价。一组数据在挖掘前或许毫无价值，因此定价低廉，但随之从中挖出的"大金矿"或使其价值提升百倍，数据挖掘的未知性一定程度上造成定价的困难。按照 CPTPP 和 DEPA 的数据跨境自由流动也许还不能解决这个问题，这也是人们存在怀疑和顾虑的地方。过去在贸易上要定义什么是可贸易的（tradeable），什么是不可贸易的（non‐tradeable），服务业中原来有很多是不可贸易的，由于全球化和各种努力，又有很多不可贸易品变成了可贸易品。

多项技术发展可支持数据的用途作为贸易对象

在对许多国家关于数据安全和数据跨境贸易的顾虑进行探讨的背景下，是否能够不把数据作为主要的可贸易品，而把数据的处理即应用的任务当作可贸易品来进行买卖？

首先，因为技术的发展，现在有大规模的云存储、云计算，各国虽不平衡，但数据分布式存储在未来完全可行。大规模集中存储数据本来就难度较大。数据分布式存储意味着不用把人家的数据搬走，只要有合适的理由并得到允许，支付应付的价钱，就可以进行数据运算和挖掘。这也是数字经济、数字贸易的一种可选方向。大家可以想象，个体/小量的数据是会允许自由访问，但想大规模下载，把人家存在云里面的大量数据完全拿走，这往往是不被允许的，而且技术上也很容易发现。比如有一个网站，有人个别访问并无碍，但是如果用爬虫技术大规模下载，这是能发现的。

其次，从任务角度来说，安全隐私计算可以只提供数据处理结果，但不会拿走数据，也不知道数据的具体姓名和敏感信息。最初始的做法是数据脱敏，然后是多方安全计算。多方安全计算使用了密码和数据分布式存储技术，在不影响安全的前提下作计算，可以拿走计算结果，但是数据没有拿走，不知道具体敏感的部分，即所谓"数据不动模型动"。

再次是人工智能。人工智能现在能够做的越来越多，主要是机器学习。机器学习现在有一种新技术是科技界普遍重视的"联邦学习"算法/模型。如果哪个国家需要运用另一个国家的数据进行机器学习，可以把模型委托给对方进行"联邦学习"，利用数据存放国的云计算能力进行处理，直接给需求国出最终结果。数据可用不可见，可以用，但不可拿走。

最后还有一个技术是可信执行环境（TEE）。可利用技术发展，主要是基础设施，比如说云计算、云存储和SaaS/IaaS（把基础设施、软件和平台作为服务），把数据跨境流动、跨境买卖、跨境存储的问题绕过去，来执行所需的运算。

不管未来规则如何，都需要共识和全球性的治理。当前数据跨境贸易治理不太乐观，但通过大家的努力形成共识，就有可能变得乐观了。这是很值得讨论的。

关于加强 CPTPP 研究的几点建议[①]

当前研究 CPTPP 非常重要，也非常有意义。李波同志作为课题主持人做了大量工作，大家在研究过程中形成了许多成果，取得了大量的共识。虽说对某些问题还有一些不同意见，还需要进一步讨论，但现有的内容和共识已经具有重要的参考价值了。

研究中国加入 CPTPP 的问题，国家主席习近平已明确表示了态度，但在这几年美国对中国频施压力、到处围攻的情况下，当前启动加入 CPTPP 的谈判以及谈判具体的内容，暂时看起来并不是太令人鼓舞。我总体感觉，目前似乎并不是处于最好的时机，或者说错过了最好的时机。但是从中期以及更长远的角度看，研究 CPTPP 规则和中国如何加入 CPTPP 都意义重大，课题的成果可能还需要寻找时机，使其能更好地发挥作用。

首先，CPTPP 是进一步促进国内改革开放的重要内容。国内的改革开放，一方面是基于对自身经济体制、经济政策的清醒认识，特别是深刻认识到自身的不足，进而产生自觉推动改革的压力和动力；另一方面，改革的动力也往往来自国际比较和国际压力，因此要把有些国际比较和国际压力变成我们改革的动力，不进则退。现在国际社会对中国不怎么友好，有些西方国家联手不断地挑刺、挑事。它们一挑事，我们必须要进行反制，当然，这

---

① 源自周小川 2021 年 7 月 17 日在"CPTPP 规则研究"课题结题会上的发言。

种反制并不是出于我们的主观愿望，也不是因为我们对开放的认识发生了变化。中国在很多场合还缺少有准备的反制工具，看到在经济、贸易、投资方面还有一些工具，就经常动用这些工具进行反制。但这里面存在一个问题，我们实际上并没有研究清楚如何选用最佳反制工具。另外，如果左一个反制、右一个反制的话，最后加在一起，对外开放就不太容易往前走，甚至实际上可能有所后撤。这些都还需要统筹研究考虑，加以优化。

其次，在规则制定和对外谈判上，我国需要增强对谈判的发言权。既然是加入多边或诸边机制，那么在谈判中要想清楚哪些内容我们必须争取，需要妥协时哪些内容可以妥协以及能妥协到什么程度等。这也需要在国内形成共识，而且最好事先有妥协的底线准备，但这并不是那么容易做到的，其中有很多内容与 WTO 改革相关。在 WTO 改革问题上，我们的发言机会和话语权可能会更多一些，但必然也会面临很大的压力。

最后，关于国际贸易投资中出现的许多新议题。国际上在研究这些新议题，我们也在研究。比如关于数字经济问题，当中涉及很多内容，包括数字相关贸易、数据流动等，很多研究还处于比较初级的阶段，还有很多可以深入推进的地方。此外，不论是 WTO 还是 CPTPP，其涵盖的贸易内容与国际货币体系、国际财政金融政策的联系会比以前更为紧密。

如前所述，尽管中国加入 CPTPP 在时机上可能有所欠缺，但近期的国际活动也出现了有利的一面，国际上围绕气候变化、WTO 改革、G20 有关国际税收框架讨论等热点问题，都在加强谈判，争取达成共识和协议。有关 CPTPP 的问题也是一样，虽然谈也不一定会达成共识，但总是可以交流探讨的。

关于 WTO 改革的几点看法[①]

中国应及早研究 WTO 改革

首先感谢侨联列了这个重要又具有迫切性的题目。我认为相对于美欧日，中国更需要 WTO，我们如果不及早深入研究可能会陷入被动。

我们要对当前的形势有所认知。西方，比如加拿大、欧盟一些文章中相当多的内容都是针对中国的，这些文章并非以政府的名义，而是先用智库、研究部门的名义来表达它们的立场。这意味着 WTO 改革议题中会有相当程度的内容是针对中国的，要有思想准备。可能我们不能再像以前那么超脱，而要对这些议题有应对策略。

如果未来 WTO 改革过程中分歧过大，各方不能达成一致，结果可能会是美国希望抛弃 WTO，出现诸边主义替代现有的规则制度，也可能全球贸易格局演变为区域性自贸协定为主，多边主义的规则受损。如果出现这种局面，中国可能会是最大的受害者，要有思想准备。

去年是中国改革开放四十年，在各方面改革调门都很高。实

---

① 源自周小川 2019 年 1 月 22 日在中国侨联召集举办的"WTO 改革中国方案研讨会"上的发言。

际上可以结合 WTO 改革，思考哪些应该通过深化改革加以推动，也就是在一定程度上借力 WTO 的规则来推动。回顾中国改革过程，从开始提的恢复关贸总协定缔约国地位到后来加入 WTO，都对国内改革开放有巨大推动作用。所以不要把这些只看作妥协和让步，要以改革开放立场来看待中国的根本利益。

关于谈判或者说是对外发声的策略，和我们自己掌握的底线是不一样的。我们在谈判过程中，应该按照我们的顺序选择哪几个议题先去谈，特别是现在大多数国家都关注的争端解决机制议题，如上诉机制问题。但真正的难点是切实考虑中国在哪些方面应该通过自身改革来达成，或者是纯粹作一些让步来谋求 WTO 改革能取得一定程度的共识。

我们还要看清在整个 WTO 改革进程中各战线上的不同地区和国家的立场。欧洲很多观点和美国类似，但还是要尽力去团结，要和欧洲达成一定的共同立场，否则局面可能很不一样。对于亚洲，中日韩关系也在回暖过程中，可以采取类似的做法。

中国应总体支持 WTO 改革方向

内容上我想分为三个方面来讲。

第一大方面，我们支持 WTO 改革大体的方向。

我们可以提出一些具体的修改意见，争取语言上和规则上对我们有利，但总体上方向我们应该支持。二是我们通过国内改革尽可能消除 WTO 改革内容中对我们的压力。三是我们明确需要进行争议的内容和立场，争议的目标并不是一定要达到我们争取的条件，提出争议至少策略上对我们是有利的。

第一是规则制定方面，从关贸总协定到 WTO，从过去缔约国少数人、核心层制定规则，到 WTO 成员资格（membership）。在国际金融危机前后，西方一些人已经开始后悔，认为之前太乐观，成员资格非常没有效率，而且可能难以推动谈判。尽管 2008 年 G20 峰会要求尽快完成多哈回合谈判，现在大家已经普遍认识到多哈回合谈判已经"死了"。可能有人会主张倒退到关贸总协定，也有人主张通过诸边的做法，但不论怎么做，中国这个世界第一贸易大国的角色是不可能被排除的。尽管我们会替世界上的发展中国家，特别是小国呼吁，但实际上规则制定程序的改变不见得对我们不利。

第二是关于透明度和通报程序，这点我认为基本上还是有共识的。开放、透明、非歧视原则这种语言还会被继续沿用。关于透明，可能有个别地方会针对中国，包括说我们哪些补贴不透明等。但我们既然已经参与全球经济，主张全球化和以多边主义规则为基础的制度，那么只要大家意见接近，就应该采取积极的态度去支持。

第三是关于补贴的问题。从中国经济体制改革，特别是党的十四届三中全会以来，对于补贴的官方立场，中央各种文件中说得还是很清楚的，中国不依赖补贴发展。可能存在的补贴无非包括几个方面：早期对落后工业行业的扶持，以及早期对于初级产品价格的一些交叉补贴，还有个别对于消费者的照顾，比如对于消费者天然气价格应该便宜一点，由此形成交叉补贴。类似的补贴西方有些国家也存在，可以抓住发达国家农业补贴的问题来讨价还价。

补贴问题会与"制造业 2025"和产业政策问题关联到一起。国务院领导关于"制造业 2025"和产业政策的说法，可以直接拿来用，从而淡化各方对这些方面的关心。

中国开始谈关贸总协定和 WTO 时期，如 20 世纪 90 年代和亚洲金融风波期间，仍处于财政十分困难的阶段。20 世纪 90 年代中期中国财政收入占 GDP 比重最低的时候不到 11%，勉强维持在两位数，实际上也根本拿不出多少钱进行补贴，存在的补贴有些只是体制惯性所造成的。现在财政实力增强了，只要方式方法运用得当，可以做到实现国家发展战略的同时不出现可诉的补贴。不能用蛮横的做法，随心所欲容易出问题。

第四是关于上诉和争端解决机制问题，我们应该坚决支持WTO 的争端解决机制。但在争端解决机制中，可以考虑创造出新的任命机制，在确实进行改革的前提下从本质上维持争端解决机制的有效性。WTO 其实就是规则制定加上争端解决，这两个如果没有，这个机构也就名存实亡了。

第五是关于知识产权保护和强制性技术转让。这是我们被攻击比较多的地方。国务院领导态度非常明确，我们要保护知识产权，这不仅仅是保护外国的知识产权，更是中国自身发展战略的需要。可能在执法上我们还有做得不到位的地方，但这在很多国家都存在，是需要改进的问题。

第六是产业政策、补贴、强制性技术转让涉及地方政府的问题。可能中央政府没有这么做，地方政府却做了。中国还是集中度相当高的国家，中央如果有精确指令，执行效率会很高。这里还有教育的问题，有些地方政府领导没认识到问题的严肃性，认为中央希望地方做这些事情，只是没有明说。所以要向地方政府明确意见，中国在清理这些问题上还是有一套系统性办法的。

第七是关于数字贸易问题。我们可以采取积极的态度，在国际上可以达成一定的共识。欧洲人对隐私保护、增值税等问题的立场更加强硬，其实这些对我们也是有利的。

通过改革开放消化 WTO 改革中的争议难题

第二大方面是通过改革开放来解决疑难问题。

国有企业问题是一个综合性的问题，与很多方面都有联系。比如补贴的问题，如果中央和地方财政都没有补贴，产业政策也不做过头了，那么补贴还有没有？最后发达国家说到只要有国有企业就有补贴。

第一是关于国有企业比重的统计口径问题。欧洲很多国家国有企业比重并不小，很多国家在 20% 左右，中国可能超过 30%，其中统计口径有很大影响。中国真正的国有企业分三大块：一是基础设施和公用设施企业（Infrastructure and Public Utilities），这是典型的国有企业类型，此类企业在欧洲也大量是国有的；二是传统遗留下来的并不属于公用设施企业的国有企业，这些企业一般在走下坡路，效率较低；三是占比最高的那些早已变成上市公司的国有企业，实际上属于混合所有制的企业。如果我们想更多地适应国际规则，这些上市公司体制上就不应该继续被看作国有企业；但如果想在数量上把国有企业做大做强，会将这些公司算作国有企业并作为政绩上报。两者在统计上差距很大。

第二是市场准入问题。这个问题也与国有企业有关。国家可以不再要求强制性技术转让，但是如果进入的领域是国有企业占主要地位，国有企业可能要求合资，合资的具体内容又包括市场份额、技术转让等各种条件，那么市场准入领域也会出现问题。

第三是市场扭曲问题。也就是经常说的非市场经济问题，严重市场扭曲问题，主要的质疑也在国有企业这方面，难以回避。

第四是国有银行对国有企业贷款在资源配置上有偏向的问题。这是可以解释的，我们在欧洲对于这些事情作了一些有效果的解释。其中关键一点是工农中建交五大商业银行都是股份制商业银行，是上市公司，公司治理都有私营部门和外资参加，不能再被视为国有商业银行。去年夏天以来我们开始引入 OECD 关于国有企业竞争中性的概念。如果按照 OECD 的说法，只要国有企业实现竞争中性，就不属于有补贴和扭曲市场，那么中国国有企业其实和欧洲国有企业差不多，只不过中国的国有企业比重稍大，而随着经济的发展和国企口径的校正，中国与欧洲的这一比重将会接近，至少不会再有明显区别。所以要认真研究 OECD 关于竞争中性的问题，向欧洲靠拢，如果欧洲可以，那么中国也应该可以。可以考虑这种思路的可行性。改革开放以来对企业改革作了大量综述，总体精神和竞争中性概念很多方面是相近的，只是一些时候用词不同，对此可以进行一些梳理。

第五是党组织在国有企业中作用的问题。从公有制角度，党拥有控制权可以是党、人大、国务院或是国有控股公司拥有具体控制权，后者也包括当前说的国有企业运营公司和国有企业投资公司，实际上就是控股公司。控股公司可以做到竞争中性。如果确实让其拥有控股权，对于企业的控制可以通过公司法和公司治理结构来实现，这将与欧洲国有企业并没有什么不同。如果还是采取传统的办法，易授人以柄，也不见得会增强控制力，甚至还会妨碍公司治理的改善。中国作为 G20 的主要国家，在 2014 年土耳其安塔利亚峰会上正式表态同意《G20/OECD 公司治理原则》。目前我们有些做法还是和这些原则有不一致的地方，但只要向这个方向靠拢，就有希望解决这个问题，否则将变成难题。公有制和党的领导是要坚持的东西，但具体要守住什么还需要研究。是否可以两者兼得？即将国际规则、公司法、公司治理、依法治国、党的领导一致化。我觉得通过改革是可以做到的。

我们在强调数字贸易、市场准入与负面清单的背景下，WTO改革还有可能涉及网络空间治理问题。中国在电子商务、网购方面有优势，这些优势领域是我们想要的，但对网络空间的管制还是比较多的，很多说法涉及抵制外来意识形态和维护国家安全。对于这些问题外界抱怨较多，也有一部分人把这联系到市场准入问题。中国欢迎外资，但外资进来后必须要有一个特别的渠道才可以使用虚拟专用网络（VPN），其他外国商人不能用推特（Twitter）、脸书（Facebook）和谷歌（Google），与本国联络就有很大的不便。金融业越来越普及和发展，但是一般人在市场分析时不能接触彭博社和路透社等，这会造成信息劣势，大量金融机构把重要的交易机构搬到香港和新加坡。中央强调"六稳"，六稳中就包括稳投资。

以人民银行反洗钱举例，可以考虑更多地运用事后监管的办法解决这类问题。如果跨境支付体系是自由化的，就不可避免会有恐怖融资、洗钱、逃税等问题。如果因此而将所有的支付设成前置审批或禁止，就会导致经济效益大打折扣。因为交易量非常大，需要考虑是否牺牲经济利益来通过前置手段实现管理上反洗钱、反恐怖融资的目标。人民银行实际的做法是通过大额可疑数据上报后的事后分析和报告，这对恐怖融资和洗钱给予处罚并产生威慑力。有人会认为不如事先审批，直接挡在门外更有效，其实不见得，直接挡在门外反而更没有效率。

对网络空间的问题也可以作类似探讨。不要把门设在最外面，第一道门放进来，事后作监控管理。现在人工智能识别、滤波器等各种各样的技术都可以采用。我觉得可以研究，避免在这方面过于孤立。

主动提出诉求争取更好局面

第三大方面，中国可以争取在一些问题上以争议性的提法来表达自己的诉求，至于最后的结果怎么样，不必太强调我们自己的语言，能走到哪儿算哪儿。

第一是发展中国家地位问题。关于发展中国家的定义，WTO

章程里并没有专门的论述，而是分散在很多地方。如果说我们最开始坚决不同意所谓"发展中国家毕业"与"发展中国家分层次"，再隔一段时间也不见得是实质立场的体现。"发展中国家"的概念肯定还会有，中国作为替发展中国家说话的政治立场也是坚定不变的，但最终发展中国家待遇在 WTO 文件中是集中表达还是分散表达，最后是否体现为有"层次"和"毕业"的说法，我们可以在先表达我们的立场之后视各方反应再作决定。

二是非市场经济和市场扭曲的问题。在经过多年努力后，中国市场经济地位依旧没有得到承认。可以的做法是，不管外界是否认可，我们应该坚持认为我们是市场经济国家。当外界宣称中国是市场严重扭曲的国家，我们要坚持严重扭曲并不存在，对于具体市场扭曲的指责我们可以一点一点进行辩论。

最好的情况是在最后形成的 WTO 改革文件中不把非市场经济和市场严重扭曲作为规范内容在新规则中表述，而是表明 WTO 的精神是主张市场经济、主张自由贸易、反对保护主义，同时反对市场扭曲。市场扭曲也不可能百分之百防止，很多其他政策会在市场扭曲方面有溢出作用。直接市场扭曲的做法，中国没有意图，也在全力避免。

还有一些将要去讨论、去争取的内容，要有确定的口径，以便争取我们想要的东西，至于是不是作为底线可以再进行研究。

以改革思路解决国际贸易新问题①

非常高兴看到大家对"世贸组织改革"这个题目有如此大的积极性，特别是日方有很多重量级嘉宾来参加今天的讨论。

我担任人民银行行长期间，多次参加 20 国集团（G20）的各种会议。G20 峰会首次举办是在 2008 年，在此以前只有部长级会议。2008 年峰会的主要议题是应对国际金融危机，与会的 20 国首脑都希望早在 2001 年就启动的多哈回合能够尽快取得进展、作出结论。但实际上多哈回合谈判困难重重，到现在为止也看不到乐观的影子。不仅如此，一些新的贸易问题也开始出现并成为 G20 峰会的重点议题。2018 年 G20 在阿根廷召开的峰会，虽然也有很多别的重要议题，但实际上各国首脑重点关注的还是贸易问题，尤其关注中美两国首脑关于贸易的会谈。

我们都知道，WTO 能不能够继续有效运作，主要存在哪些问题，究竟需要怎么进行改革，这些都是各国十分关心的问题。大家对 2019 年 6 月底即将在日本大阪举行的 G20 峰会寄予很大希望，希望 20 国首脑能就 WTO 改革形成一些初步的共识，对改革加以推进。当然，对于究竟能不能实现这一点，大家并不是很乐观，也知道还存在很多困难，时间已经很紧迫。比如，WTO 贸易争端解决机制中的一个重要部分就是上诉机制，大家看到，到

---

① 源自周小川 2019 年 5 月 27 日在博鳌亚洲论坛研究院与财新传媒于东京举办的"世贸组织改革座谈会"上的发言。

2019 年底这个上诉机制实际上不可能正常工作了。当然，目前还有其他若干议题大家都存在分歧。面对诸多挑战和困难，WTO 实际上已经很难正常运作。

此外，这些年国际贸易中还出现了一些新的议题诸如数字贸易等，尚没有得到很好的解决。但按照现有的程序，能否制定出新规则，显然也是不乐观的。所以我们迫切希望在座各位共同出主意，对 G20 大阪峰会各国领导人讨论这些问题有所推动。特别是希望日本作为主席国，能在这方面起到主导和推动作用。

关于 WTO 改革，2018 年我也参加了一部分研究和讨论。2018 年，我们见到了几篇 WTO 改革建议文件，其中包括加拿大、欧盟以及德国一个智库提出的文件。中国也需要认真研究这些事情。多年来，亚太国家一直在推动跨太平洋伙伴关系协议（TPP），以东盟为首的亚洲国家也提出了区域全面经济伙伴关系协定（RCEP），这些都说明在亚洲范围内推动 WTO 改革还是有一定基础的。

加拿大、欧盟和德国在文件中提出了许多改革设想，其中的大多数建议是非常积极有效的。虽然从外部来看，里面也有很多内容实际上是对中国有批评性的，比如补贴的透明度问题、国有企业问题、网络空间的治理问题、技术转让问题和知识产权保护问题。但是，中国对这些问题已持有明确态度，也确实在借这种外部力量来加快国内改革的步伐。实际上，我们在若干方面已经做了准备，特别是在金融市场开放方面的工作是做得比较充分的。另外，在技术转让和知识产权保护方面，我们也有很大决心向前推进，力争达到国际上可接受的标准。

但同时，我们也感觉有一些问题解决起来可能还有一定的困难，需要国内通过讨论增强共识。其中一个就是国有企业改革的问题，还有网络空间治理的问题。但总体来讲，我觉得中国的情况和当年日本有点相似。日本过去在国际上面临压力的时候，通常能够把压力变成对外开放的动力，中国也可以通过这样的做法来推动改革。

我们说利用 G20 时机推动 WTO 改革十分必要，与此同时，确实也需要准备应对，如果出现 WTO 改革不顺利，一段时间内 WTO 作用弱化甚至不太起作用的情况，那么全球多边主义、全球贸易制度就会出现空白。在这种情况下，就有可能出现这样一个局面：一些主张自由贸易的国家采用诸边主义（Plurilateralism）的做法，率先向前推进，然后再看全球能否向这样的做法靠近。

因此，从这个角度，我们也是要有思想准备的。就中国而言，我个人理解，从政府的立场上来看，首先还是尽全力推动 WTO 发挥作用，推动 WTO 改革取得共识。与此同时，我们也要做一定的思想准备，在推进 WTO 改革出现困难的时候，究竟应该如何体现自由贸易和贸易投资便利化，如何通过局部地区先行推进，体现多边主义的替代性推进渠道。

这次的讨论十分热烈，既提出了很多问题，也带来了很多启发。通过交流，很多问题还可以进一步深入研究。我下面就对其中几个问题谈谈个人的看法。

第一，关于 WTO 的规则制定和改进问题。我很赞成今野秀洋先生（前日本经济产业省审议官）的说法，现在的状况很不令人满意。也许我们需要回顾一下，从关税及贸易总协定（GATT）到 WTO 究竟是不是一个好的变化？GATT 过去的那种机制，不管怎么说，促成了东京回合和乌拉圭回合，但 WTO 来了以后，多哈回合连影都没有了。

第二，关于补贴问题。刚才尾池厚之先生（时任日本太平洋伙伴关系协定副首席谈判代表）、李波先生都谈到了补贴问题。正如尾池先生所说的，中国的补贴有很多是地方政府做的。那么从另一个角度解释，就是中央政府并不希望提供这种补贴，中央政府也没钱。但是，因为中国把很多钱都分到了地方政府，所以地方政府反而可能有钱做一些事情。但如果中央不希望这些事继续发生的话，应该说是有能力把它们纠正过来的，比如通过预算审议机制促使地方政府花钱更加有效。当然，补贴也涉及中央政府。比如说，对技术发展，中国的科技部每年就要有一笔预算，就像小手川大介先生（佳能全球研究所的研究顾问）所说的，要是没有这笔预算的话，表明国家对科学技术发展不重视，这不是好事，所以必须要有。而对这笔预算的分配，过去传统上都是分给像中国科学院这类基础研究部门。当然工业部门也会伸手要，这样的话一些预算经费就会分配给工业部门，但实际上数量非常少。有人担心中国一些发展比较快的技术部门比如华为公司得到国家的支持，其实华为这样的公司也从科技部拿不到什么科研经费。所以科技部可以通过改变预算，不再向有市场价值的技术部门分配资金，这个问题就解决了。不管政府部门怎么做，中国的科学技术都会继续向前发展，这不是坏事。当然，有人担心也是正常的，这也是个全球竞争的过程。

第三，关于发展中国家待遇问题，也就是世贸组织框架体系中的特殊与差别待遇（S&DT）条款问题。我同意李波先生说的，中国在S&DT问题上实际上拿不到多少好处。但是中国有一个特点，就是几十年来它从一个穷国发展起来，应当为世界上其他穷国、发展中国家说话。这是一种政治上的立场，并不是说中国自己今后还要追求继续享受特别的和有差别的待遇。当然如果是符合条件的待遇，我们也不会拒绝。现在各方在这方面虽然有争议，但我认为也不是特别难解决。

第四，关于国有企业的问题。我提一个不成熟的思路，不管是WTO也好，还是TPP也好，里面关于国有企业的描述尚欠准确。在 WTO 文件中，很多地方使用的是公共机构（Public Body）。如果说国有企业就是公共机构，那么国有企业的所有行为是不是都是政府行为？这样的话就把打击面扩大了，我认为还是应当区分一下。如何区分？我看最近欧盟和一些国家是这样来区分国有企业的：首先，它是不是听命于政府的行政指挥；其次，它是不是主动推行政府政策。如果从这个界定来看，中国绝大多数的国有企业早已经不是这样了。特别是在中国经济中地位比较重要的国有企业，很多都是上市公司，其公司治理也不允许它们这样做。那么我们是不是可以找到另外一种描述，这种描述我跟欧洲的一些专家讨论时也形成了一定的共识。欧洲很多国家的国有企业占比超过20%，中国则超过30%。这些国有企业如果能够按照经合组织（OECD）制定的规则实现竞争中立，就可以不算公共机构，这样去看待国有企业就能够解决很多问题。中国剩余的一些国有企业，如果还有对市场扭曲的行为，也比较容易通过改革加以解决，或者通过一些隔离措施把它们界定为政府机构来对待。

第五，关于市场开放范围的例外问题。今天大家也谈到这个问题。通常而言，市场开放范围一种是以国家安全为依据来界定，还有一种就是以意识形态为依据来界定。但在实践中，什么界定依据都有，甚至包括以宗教为依据来界定的。比如说，大家担心"伊斯兰国组织"（ISIS）的恐怖主义活动可能会利用服务业开放向其他国家和地区渗透，或者通过数字和网络系统对外渗透。所以，我想对于市场开放范围的例外问题，恐怕一时半会儿得不出非常明确的界定标准，但是可以在规则制定上留有一定的空间让各国去尝试，反正这种例外也不是能完全管得住的。

第六，关于数字贸易的问题。我觉得石川成太先生（日本一桥大学教授）在前面讲到了更理论性的前景，同时说我们现在的讨论可能在深度上还是不够的。我想这也是正常的。观察第二次世界大战以后的历史，整个国际贸易体系的发展都是动态变化的。最开始是美国等二十几个国家签订了"关税及贸易总协定"（GATT），之后是苏联与东欧社会主义国家成立了经济互助委员会（简称"经互会"，CMEA），所以不同国家参与的贸易体系可能不同。与此同时，贸易体系也在竞争中不断向前发展，经历了一个动态改进的过程。数字贸易问题已引起了各国的重视，我们需要很好地研究数字产品的税收问题。实际上目前美国和欧洲在数字产品的征税上存在很大的问题，中国在研究过程中也涉及这个问题。首先是国内税收应该怎么收，其次是涉及跨境的时候，有的问题说的是数据可不可以正常贸易，实际上背后说的是该不该收税、税收归谁的问题，我觉得这些都是非常有意义的问题。

　　以上就是我对 WTO 改革问题作出的几点回应。我认为座谈会上大家的交流非常有效，提出了一些富有见地的观点，希望这些交流和研究能够继续深入下去。有一些问题如果能够抓紧时间解决并尽早输入给有关的决策机构，既能在 G20 大阪峰会之前让决策者们对这些问题给予重视，也能为今后一段时间 WTO 的改革提供借鉴。谢谢大家！

议题三

科技发展与数字经济

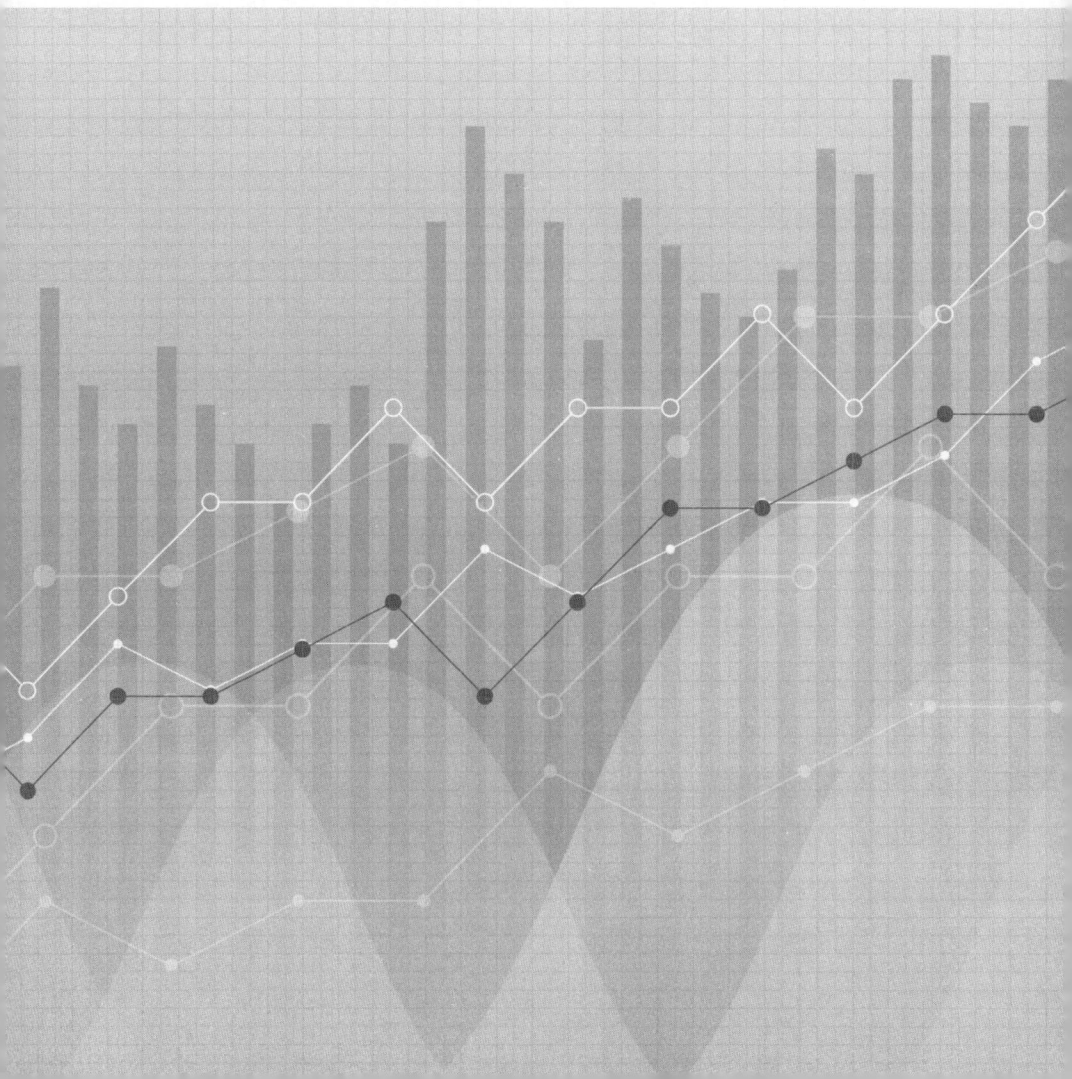

编者引言

科技和数字化正将全球带入数字经济的新阶段，成为经济可持续增长的新动力。数字经济的发展使新兴企业走上竞争舞台中央，中小企业运用科技和互联网技术得以异军突起，其正面效应令人印象深刻。与此同时，由于规模经济、范围经济和网络效应，科技和数字化也深刻改变市场微观结构，市场集中度提升，平台经济具有"赢者通吃"（winner eats all）的特性，BigTech 的竞争政策和反垄断成为全球范围内的主流议题。

对数字经济应首先关注公平竞争。反垄断是公平竞争失效后的现象。垄断的来源和动机是什么？从柯布—道格拉斯生产函数 $[Y = A(t)L^\alpha K^\beta \mu]$ 出发，如果 $\alpha + \beta$ 大于 1，即规模报酬递增，则存在规模效益。在传统经济中，绝大多数情况下 $\alpha + \beta$ 小于等于 1，垄断问题不突出。到了数字经济时代，尤其是互联网平台涌现之后，$\alpha + \beta$ 开始大于 1，才出现了"赢者通吃"的特征。只要不是赢者，就会被别人"吃掉"，因此企业有动力使用各种手段去追求成为"赢者"。

以流量和市场份额为主要衡量目标的竞争策略，加上投行和风险投资基金推波助澜，导致追求垄断和"赢者通吃"成为数字经济时代的商业策略。为了实现"赢者通吃"，烧钱式补贴是主要手段，风险投资基金等金融机构在量化宽松背景下的资金宽裕，助长了追求垄断过程中的不正当竞争行为。在垄断形成之前就采取确保公平竞争的行动，要比垄断形成之后再来反垄断更有效。还应强调资本市场机构的社会责任，金融政策应引导风投企业对投资更加负责，资金用在研发科技、设备、网络上，而非直接以补贴来抢客户、抢流量。妥善应对"赢者通吃"，可借用世界贸易组织关于反补贴、反倾销的理念，对市场竞争秩序和定价机制进行必要的管理。

在 2019 年出版的《金融基础设施、科技创新和政策响应——周小川有关讲座汇编》一书中，有对"建立公平竞争的政策体系"的深入分析——针对 FinTech 公司、BigTech 公司和第三方支付公司，政策上应避免失去公平和妨碍竞争；监管标准须一致，财务标准也须一致，应采用相同的资本金和杠杆要求，否则会出现扭曲。

数字经济的另一个关注点是为实体经济服务。数字经济可分为两个方向：一个是数字技术支持制造业服务业数字化，提高效率、降低成本；另一个则是纯数字领域，和实体经济关联甚微。当前应更加重视数字化对传统经济的赋能，而非纯数字领域。

在俄乌冲突背景下，数字货币和 SWIFT 系统、金融制裁引起各方广泛关注。数字货币是中央银行的负债方，有负债，就会形成资产，而央行资产方需安全、可靠、具有流动性。如资产被滥用于地缘政治目的，必然会影响到负债方，数字货币不是"战略竞争武器"。

在尊重各国主权货币情况下发展数字货币，不应形成私人数字货币与主权货币的竞争。中国发展数字货币基于自身 IT 技术，央行支付系统和数字货币的发展定位以服务国内零售为主，在跨境支付方面可与其他国家央行共寻解决方案。中美在跨境支付方面应互相促进，共寻解决出路和未来产品，不必相互猜忌，尤其要防范货币支付体系这类基础设施被滥用为制裁武器，滑入"冷战"格局。

支持科技发展的
基本金融政策和 FinTech 监管①

近年来，科技高速发展。技术进步会改造传统金融，带来新的金融业务，同时也对公共政策提出了新挑战、新要求，导致公共政策的很多新变化。

IMF 和 BIS 经过两年左右的讨论，2018 年底 BIS 发表了题为《金融大科技公司与公共政策挑战》（*BigTech in Finance and the Challenge to Public Policy*）的报告，主要强调 BigTech 的发展对公共政策的影响，我们主要关注其中公共政策中的金融政策部分。

人民银行对科技创新采取的态度是：对新技术要敏锐，总体上支持，有所宽容。支持科技发展，对 FinTech 发展路线、产品不持特定倾向；服从"实践检验真理"标准，在竞争和试点中观察哪些 FinTech 技术最有潜力、对未来最有帮助；欢迎各种 FinTech 流派发展，促进金融服务业提质增效。同时也强调，FinTech 创新要服务于金融行业发展需要，这和科技行业关注科技发展的目的有一定区别。科技公司发现了一个新的理论或技术方向前景广阔，可能会急于投入实践，尽快收回研发投资。但金融业并不附属于某一项技术。从广义金融服务业的角度看，FinTech 创新的

---

① 参见《金融基础设施、科技创新与政策响应——周小川有关讲座汇编》（杨燕青、周徐，中国金融出版社，2019 年 10 月）。

目的是最大化金融服务的效益。

建立受限的可复原的安全空间作为试验环境

金融政策制定者要提供一种有别于当前规则的可试验环境，强调这是一个受限、有监管、安全可控、可还原退出的试验环境。但是，说易行难。英格兰银行提出了监管沙箱，沙箱是有边界的，如果试验不成功的话，外溢影响基本可控，沙子流回去能大体还原，大家不受损失，但这两点实际上并不容易实现。目前，在大国经济体中能否设计出货币试验的沙箱是个挑战。

依靠市场竞争选优

具体领域中新技术的胜出，要依靠市场竞争选优。很多事例都表明，政府并不一定总能挑选到最有效的技术，必须要在市场碰撞磨合中获取。比如电动汽车，主管部门希望瞄准一个方向集中力量去实现并推广，减少浪费，但实践表明，还是要靠市场竞争去筛选出可获胜的技术。

技术选择具有不确定性，应主要依靠民间的研发力量，依靠市场竞争来选优和更新换代。从政策制定来说，总体要对 IT 保持敏感、支持和宽容，技术的优化选择要依靠市场和民间的力量。回顾历史可以发现两个问题：第一，从发展历程来看，如前所述，多数技术发展实际上还是线性发展、逐步发展并更新换代的，比如大数据和云计算。第二，通过历史经验可以研究技术选择问题。虽然金融业财大气粗，最先进的东西都敢买，但是选择还是面临着很大的不确定性。

央行在技术选择方面，要认真考虑自己的角色

商业机构的选择出现失误还相对易于被接受，但政府选择或央行选择一旦出现失误就有很大的声誉风险。从金融界来讲，央行以及监管部门尤其重视声誉，特别是央行，因为央行的声誉不仅体现在科技路线上，更主要的是事关货币政策的声誉。货币政策很大程度上是与公众沟通，传递币值稳定和金融稳定的定力。如果央行声誉受到损失，包括在研发数字货币时发生这种状况，其影响很可能远非投资受损和技术系统报废所能衡量的。

当新技术出现时，大家都有积极性，央行以及监管部门也都会有积极性，但应注意真正实力强大、能够吸引人才的创造力还是在市场、在民间的力量。央行最重要的工作之一是帮助建立竞争性环境，使最优的技术顺利凸显和发展，通过竞争选优最后实现应用更好的技术。也有可能未来整个过程就是一个动态过程，这个动态过程中不存在最后的优胜者，因为发展速度很快，一项技术在某一个阶段会占有较大市场份额，但还会有另一项新技术出来，一浪接着一浪地往前推进，而且有可能在同一个时点上有两三项技术比较占优，并不见得谁能够有绝对占优的局面，这在科技上也是常有的现象，还有可能在中间产生一种协调、通用、可切换的方法。20 世纪 70 年代中国开始发展彩电时，彩电主要有三种制式：美国的 NTSC、欧洲的 PAL、俄罗斯和中东的 SE-CAM。中国当时选技术制式并不容易，因为选择必须有取有舍，一旦选定了就不好改。当时中国选择了 PAL，后来电子技术能力提高了，出现了能够把三种制式统一在一起的自动切换的 IC 芯片，问题就都解决了。手机也是这样，二代手机到三代手机，有GSM、CDMA（码分多址），多址技术又分 CDMA、TDMA 和 FD-

MA。最开始 GSM 和 CDMA 是非此即彼，后来出现了一种手机是双卡双待，问题就解决了。因此，有可能同时有两项技术不相上下，或者争得不可开交，但在发展过程中也可能会出现一些统一融合或可切换的兼容性措施，使得它们能够共存。

力求建立公平竞争的政策体系

竞争选优首先要使竞争条件尽可能公平，差距不能太大，否则一定会出问题。现在新进入金融服务业的有 FinTech 公司、BigTech 公司、第三方支付公司以及各种各样的交易平台等，所以政策上应该建立一种公平竞争、优胜劣汰且能保护消费者的环境，避免失去公平和妨碍竞争。

——监管标准一致。比如小贷公司和 P2P 网贷平台都是按照普惠金融的目的来建立的，但 P2P 没有资本金要求，也没有人实际负责监管，而小贷公司则明确要求必须主要用资本金来做贷款，杠杆率不超过 50%。到底哪个政策好很难说，但至少可以认为，相似的业务如果存在竞争不公平等问题，市场上肯定会出现某种扭曲，甚至是套利。

——财务标准一致。基础的财务竞争性取决于通用且一致的会计制度，包括资本、不良、损失、拨备等各项主要指标的衡量，都是建立在会计基础上的，所以必须要有基本的制度。

——妥善应对"赢者通吃"。对此可借用世界贸易组织关于反补贴、反倾销的理念，对市场竞争秩序和定价机制进行必要的管理。当然困难会很多，目前这种呼声在实业领域不多，比如有人提议共享单车、滴滴打车的价格制定应该不含补贴，不应烧投资者的钱去补贴、去抢份额，但未见共识。而金融系统是直接经营钱的，扭曲的竞争所形成的损失金额可能非常巨大，出了问题将像泛亚和 e 租宝一样一发不可收拾。所以，尽管可能会产生一些摩擦和心理反差，甚至引起业界的抱怨，但还是要尽早对交叉补贴、"烧钱"抢市场这类做法出台相关金融政策来应对。

此外，应强调资本市场机构的社会责任。对于风投行业，也应有金融政策引导它们对投资更加负责。若拿投资的钱去支持搞补贴抢占市场份额，不一定有利于整体风投行业的投资回报，同时，对公平竞争的市场建设也未尽到社会公共责任。当全球流动性相当充裕时，从对冲基金到私募股权基金，发展空间都很大，钱也非常多，甚至多到撒不出去的程度，但按照证券市场的规则，不管是股权融资还是债权融资，都应该明确披露资金的用途。金融界应坚持一个理念，即希望这些资金用在研发科技、设备、网络上，而不是直接给补贴来抢客户、抢流量。

关注各类 FinTech 公司的真正动机并提供正向激励

对于 FinTech 公司而言，正确的动机是靠新技术实现效率和竞争力，而走偏的动机可能是瞄准客户的钱包，想吃利差，甚至是自融等，或者是通过资本市场运作迅速致富。监管者关注其动机很重要。在许可和牌照之外，或许最重要的政策选择就是激励政策，因为激励政策是一个连续政策（不像牌照是个二进制政策），监管可以对其进行调整，鼓励或不鼓励、激励力度强弱、正向还是转为负向，都可以连续变化。

金融政策要在观察的基础上设立正向激励机制，鼓励正确动机下的行为，谨防给不良动机提供鼓励，如果搞错了激励机制，相当于自己放火烧自己的楼。

问题机构的退出政策选择

如何处理问题金融机构？几年前上海畅购公司挪用了客户的资金，亏空 8 亿多元，面临追讨和破产。对因亏损、自融而出现问题的第三方支付公司的处置方案曾面临两个选择：允许对问题企业收购兼并还是让其破产清算。若允许收购兼并就需要请一家 BigTech 公司来做收购方。通过收购，BigTech 公司能够获得牌照和开展相关业务的资格，但会产生两个方面道德风险：一是一旦这类公司出现问题，就能够被收购，客户觉察不到利益受损，违法经营者没有得到应有的惩罚；二是投资者也没有受到教育，客户进行投资选择时只参考回报率，不重视风险防控，市场的选择性也无从体现。此外，是否要处罚作为资金托管行的银行？银行仅仅建立了账户，未认真履行监管责任。但此类做法符合当时行业"潜规则"，除此之外，银行并无其他违规行为。最后的处置方案并没有选择收购兼并，而是机构破产退出，允许市场退出和清算，损失由央行稳定基金承担，同时强调托管银行的功能。历史上历次风险事件的处置也都存在这类两难选择，监管措施应起到杀鸡儆猴的效果。亚洲金融风波中破产清算的信托投资公司、四大银行股改上市时难以处理的历史包袱，都是由央行负责承担而防止了风险转嫁，避免出现道德风险。

数字经济与公平竞争①

博鳌亚洲论坛非常关心数字经济和当前的热点议题——公平竞争问题。当前数字经济蓬勃发展且潜力巨大，我着重讲讲当前大家比较关心的公平竞争问题。

一、公平竞争是比反垄断更广泛的概念体系

公平竞争问题，需要从两个方面来看：一方面，数字经济的发展带来很多正面的东西，让很多新兴企业可以借此走上竞争舞台。特别是很多中小企业，在过去的环境中无法成长起来，现在利用科技、互联网可以做到异军突起。这对竞争参与者会起到正面的作用，需要加以重视。另一方面，大家也很关心垄断现象、关心资本的盲目扩张问题。公平竞争涉及的范围要比反垄断更大一些，而且还大不少；研究如何促进公平竞争以及如何面对互联网数字化引发的挑战，内容也更多一些。垄断是违背公平竞争的一个重要方面，这里面包含了各种垄断行为甚至是恶意打压对手、吞并对手等。我先简单说几个方面。

垄断问题要分两个阶段看：一个是还未真正形成垄断，但一些有实力的公司正力图追求达到垄断地位，在此过程中可能存在

---

① 源自周小川 2021 年 9 月 10 日在"博鳌亚洲论坛研究院数字经济课题研讨会"上的发言。

一些不符合公平竞争原则的行为。对此，在舆论和政策上都应该加以研究探讨，看看应该采取什么对策来应对违规追求垄断。针对这一阶段的公司，如给其贴上"垄断"的标签，法律上可能有些牵强。另一个是已经迈过了上述过程而形成了可判定的垄断，在形成垄断后又采取了一系列垄断行为，并且这些行为跟追求垄断过程中的行为并不一样。套用一句中国的老话"生米煮成熟饭"，"生米"存在的问题和"熟饭"存在的问题虽有联系，但不一定一样。如果不希望煮成"熟饭"的话，可能需要在"生米"煮熟过程中就采取一些做法、实施一些行动、制定一些政策，这样代价会比较小；到煮成"熟饭"后再采取措施，代价可能会变大，也会新增很多难度。

与此同时，针对数字经济出现的新现象、新问题，也需要与时俱进，要有针对性地研究一些新措施。比如，一要防止误导性、欺诈性广告，也包括请名人站台现象。这方面已经有不少典型的例子。二要反不当收购兼并。这是反垄断方面的题中应有之义，但要真正落实好也很不容易。三要防止恶意抢占公共基础设施。由于数字经济的发展，一些公司能力越来越强，甚至可以恶意抢占公共基础设施，把一些本来属于公共基础设施的东西变成公司自己所有，这就有可能影响公共服务的特性。打个比方，公司获批开建一条公路，建成后，如果只准与公司有关系的客户才能上路，这是不行的。公共基础设施还是要保证其公共性。四要反对不当的游说（lobby）。既包括商业游说，也包括向政府和当权者游说等，比如攀关系、动用"水军"、游说低税率等，都属于这方面情况。此外，投资者方面也需要关注，投行、风险投资基金、天使基金这些有可能帮助新兴企业起步并成长的机构，它们的资金会不会有些时候也助推了在追求垄断过程中的不正当竞争行为。

即使没有出现垄断，也要建设和维护好公平竞争的市场秩序。至于如何促进和维护公平竞争，有很多内容，我提示要注意借鉴国际贸易中关于公平竞争的做法：一是国际贸易中的反倾销、反补贴措施，也就是要以真实成本参与竞争。如果说这个道理在国际贸易中是对的，那么在国内的竞争中也要考虑要求以真实成本参与竞争。二是间接税制度。国际贸易要求的是以含零间接税参与国际市场竞争。三是要加强反洗钱，反恐怖融资和对毒品、赌博等的监管，数字经济不能为此提供方便。

限于时间我只谈及这几条，还有很多其他方面的内容不可能都谈及。总之，公平竞争是一个比反垄断更广泛的概念体系，而不正当竞争有多种多样的现象和原因。这当中，有不少都是现行法律法规和政策已有了相关规定，但在落实执行上可能还有很多缺陷，还是可以依据现有规定来管理。此外，也有一些现象，还需要进一步研究讨论，制定完善有关政策法规。因此，大家的注意力，特别是政策研究方面，关注的面应该要更广一些；同时还要注意，在未来可能的垄断者追求垄断的过程之中，也就是在它们还未形成垄断时，应该在哪些方面有正确的舆论和及时的政策应对。

二、数字经济对经济学研究提出了挑战

公平竞争问题、垄断问题涉及经济学的一些基本认知，而数字经济的发展对这些基本认知提出了新的挑战，导致有些研究结论可能与原有的不太一样，需要引出新的研究。

垄断的来源和动机是什么？过去从经济学上来说，造成垄断的一个主要原因是规模经济效应。从生产函数角度来讲，大家最常用的是柯布—道格拉斯生产函数 $[Y = A(t) L^{\alpha} K^{\beta} \mu]$，除了系数以

外，劳动力（L）有个幂α，资本（K）有个幂β。如果$\alpha + \beta$大于1，就是规模报酬递增，存在规模效益。在过去传统经济中，绝大多数情况下$\alpha + \beta$都是小于等于1，即没有规模效益或者规模效益不变，边际成本会随着生产的扩大而逐渐提高，说明到了一定市场规模后，要再扩大规模，单位产出成本就会提高，也就不合算了。所以，在这些领域里，理论上不存在形成垄断的可能性，或者要是真形成垄断的话，反而会吃亏。

当然，传统行业中也有若干行业是$\alpha + \beta$大于1的，也就是存在规模效益的。比如石油化工行业，从炼油到乙烯再到碳四以上产品，都是资本高度密集型的，且规模越大，成本越低，效率越高。中石油、中石化的竞争力要逊色于沙特阿拉伯等中东国家的石油化工企业，因为后者规模更大。我国20世纪90年代初搞10万吨左右的小乙烯项目，被认为是失败的例子，就是因为规模不够大，竞争力不强。另一个例子是集成电路，在实现量产以后，其成本会大幅度下降。但是，过去传统经济中绝大多数行业都是$\alpha + \beta$小于等于1的，所以垄断问题在过去并没有那么突出。

到了数字经济时代，特别是互联网平台出现以后，出现了一个说法——"赢者通吃"，也就是说，只要不是赢者，必然被别人"吃掉"，这甚至使得在行业内处于第二、第三排位的企业面临很大压力。这就产生一种动力，企业会使用各种手段去追求达到第一（"赢者"）的目的。几年前G30（"三十人小组"）研究这个问题时，有人认为，"赢者通吃"的说法稍微有点夸张，用另一个词可能更贴切，叫"赢者拿大头"（winner takes most），就是说"赢者"会吃掉大部分，但也不见得处于第二、第三排位的就一点饭都没得吃了，而排在第四、第五位的大概就没什么吃的了，总之只有极少数几家能分得饭吃。经济学中常用的一个概念叫"行业集中度"，有独家的行业（C1），比如烟草；也有的行业主要集中在几家，比如中国石化行业有三巨头（C3），全行业占比高达95%以上，基本上是寡头竞争局面。

无论是"赢者通吃"还是"赢者吃大头"，都是看到了数字经济的新特点，并在此新特点上开始研究新的竞争格局，产生了一些可能向企业推荐的竞争策略，其中有相当一部分竞争策略有违公平竞争原则。但它们确实也是有出处的，就是"赢者通吃"这个规律。如果不存在"赢者通吃"，企业的一些追求流量到极致的做法有可能拼到最后是错的，最终反而会吃亏。但有了"赢者通吃"规律，企业会发现这些"烧钱"抢流量的做法效果上是好的，最后可能会占上风。具体来说，在当前的数字经济环境下，主要表现为以流量、客户量市场份额为主要考量的竞争策略。在追求"赢者通吃"过程中，一些平台公司有很多做法其实并不符合公平竞争原则，但因为有前人的经验性"规律"、有效果，所以就有人会争论说，这些模式和做法是符合客观规律的。一些投行、风险投资基金也认为，如果能够帮助这类平台公司实现"赢者通吃"，那么它们很有前景，因而也愿意拿钱资助它们用补贴方式去抢流量、去追求"赢者通吃"。这些都连在一起，成为数字经济条件下商业战略的一系列新思路、新判据、新实践。其实这种经验和实践的时间尚太短，未经过充分的考验，也未充分评估其中失败的例子，上升为新理论为时过早。对此是需要加以仔细研究的。

为了追求"通吃"，往往使用的办法是补贴。补贴，大家也通俗地称之为"烧钱"。那烧谁的钱呢？有的是烧同一集团公司里其他赚钱的部门/子公司的利润，但更多的是烧投资者的钱，包括烧投行、风投、各类投资基金的钱。特别是在量化宽松（QE）条件下，资本市场流动性充足，各类资金充裕，有的是钱可以烧——只要路子找对，就不缺可以烧的钱。与此相伴的，可能就出现一些打压对手、制造流量、刷流量等行为，目的是吸引巨资或广告投放。有时候广告的公正性还有问题。比如软银，它在阿里等项目上赚了大钱，资金充裕，而之后投的 WeWork 赔掉了上百亿美元，很多人都判断说 WeWork 的模式有问题，但钱已经被烧掉了。这些损失对软银产生了重大负面影响，但损失的钱主要是它通过旗下 Vision Fund 从沙特阿拉伯等地筹来的，软银自称它不至于伤筋动骨。市场上这样的做法和风气进一步助长了"烧钱"、抢流量、抢市场份额等行为。正如前面谈到的，在这一过程中，如果投行内部也认可这种"新范式"和竞争规则，则会用投资起到推波助澜、火上浇油的作用。

当然，并不是数字经济中的所有行业都具有"赢者通吃"的特点。一部分行业确实具有这种特点，比如社交网络平台，这是比较明显的。搜索引擎则不是典型的"赢者通吃"行业，但集中于少数几家"赢者"，行业集中度非常高。也有一些行业并非属于"赢者通吃"类型，但可能受到当前既有的指导"理论"和竞争惯例、风气的影响，企业顾不上本行业是否存在"赢者通吃"特性，一上来就先抢点击率、抢流量再说。因此，从经济研究来看，还需要详细研究各行业的特点，关注为什么"赢者通吃"规律和以流量为根据的市场竞争会给行业里的所有人都带来压力。此外，现在除了规模经济（scale economy）以外，还提出了范围经济（scope economy）的概念。应该说，范围经济这个概念的不确定性还很多，不能乱套用规模经济的分析框架。实体经济中也有很多例子，都是因为公司盲目多元化而受损，甚至最后被迫破产关闭。所以说分析问题还是需要有相关理论基础的。

除了网络效应带来的"赢者通吃"以外，不正当竞争、垄断问题还可能出于另一个依据和动力，就是先收集大数据，然后将来可以依靠大数据做别的大业务，或者出售大数据牟利。一方面，有些数据可直接用于交易，通过买卖数据可以牟利；另一方面，利用大数据可探索出其他商业规律，包括利用数据给客户打分（不管各种数据之间是否存在有机联系）、培训人工智能（AI）模型等。有一些大数据的运用是某种黑箱模型，而现今比较注重模型的可解释性。如果模型没有可解释性，做出的东西到底对不对就难有充分把握，如果说放到某些行业或许还可以用，但用到金融业可能就比较麻烦。因为金融业需特别注重风险；一些业务具有普惠性，需要避免歧视、避免偏见；各业务间关联性强，不仅要考虑相关业务的成败，还需要考虑整体金融的风险性。所以说，如果金融业用了某些没有可解释性的黑箱模型，就会引发很多合理的担忧，尤其现今强调保护隐私。大家知道，美国人喜欢强调"政治正确"，其实政治正确用到金融业里也很有必要，特别是在使用模型，包括打分模型和人工智能模型上，主要是会不会产生歧视、会不会产生偏见、会不会助长诈骗、会不会最终对整体金融稳定有利等。

总之，要注重研究不当竞争及垄断的来源与动机，看看在新形势下有哪些理论基础和因素影响目前平台公司的行为、实践和政策诉求。这些问题都是过去传统上研究垄断、公平竞争时没有或较少碰到的，是数字经济，特别是互联网经济、BigTech 公司出现以后带来的新问题，很需要研究。

三、借鉴国际贸易中管理公平竞争的思路

在此展开谈谈如何借鉴国际贸易公平竞争的思路。国际贸易历来强调公平竞争。如果不是公平竞争的话，就会对各国 GDP、就业、贸易额、资本流动、汇率等产生一系列影响，所以从关贸总协定（GATT）到后来的 WTO，一直都把公平竞争问题当作政

策和规则的一个要点。公平竞争里的主要内容，一个是反倾销，另一个是反补贴，其中反补贴里除了反对直接补贴以外，还特别强调了反对交叉补贴。如果出现了这些问题，都可以有反制措施，包括贸易救济措施。所以整套系统是比较完善的，核心思想就是要以真实成本参与竞争。

现在在数字经济领域，为了抢占流量和市场份额，有相当一部分产品就实行免费政策，还有相当一部分产品大搞补贴、发奖励等。有一些做法可能无关紧要，比如有些产品的成本原本已经非常低，加上网络化等技术方面的提高，成本进一步降低，因此收不收费都可以，实行免费政策也无关痛痒。但有不少产品并非如此，需要大笔大笔"烧钱"，甚至几十亿、几百亿美元的资金，比如 WeWork 模式，"烧"完后钱打了水漂，不仅影响和打击了投资者，对社会经济影响也很大。所以，以真实成本参与竞争，不能以扭曲的成本参与竞争，是我们可以从国际贸易里获得的关于公平竞争的一个重要参考内容。

这当中也包括对间接税的规定。间接税直接影响最终参与竞争的价格，而国际贸易要求的是以零间接税参与国际市场竞争。也就是说，如果一国国内实行的是增值税，那出口时可以先退税；如果实行的是销售税，只在国内销售环节征收，出口时不含销售税，也就是零间接税出口。至于商品/服务到了一国入海关时，各国可以根据本国的间接税（各国税率并不统一）再行征税，这样就能与国内竞争参与者处于同一个竞争舞台。这当中，仍会造成差别的是关税，所以从 GATT 到 WTO 都主张严格控制和削减关税。所以，税收制度也是关系到竞争公平性的一个很重要的内容。此外，谈及公平竞争，在批发和零售行业，传统渠道和新兴电子商务之间是否存在税收不平等，特别是早期电子商务曾不征收增值税，或之后虽然开征但又减免过多的有关争议。大家还可以研究有关税收规则里面存在很多游说（lobby）的因素。所以，国际上通行零间接税负担，国内强调同等间接税负担情况下的平等竞争，是一个很值得研究借鉴和需要在政策上作出考虑的公平竞争政策领域。

那么是否以真实成本参与竞争，究竟该由谁来管呢？世界贸易组织除了允许贸易对手方反制、采取贸易救济措施外，还有贸易争端解决机制（尽管该机制现在似乎停摆了）。此外，很大程度上要依靠会计制度，依靠会计师事务所、审计事务所提供的会计和审计服务，也就是说要求在竞争成本上不做手脚，保持真实。这点很重要。

可以设想，如果把这个原则在一定程度上引入当前的公平竞争政策体系的话，至少目前的整个竞争局面会得到一定程度改变，而且会继续向良性改变。当然也许有人会说，这样会拖长最终竞争结局的形成过程，也就是说，本来如果各方都是各拼各手段的话，可能一两年就形成了"赢者通吃"的结局；如果限定用真实成本进行竞争的话，可能要花三到四年甚至更长时间才能形成终局。这里面还可能最后会涉及不同的竞争秩序在资源配置上是否会出现巨大浪费，以及投资者可能需要承担何种损失等的评估。比如应该如何评估共享单车赛道上曾造成大量的单车废弃。虽然有些争议，但正如大家看到的，投资者仍是前仆后继的。

四、高度重视反欺诈和反洗钱问题

反欺诈虽然不是公平竞争的主要题目，但是在无原则追求流量的竞争中会有饥不择食的行为，如果放纵欺诈、洗钱和暗网交易的话，最终还是会影响公平竞争。

为什么说欺诈和洗钱涉及公平竞争问题呢？一方面，欺诈和洗钱问题本身就是破坏公平竞争的。过去电信诈骗引起大家高度关注，现在电信诈骗基本都数字化了。根据《财新》杂志的相关报道，我粗略计算了下，2020年日均发生的电子和数字欺诈案是900多起，将近1000起；日均抓获犯罪嫌疑人1000人；日均打掉"两卡"（电话卡和银行卡）犯罪团伙30个；日均封堵涉诈域名网址4000个；日均劝阻4400名民众免于受骗。这些数据给我的一个印象是，需要投入多么大的公安、支付和反洗钱等力量才能完成反电信诈骗啊！因此需要高度重视这一问题。

另外，欺诈和洗钱问题也涉及到，一些平台公司太急于扩张，太急于要当"赢者"，于是就有做大额业务、高盈利业务的动机，也就容易被人利用。比如一些支付机构，本来好好地服务于普惠金融、小额支付业务，但赚钱少；要想赚大钱，一看还是洗钱业务赚得多，比如跨境赌博业务，所以就设法为跨境赌博提供服务，而且前仆后继地去开展此类业务。

如前面所说，欺诈和洗钱问题可能还涉及误导性、欺诈性广告，也包括请名人站台现象。最近美国开审了伊丽莎白·霍姆斯（Elizabeth Holmes），就是搞一滴血检测的 Theranos 公司的创始人。她这家公司的发展路线图是先找一个想法，然后开始做试点，接着就是 hype（词意上接近忽悠），并找人站台，然后发行上市，成为独角兽公司。因此，她除了存在欺诈以外，还拉了很多名人，包括前政要、科技大腕等参加公司董事会给她站台背书。

当前，数字经济发展迅猛，未来可期，这当中涉及的议题众多。现在对这些新现象，各方面的研究工作都做得不够，经济学家做得不够，政策制定者做得不够，公司做得不够，投行做得也不够。研究公平竞争的问题要注意把关注面打开，全面地进行研究、分析，去应对挑战。而且有些应对需要抓紧进行，因为等到

"生米煮成熟饭"后再应对，有时候难度就会增大许多，甚至很痛苦。从经济学来讲，要注意研究新业态下的下新经验、新规律、新体系；从政策制定来讲，应该及早作为，注重建立公平的竞技场（level playing field），不要等问题累积起来再作处理；从公司层面来讲，互联网企业也好，金融企业也好，要讲求 ESG（环境、社会责任及公司治理），要有一定的道德底线；从金融业来讲，需要冷静分析，构筑自己的主见，做正确的事情，引导公平竞争走向正确的轨道，不要盲目地参与忽悠。总之，保护公平竞争的局面，会使数字经济，包括数字金融，发展得更好、更健康，资源配置效率更高，整个经济社会发展福利更大、成本更低。

关于数字经济发展的几点看法^①

全球都较为关心数字经济与公平竞争问题。近期博鳌亚洲论坛研究院会公布关于"数字经济与公平竞争"的一个阶段性报告。这个报告的初稿我也看了，说几点意见，供参考。

一、关于数据跨境流动问题

这也是 CPTPP 和 WTO 下一步改革的重要内容之一，对这个问题我们很难避得开。现在全球在互联网和数字化方面有可能会搞成像"冷战"时期那样壁垒分明的阵营、集团，各有各的主张。西方更强调数据跨境自由流动，中国更强调数据安全，提出了大数据安全和大数据主权这样的概念。客观地说，数据中有一些涉及安全，也有一些工业过程中的数据其实跟安全没有太大联系，当然这二者中间有一些模糊地带，既可以解释成与安全、主权有关，也可能没有关系，这就需要大家磨合和适当妥协，通过妥协达到某种共识点。因此，可能下一步还需要对数据进行进一步细分、细化，否则面对国际上的割裂局面，各方不容易找到妥协的点，容易出现摩擦。

像商品和服务贸易一样，数据也是需要细分类的。回想一下

---

① 源自周小川 2021 年 12 月 17 日在博鳌亚洲论坛研究院"数字经济与公平竞争课题国际研讨会"上的发言。

海关的货物管理，虽然总体上是自由贸易，但有些货物还是需要管理/管控的，比如毒品交易、武器交易要管要查，但也不能只是一个大名目，还必须细分。比如毒品方面，除了几种主要毒品制成品外，制造毒品的原料很多都是复杂的化学品，也是需要管控的；再比如武器方面，除了管武器本身，必然也要管造浓缩铀的离心机，以及造离心机的主要部件等。所以海关必须要有细分类的产品，不仅可用于统计，还可用于进出口管理。结合中国国情，中国海关目前大类是 21 类 97 章，常用的分组项目统计有 4 位数、6 位数、8 位数项目。数据跨境流动可能下一步也需要明确的分类，既不能完全自由流动和随意存放，也不能全部管死，这样不符合全球化的效率和未来发展的需要。

二、关于数据是生产要素

中央已经提出，数据是生产要素。这个提法突出了数据在国民经济中的重要性和地位。但从经济学研究来说，这个概念似乎还可以再推敲一下。数据到底是投入品（input）还是生产要素（production factor）？是不是把数据提高到"生产要素"的地位就显得重要了？而经济学原文中并未含有中文名称"要素"中"要"字的含义，"要素"只是中文译文的表达。生产要素意味着与劳动力和资本在同一行列。

我还没查到经济学具体怎么区分投入品和生产要素。过去从生产函数的表达来看，生产要素通过组合产生生产能力，然后产生附加价值，也就是净价格。而投入品出现在成本领域，原则上作为生产的成本从附加价值中予以扣除，投入品在国际或者国内市场可以买到；每一种生产都会用到多种投入品，其中一些很重要、很关键、替代性差，而另一些则较次要、替代性强。再者，生产要素组合产生附加价值，决定净价格，就应该独立纳税，比如劳动力要交税，资本也要交税，其实就是个人和公司所得税，而投入品不单独纳税，只是在流转过程中间接地替生产要素纳税，比如增值税。那么数据将来是不是也是一个单独的纳税者？这是个值得论证的问题。

三、关于数字税问题

今年10月，G20/OECD拟定的国际税收制度改革方案即"双支柱"方案获得通过，主要包括两项内容：支柱一旨在解决大型跨国公司利润在各国间分配的问题，明确全球营业额超200亿欧元且利润率超10%的跨国企业，要拿出剩余利润的25%分配给市场国；支柱二则是确保跨国企业至少按最低水平纳税，将最低有效税率定在15%，适用于营业额超7.5亿欧元的企业，使避税变得更加困难。虽然G20/OECD推出了这两个支柱，但初衷并不是主要针对数字经济和数字化，至少15%的最低企业所得税主要是针对跨国公司，想防止各类跨国公司跨国避税，以及一些避税地国家借此获得竞争优势，同时也是为了巩固美国等国家的财政收入。当然，征税的目标群体中也包含了数字类公司，但并不限于针对数字类公司。

这当中既是所谓的竞争秩序问题，也明显表现出一定程度的保护主义情绪，希望把跨国公司带到海外的生产能力带回本国。税收分享虽然达成了初步意见，但任意性很大。因为理论基础不牢靠，所以拿出来的方案"拍脑袋"的成分比较大。比如支柱一规定，跨国公司利润超过10%的部分需要拿出25%与市场国分享，但这个10%和25%是怎么定的？有没有根据？大概率这些数字是讨价还价达成的，任意性很大。另外，市场国会有很多国家，究竟分享给谁，怎么分，困难也比较大，到现在为止也没有拿出办法。估计未来在落实上也不会那么顺畅，各方还会讨价还价。再比如支柱二，大家知道，15%是个妥协的结果，美国财长耶伦开始说是23%，又说是20%，最后各方妥协定为15%。这个数字有什么根据，大家似乎也不完全清楚。把这样一个税改方案说成"世纪税改"，恐怕为时过早，捧得过高。

涉及公平竞争方面，其中一个主要现象是，有些机构不是靠附加价值来竞争，而是靠低价或免费提供数字产品，主要收入依靠各种形式的广告。可能需要认真研究，广告在市场国（从消费方看）究竟让谁受了益？广告收入产生的利润如何分享？否则，G20/OECD达成的意见在落实上还会有很多摩擦。征税和避税历来博弈得很厉害，为全球跨国公司提供避税服务的专业律所、咨询公司功夫也很深，这样一个简单、笼统的方案，将来引发的博弈还会很激烈，会产生不少摩擦，甚至有可能不利于全球化。这些问题是数字经济必须要研究的。

四、关于数字经济的方向问题

当前的国际环境由于"冷战"气氛的存在，相互之间不信任。特别在数字经济领域，涉及的范围很广，包括黑客、深网、暗网、数字隐私、毒品和武器交易等行为以及保护数字经济产权、军备竞争等。在这种情况下，数字经济大致可划分为两个方向。一个领域是主要支持传统制造业、服务业的信息化，通过信息化提高效率。这方面不管国际上有什么样的争论，都是大有发展前景的。德国的工业化4.0就涵盖了这方面的主要内容。另一个领域是纯数字领域，属于新创设的、与过去实体经济联系不太大的、相对独立的领域，包括Metaverse等。这个方向可能出现的摩擦和争议较多。我个人认为，数字界比较容易强调完全新的、相对独立的领域，但是当前还是要重视数字化对传统经济的提升作用。

中国数字货币的开发也体现了这样一个原则。数字货币究竟是注重如何更好地提供传统的支付功能，如何通过数字化提供更有效、成本更低、更安全的服务，还是更加注重创造一种新型的虚拟货币资产，以及将来在元宇宙中可能发挥功效的货币，这二者的侧重点是不一样的。

关注数字货币的研发与应用①

现在中美关系有些紧张，有很多媒体把金融关系都描述成一种战略竞争，特别在涉及支付体系、数字货币时更强调如此。其实，支付系统的演进、数字货币的发展都是要围绕服务实体经济的，但是很多非行业内人士有各种不同的猜想甚至臆断。所以今天围绕数字货币，我谈四点意见。

一、数字货币是央行的负债

从专业角度讲，数字货币或者央行发行的钞票是央行的负债方，或者是发行人的负债方，它并不是一种武器。内行的人都知道央行需要怎么样把自己的负债方管理好，也就是要用正确的货币政策、稳定的金融服务、高效安全的金融基础设施等来支持保障这些货币的可用性、好用性以及价值稳定，不能出意外。这实际上是非常重的责任。

央行既然有负债方，也就会形成资产方。这些资产必须是安全可靠的、流动的、随时可变现的，而且都是和负债相对应的。如果这些资产被其他部门滥用，比如说用于地缘政治，必然会影响到负债方的责任，会"搬起石头砸自己的脚"。稳定币也是一

---

① 源自周小川 2022 年 1 月 14 日在"中美高端闭门对话会"上的发言。

样，稳定币发行者也需要承担好自己的责任，管理好负债方和资产方。一些媒体界人士可能并不太熟悉这些，所以他们有些评论把数字货币说成央行的强大资产，其实是有些离谱的。

二、发展数字货币要尊重各国主权货币

脸书（Facebook）在 2019 年发布了加密货币项目 Libra，其后于 2020 年改成 Diem，最近又强调，Diem 主要瞄准的是跨境汇款、跨境支付功能。但经过跨境汇款和跨境支付到了目的地国家后，大多数收款人还是要在本国使用，那么 Libra 或者 Diem 是否要替代所在国的货币？如果替代的话，就会产生很多问题，所以这种发展方向是有一些误导性的，它会导致大家觉得数字货币是一种战略竞争，是去抢占"地盘"。我们可以试着把世界各国大致分为三种情况来考虑：

第一类是发达国家。这些国家的主权货币是美元、欧元、英镑、瑞士法郎、日元等，它们本身在跨境支付方面不存在太大问题，当然在高新科技出现后效率还可以进一步提高，而且在效率提高以后也还是要保持各自的本币，其兑换比率通过汇率来解决。这是个好的选择，也是从希腊债务危机中汲取的经验教训。

第二类是少数经济治理不佳的国家。这些国家国内通货膨胀高企，对本币信心丧失，金融服务和基础设施很差，一般宁愿选择美元化或者选择欧元、瑞士法郎等，甚至愿意选择比特币。

第三类是愿意维护和运用好本国货币，同时强调本国货币是主权货币的国家。绝大多数新兴市场国家都属于这类。它们不愿意搞美元化，有信心维护好本国通货膨胀和对本币的信心，建设好本币支付系统等基础设施。这当中也有不少国家有自己的主权货币，对本币的信心也不错，但为方便外国人特别是外国来访

者、旅游者，本地商户和商业银行也愿意允许他们使用美元、欧元、英镑、瑞士法郎，有时候也有人民币。在这种情况下，可以通过技术上的安排来支持这种使用，但它们与主权货币相比，比重不会太大，不会出现大规模替代本币的现象。比如在中国的边境省份，我们也允许俄罗斯人使用卢布、越南人使用越南盾等，既方便客户，风险也有限，还有利可图。

因此，发展央行数字货币（CBDC）和稳定币要注意分析这几种场景，要尊重而不是去破坏一国本币的发展，这样才不会形成恶性竞争，造成"谁替代谁""谁打败谁"的怀疑。中国改革开放这些年来经历了各种阶段，各方面的体会比较多；而一部分美国人对于发展中国家的国情和有关顾虑了解得比较少，他们总是站在自己的角度去设想或臆断，也就容易形成数字货币领域内"龟兔竞赛"的思维和描述。

三、推出数字人民币是基于 IT 技术的发展

数字人民币（e-CNY，过去也叫 DC/EP）以国内用户为主，主要用于零售支付。在跨境问题上，它设想的情景是各个国家包括周边邻国，利用信息科技新技术的支持，都可以发行自己的央行数字货币（CBDC），相互之间主要还是通过汇率转换为当地货币加以方便使用。同时，中国方面也愿意接受邻国货币，比如旅游者少量经常项目的使用。因为不涉及大额的金融交易，只涉及零售，所以也不会出太大问题。如果对方国家愿意接受人民币或者愿意接受其他货币，也没有什么不可以。对于部分较小的国家，它可能会说自己发展本国的数字货币在技术能力上还不够。现在也有一些系统供应商愿意考虑为一些技术能力不够的国家提供系统性支持，也就是向这些国家出售或者提供开发好的整个数

字货币的应用系统。

我非常赞同 Hank（美国前财政部长保尔森）的看法。对一个主要大国而言，如果不是把自己的经济和金融体系搞砸了的话，其货币，不管是纸币还是数字货币，都必然在全球经济中占有一定的地位。就中国而言，人民币现在在全球储备货币中的份额、在全球各类交易中所占的份额都只有 2% 略多，但中国在国际货币基金中的份额是 6.9%，所以人民币在储备货币篮子中的比重适当提高一些也很正常。这种多元化没有什么不好的。当然，要做到这些，中国还需要进一步推进改革开放，包括资本项目可兑换。事实上中国正在逐步往前推进，在这一过程中还是比较小心谨慎的。

总之，我们支持支付系统和数字货币的发展，其实根本不是军备竞赛的性质，而是基于 IT 技术的持续发展。中美在这方面都是强项，因此在跨境支付方面可以互相促进，也可以寻找共同的解决出路和未来产品，不必要在这方面相互猜忌、防范。我们要防范的应是货币支付体系作为一种基础设施被滥用。对待这个问题要慎重考虑，不要随意夸张。

四、国际金融组织有重要作用

当前国际金融组织的一些活动，比如减贫、缓债、债务重组以及国际税收等工作内容，不同程度地受到了地缘政治的影响。这是需要尽量避免的。要警惕把地缘政治、"冷战"思维过多地带入国际金融组织，否则很危险，也会影响它们的工作。国际金融组织有很多可以发挥作用的地方，比如国际货币基金（IMF）在维护金融稳定、应对金融危机、协调货币政策和汇率机制、防范资本异常流动、推动解决全球贸易投资失衡等方面都能起到很大的作用。实际上，世界各国之间或多或少都会有猜忌和担忧，所以任何一个以某种单一货币为主的跨国交易和支付体系都会导致某种担忧和抵触。所以，我个人还一直期望 IMF 等国际金融组织在数字货币发展、跨国交易便利性等方面起到更大的作用。

至于亚投行（AIIB），我个人理解，创设亚投行的动机并不是想取代某种现有国际金融机构，而是从经济金融发展对基础设施、融资的实际需求出发，包括对气候变化融资的需求，融资数量之大，以至于现有国际金融机构加在一起，供给与融资需求量还差好几倍，所以探索设立新的机构来加以补充，特别是 AIIB 最早主要设想是面向东南亚，后来拓展至"一带一路"沿线国家的基础设施等融资。当然，设立 AIIB 可能也隐含了一种看法，即对世界银行过去的运作还是有一定程度的不满意，觉得有些事它做得不够好，有很多该发挥更大作用的地方没发挥好，所以尝试着探索新方式和进行补充。

总之，将来的国际货币体系是一个多币种货币体系，美元仍将占相当大的比例。至于加密货币未来会不会作为价值储藏工具，目前有不同看法，还要随着科技发展再看看市场的选择，目前来讲我认为不宜过于乐观。另外，随着全球不稳定性和地缘政治等各方面要求，必须进一步加强反洗钱、反恐怖融资、反毒品交易等工作，这使得对去中心化体系的前景，包括加密货币的前景，需要采取相对谨慎的态度。

议题四

收入分配与科技冲击

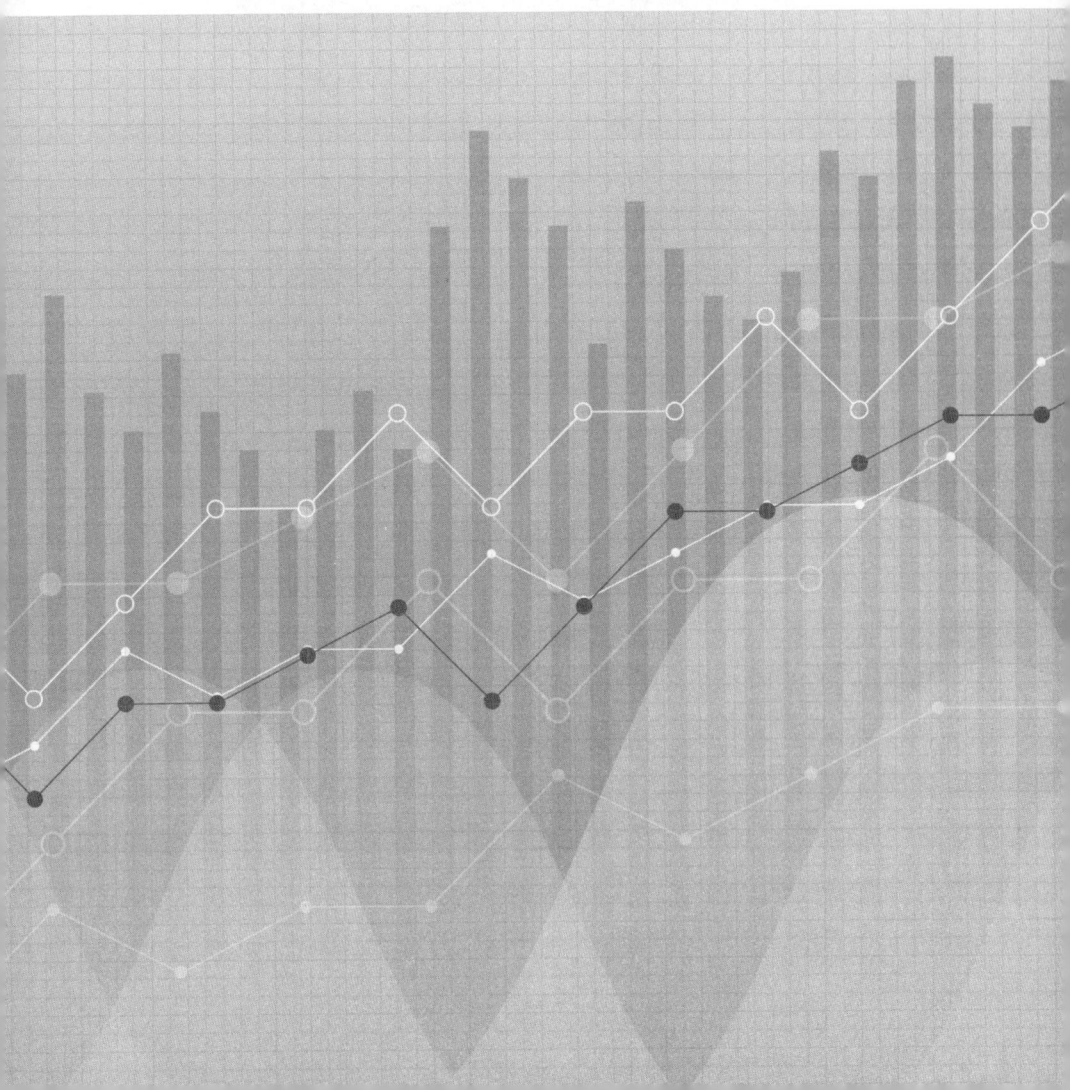

编者引言

从经济学理论看，一次收入分配问题从生产函数中可以得到很好的阐释——资本、劳动、土地、技术和管理要素（不列入数据）在微观和宏观意义上以最佳组合配置，并提供正确的价格信号和激励机制，也就是要素报酬。在这个意义上，一次分配指的是市场经济各种生产要素按其对产出的边际贡献来获得分配。而最优的要素报酬对应着全社会资源的最优配置和经济产出效率的最优，即最大化的"总蛋糕"，做大蛋糕是经济也是收入分配的首要关切。

二次分配即收入再分配，主要依靠税收。一般而言，累进制个人所得税、资本利得税（对股票、房地产）、遗产税、赠与税的收入分配效果显著。选择性关税、奢侈品消费税、房产税亦有实际收入再分配效果。尽管直观上看累进制所得税对调节收入分配效果显著，但实际运作有难度，致使一些国家强调税收效率，选择宽税基、简税制，甚至是单一税率。

三次分配主要依靠社会性鼓励，特别是社会及慈善捐助的免税政策，包括税基计算、会计处理以及能否抵免个人所得税或企业所得税的计算细节。

还需特别强调其他公共政策的收入分配效应。由财政支付的免费公共产品或低价福利、贷款贴息等，在统计数据上都未反映在收入之中，但从支出能力和福利效果看，能实现脱贫，有很强的收入分配等效性。

国际贸易等议题，也在深层次上影响收入分配效应。贸易自由化是发展中国家摆脱贫困的重要机制，是非显性但功效显著的全球再分配机制。

从经济史角度看，通货膨胀是影响收入分配的重要变量，更易损害低收入阶层。

从金融政策和金融产品看，住房抵押贷款和助学贷款具有明显的收入分配效应。金融市场中各类投机性产品及其交易的产生和发展，具有明显的收入分配效应。

从资本和投资看，资本是更为稀缺的要素，投资创造就业、就业创造收入，这是研究收入分配的一个主渠道。投资主要靠民间和企业界，企业所得税、资本利得税如何设定，涉及做大蛋糕和切分蛋糕之间的权衡。

信息自动化、数字产业辅助工业化升级、机器人，特别是人工智能（AI）的发展会对就业产生重大冲击，从而产生收入分配效应。起初是精准操作和快速响应的环节被替代，之后是苛刻条件下的工作，以及重复规程性工作，也包括一部分编程工作，最近连写新闻稿、作曲等，机器都开始替代人工。劳动者收入的两极分化会进一步加剧，最高端人才越来越拥有对社会和生产的控制力，而一般人的就业更多被机器所替代。如果充分发挥价格机制，这个过程也会创造出更体现人工比较优势的新职业，但不见得是收入高的工作。

针对自动化和人工智能的发展，公共政策需从经济学、科技伦理方面给予关注和响应，包括如何处理不平等和收入分配问题。

经济学与收入分配若干问题[①]

考虑到共同富裕和收入分配问题可能是当前大家更为关心的议题，所以今天我就想从经济学角度就这个问题跟大家作一个交流。

一、收入分配的概念与衡量

习近平总书记多次强调收入分配和共同富裕问题。今年8月，他主持召开中央财经委员会第十次会议指出，要坚持以人民为中心的发展思想，在高质量发展中促进共同富裕，正确处理效率和公平的关系，构建初次分配、再分配、三次分配协调配套的基础性制度安排。其中会议提出的"三次分配"受到了广泛关注和讨论。大家知道，收入分配包含一次分配（初次分配）、二次分配（再分配）以及最近大家比较热议的三次分配。我首先从收入分配的概念入手，将相关概念捋一捋。

一次分配，从传统经济学来讲，是强调在资本和劳动之间怎么进行分配，也就是按照生产要素分配；后来生产要素的范围扩大了，考虑土地是生产要素（当然各个经济体情况不一，有的土地并不稀缺，也可以不考虑土地），管理也是一种生产要素，技

---

① 源自周小川 2021 年 10 月 23 日在长江商学院 CEO 联盟一周年论坛上的演讲。

术也是。最近的说法是，大数据也是生产要素，如果是指大数据很重要，这是有广泛共识的；如果是指经济学定义上的生产要素，尚需经过严格的经济学推敲。

要素分配究竟如何实现呢？这就需要有一个生产函数，据此决定产出的收入究竟分给资本多少、分给劳动多少。从微观来讲，也就涉及生产要素组合怎么选择、何种组合为最佳选择。如果企业都能做到最佳选择的话，就会形成整个经济体的最优资源分配。大家知道，资源配置问题实际上就是指生产要素的配置。对于一次分配，有个普遍的看法认为要注重效率（当然也有个别人认为一次分配要注重公平，但持这种观点的恐怕还是少数）。因此，如果想在全社会实现最优资源配置，在企业中实现资本和劳动（也包括其他生产要素）之间的最优组合，就需要给这种配置提供正确的价格信号和激励机制，这就是要素报酬，也就是对要素的分配，否则就无法保证全社会资源配置的最优化，就会影响生产效率，导致社会"总蛋糕"做小，可用于分配的东西也就减少了。

先回顾一下国内在这个问题上的认识和提法。中国是从传统的、苏联式的中央计划经济向市场经济转轨的，在整个转轨过程中，一次分配的提法也是不断演变的。传统的苏联式政治经济学提出分配是按劳分配，其中对如何按劳分配也有不同的理解，所以早期我们提的也是按劳分配；后来提法慢慢变成了"按劳分配为主、多种分配形式并存"，也就是说除按劳分配外，也可以有按资分配和按其他生产要素进行分配；再往后，党的十六大强调，"确立劳动、资本、技术和管理等生产要素按贡献参与分配的原则，完善按劳分配为主体、多种分配方式并存的分配制度"，党的十九届四中全会提出，健全劳动、资本、土地、知识、技术、管理和数据等生产要素按贡献参与分配的机制，这些都是非常重要的进展，也更加符合市场经济所需的分配方式。无论是资本、劳动，还是其他生产要素，按各种生产要素对产出的贡献程度获得分配，贡献多就多分配，贡献少就少分配。而且，这在不同行业、不同企业也不一样。像化工等资本非常密集型行业，自动化程度高的话雇佣的工人不会多，产出的收入主要是分配给资本，因为资本要有回报，设备要折旧，贷款也要付利息；对于劳动密集型行业，分配给劳动者的报酬可能就相对多一些。一般不研究经济学、不进行严格数学描述的人，对这个说法不见得能理解很深，不见得能体会出不同说法中间的含义差别，所以往往大而化之，在说按劳分配为主、多种分配形式并存时，未注意到其中含义有所变化。

　　那么，经过这么多年的改变与进步，我们的一次分配提法是不是与市场经济的收入分配描述一致了呢？事实上，二者在文字上还差一小点。市场经济各种生产要素按其对产出的边际贡献来获得分配，也就是增加了"边际"两个字。通俗地说，边际贡献就是再多投入一份生产要素而带来的产出增加量。从数学定义上来讲，就是产出量对要素算一阶偏导数。举个例子，在现有的资本和劳动力存量基础上，如果企业劳动力基本饱和，多雇一人基本上不会有什么新贡献，那么就给他很少的报酬，甚至不雇佣；但是如果新雇了人还能有很大的产出增量，企业就会多雇一些人，给的报酬也会多。当然，从经济学上讲，所雇佣的劳动力是分类的，有熟练劳动力、非熟练劳动力、科技人员、创新人员等，每一种劳动力的边际贡献也会不一样，但总之边际贡献少的就少分配。

　　或许有人会感觉到，这个说法与马克思主义经济学有点差异。马克思主义经济学讲的生产要素和按劳分配，用的是平均劳动时间来计算劳动贡献率，不是边际劳动贡献率。这其实并不奇怪，因为马克思那个年代经济学还没有发展到用边际概念进行描述，也就是经济学的边际学派还没有出现，当时整个经济学都尚未使用更精准、更复杂的数学表达，因此当时还不可能用边际贡献率进行衡量。

总之，边际贡献率是一个有用的概念，因为它联系着由市场来衡量边际贡献率。一般来说，资本和劳动力，包括非熟练劳动力的边际贡献率，在全社会基本上都是可观察、可测算的变量，而管理和技术等其他生产要素可能就更复杂，而且各个行业不一样。总之，一次分配表面看上去似乎很简单，大家都能理解，但其实背后也有不少复杂的表达。

关于二次分配。二次分配就是收入再分配，其中最主要的内容就是税收。究竟哪些税收跟收入再分配有特别重大的关系呢？一般而言，累进制个人所得税是一种收入再分配的做法，因为低收入者所得税交得少或者不交，高收入者则交得多，从而实现收入再分配。另一个重要的收入再分配工具是资本利得税，尤其是对股票、房地产的资本利得所征收的税。我国目前并没有资本利得税，在房地产行业中征收的是房地产增值税（其英文不是大家熟知的 VAT，而是 land increment tax），是指对土地价值增加而征税。这是从我国台湾地区学来的，在全球来说都算是很奇怪的税种，较少国家/地区有类似的土地增值税。当然，资本利得税究竟好不好是很有争议的，世界上许多国家都不征这个税。再者，遗产税和赠与税的收入分配效果也很显著。虽然讨论了多年，但中国目前还没有正式设立遗产税和赠与税。此外，选择性关税、奢侈品消费税，比如对奢侈品多征而对日常用品少征，实际上也可以起到收入再分配的效果。

目前正在热烈讨论并已决定试点的房产税，也能起到收入再分配的效果。世界各国对房产税的处理方法不一样，国内是十年前先从上海和重庆开始试点，无论是按套数还是按面积扣除，或者二者兼而有之，都有收入再分配效果。但从全球来看，可能有超过一半的国家都认为，房产税还是从简为好。也就是说，要想让房地产税能征上来，最好是不搞或者少搞台阶，也不搞差别税率，甚至还有一些国家不按土地评估价来定税金（也就是不会因土地价值高就多收税、价值低就少收税），因为土地估值问题较复杂，争议较大，很容易各说各话、达不成共识，为了把税征上来，主张从简为好。这同个人所得税类似。有的人就主张累进制所得税需要加强，累进的台阶要高一些。比如，目前中国最高累进台阶的个人所得税税率是45%，有人主张，应该再提高到60%或者80%；另外一些人则从税收效率等方面考虑，主张宽税基、简税制，甚至是单一税率制。总之，收入再分配不见得是唯一需要考虑的因素。

回顾历史可以发现，世界上关于再分配的思潮是不断变化的。第二次世界大战以后，特别是20世纪50～60年代，经济学以新凯恩斯主义为主导，主张加强收入再分配，各国所得税的累进性比较明显，比如荷兰，最高一档的个人所得税税率是88%。这造成当时出现了一种奇怪现象，一些嬉皮士整天不上班在街上闲逛，所得到的失业补偿水平跟拼命干活的人交纳个人所得税后的收入水平差别不大。这种缺乏对劳动激励的税制，造成当时西方社会的问题。到了90年代，欧洲经济增长之所以比较慢，普遍的认识是欧洲劳动力市场不够灵活，缺少竞争力。从80年代后期一直持续到90年代，全球政策的钟摆从新凯恩斯主义往回摆，在往回摆的过程中很多国家进行了税改，主要是降低个人所得税的累进台阶和层次，降低税率，有些国家干脆实施单一税率制。这个其实就改变了二次分配。当然，因为数额相当巨大，税收分配在一个社会中，一般是最主要的收入再分配方式。

关于三次分配。三次分配能否在社会分配中起很大的作用，一方面取决于社会性鼓励，另一方面也取决于对社会及慈善捐助的税收政策，主要是免税政策，也包括税基计算、会计处理以及能否抵免个人所得税或企业所得税的计算细节。客观地说，这方面我们过去做得不够，后来慢慢有所改善。所谓做得不够，就是过去中国财政基础较薄弱，20世纪90年代基础最薄弱的时候，财政收入占GDP比重仅在10%～12%，远低于发展中国家平均水平。处于这种税收情况下，轻易提免税是不可行的，所以虽然那时几次都有人提出应该对企业和个人的捐助给予免税，但最终都未能办成。后来，国家财政收入占GDP比重慢慢上升到20%左右，再加上各种政府基金收入，占比到了25%左右，在此背景下，才逐步考虑并出台对捐助的税务鼓励。

关于衡量收入分配的指标。大家可能都知道基尼系数，它是衡量收入分配、贫富分化的指标之一，从0到1，数字越高表示贫富分化越大，0.5是个危险点，大于0.5表示贫富分化很严重。中美两国的基尼系数都不小，在0.5左右。关于基尼系数，有一个现象也值得大家注意：大国基尼系数必然会高一些，因为大国内地区分布不平衡，小国往往可能相对比较均衡。当然中美两国中也有一些收入分配效果比较好的地区，基尼系数仅是0.2、0.3。从中国来看，单看富裕的江苏、广东地区以及西北的青海、西藏、新疆等地区，基尼系数往往都比较小，在0.3左右，但是全国放在一起看，基尼系数就变得很大，接近0.5，原因就在于存在地区差别。欧盟的情况也类似。单个看，各成员国的基尼系数都不太高，但如果把欧盟27国当作整体来看，基尼系数就会较高，因为欧盟内部也有明显的地区不平衡问题。因此，把基尼系数作为经济分析指标时，需要理解其内涵是什么，在比较的时候该怎么用。

当然衡量指标也不是只有基尼系数，还有库兹涅茨比率。它是诺贝尔经济学奖获得者西蒙·库兹涅茨（S. Kuznets）在研究收入分配差距及其度量时提出的，以数值来反映总体收入不平等状况。

二、更应关注收入分配效应

改进收入分配除了要有相关再分配政策外，还要注重收入分配效应，也就是说，贫富的差别，除了从收入角度来看外，还要从支出和实际福利的角度看，因为支出不见得都来自收入。支出当中有一部分可能是免费的公共产品或低价的福利，由财政帮着支付，并没有体现在收入方面；还有一部分支出是借的钱，也没有反映在收入方面。因此，从福利角度体现贫富差别的分配效应应该比收入分配所反映的分配差距要小。一般而言，各国都有一些起到收入分配效果的支出方面的政策，比如公共政策、金融支持政策等，对这些影响也要给予充分重视。总之，衡量收入分配状况，除了看基尼系数，看收入方，看收入是否进账，也要看支出方，要看收入分配的实际效果究竟怎样。

为什么这么说呢？拿增值税举例。从税收理论上看，增值税是具有累退性的税种，也就是收入越高征得越少，原因在于，增值税是针对商品和服务的增值部分所征收的税。越富裕的人，其总支出里用于购买商品和服务的比重越小，而用于投资、雇工等其他支出的比重就会越大，而这些正好是不收增值税的；低收入的人，则可能需要将收入中大部分用于购买吃穿等商品和服务，反而都要缴纳增值税。所以，增值税虽然是间接税体系中一个非常有效的征税方式，而且增值税具有市场竞争的公平性（所谓公平性，即与过去的产品税、货物税相比，在供应链中的每一段增值，增值多少就交多少税，在行业之间是平等的；另外，增值税在出口时能够有效地退税，所以在国际竞争中也是平等的），但从收入再分配角度来看，它是具有弱累退性的。因此，大家普遍认为，增值税还需要搭配其他税种，比如个人所得税、资本利得税或者遗产税、房产税等，才能让社会有更好的收入分配效果。

从中国的实践来看，近年来最有收入分配效应的政策就是脱贫攻坚战，习近平总书记今年 2 月已正式宣布我国脱贫攻坚战取得了全面胜利，贫困人口实现了全面脱贫。这当中实际上是国家帮助做了很多支出，比如对很多贫困山区居民进行移居，让他们城镇化，提供住房及相关各方面的安排，有一些在基尼系数上是反映不出来的，在一次分配、二次分配上也反映不出来，但从福利效果看，实现了脱贫。当然，通过新的就业培训和安排，也会实现新的收入。

还有一个明显的例子可以帮助大家思考这个问题。国际金融危机爆发后，中国在 2008 年 12 月开始推出家电下乡政策，国家对农民购买家电提供补贴。这些家电都不是最新的时髦产品，算是有点过季的产品，但家电下乡既鼓励了生产，有助于克服金融危机，也满足了农村等低收入地区对家电消费升级的需要。表面上看，农民收入并没有增加，但是他买东西便宜了，中间含了补贴，所以从实际收入分配效果看，有助于减少在支出水平上的贫富不均，但并没有进入收入分配和再分配，也没有进入三次分配的领域。财政支出跟捐助还不一样，它是直接有收入分配效应的。因此从一个社会来讲，不能一说到收入分配，就只想到一次分配、二次分配、三次分配，还要看看其他有关的财政政策。大家知道，贸易自由化是发展中国家摆脱贫困的重要机制，功效显著，但不是显性的再分配机制。

在这里，我想强调一下公共支出。实际上，公共支出在各个国家都属于照顾低收入阶层的，比如教育支出、医保支出等。我国近十几年来也有一个提法，就是公共支出均等化，即不管是富裕地区还是贫穷地区，公共支出应该接近均等化，但实际上暂时还做不到真正均等化，愿望上是趋于均等化。

再讲一讲有显著收入分配效应的金融政策。从国际研究的角度来讲，影响收入分配效应最重要的两项政策都是金融政策，或者说是金融产品：一个是住房抵押贷款，也叫按揭贷款；另一个是学生贷款，这是美国的叫法，中国叫助学贷款。

大家知道，家庭有无住房在收入分配效应中起非常显著的作用，人们的收入分配效应差距很大程度上就体现在住房上面。有了住房抵押贷款，虽说不是完全解决，但也在很大程度上帮助低收入者通过分期付款方式实现了居者"有"其屋（当然这个"有"字需要打上引号，因为房子实际上是抵押给了银行）。有没有住房抵押贷款，对整个社会的公平性影响非常大。虽然为避免风险，住房抵押贷款会要求有首付，并支付利息，但从存款结构来讲，富人存款多，低收入者借款多，富人的钱通过住房抵押贷款借给低收入者，低收入者就有能力买房子了。所以这是一个非常重要的金融产品，具有非常明显的收入分配效应。

学生贷款使低收入家庭的年轻人通过贷款去完成学业，有助于提高其未来职业收入，并有能力用未来收入偿还这些贷款。富裕家庭子女多数可能上非常贵的私立学校，交全学费，低收入家庭子女可以借助贷款完成教育，这相当于有了收入再分配的效果。如果在职培训、下岗再就业培训等方面也采用类似产品，也会起到拉平收入的效果。因此，学生贷款是一种非常好的政策和产品。

从中国看，基本上在2000年前后就推出了这两类产品。对于住房抵押贷款，它能够建立的基础条件是房改，如果没有房改而仍然是分房制的话，就谈不上需要这个产品了。尽管大家还有不少意见，但从宏观、收入分配效应的角度来看，它起着非常重要的作用；助学贷款最开始是国家开发银行发放，后来中国银行等逐渐加入，总体也搞得不错。

再说说通货膨胀对收入分配的影响。从收入分配的效应来讲，刚才说了多种影响因素，其实从经济历史角度来看，通货膨胀才是最大程度上侵蚀低收入阶层的问题，因为它不是政策，所以刚才我们没讨论。通货膨胀出现以后，低收入阶层受到的损害最大，因为通货膨胀多数是以加权的购买篮子来衡量的。购买篮子中的商品和服务在低收入阶层的消费支出总额中占比较大，因而通货膨胀一上来，低收入阶层就容易受到侵蚀；而富人本来购买吃穿等支出占比就比较小，而且富人往往可以在通货膨胀期间利用金融市场进行投资操作来获得更好的保护，因为随着通货膨胀率上升，利率一般也会上升，金融市场和资本市场回报也有可能会上去，所以通货膨胀对于富人的侵蚀就比较小。这是从收入分配角度来看待通货膨胀带来的影响。

总之，在衡量收入分配的时候，除了看一次分配、二次分配、三次分配，除了看基尼系数等指标外，还要注重收入分配效应的分析。

三、收入分配与投资、就业的关系

首先，收入高低与就业情况息息相关。如果就业率低，很多人除了失业救济金，就没什么收入，收入分配效果必然不好。那什么创造了就业呢？从全球绝大多数经济体来看，资本是更为稀缺的要素，劳动力的稀缺程度相对不如资本。当然随着现在科技发展和数字经济兴起，可能新科技也会变得非常稀缺。按一次分配来说，要素稀缺程度越高，对产出的边际贡献率越大，因此，如果能够补上稀缺的要素，也就创造了就业。因此，投资创造就业、就业创造收入仍旧是一个研究收入分配的主渠道。

什么跟投资有关系呢？二次分配的税是其中很重要的一个因素，所以二次分配反过来又会对投资有重要影响。也就是说，如果公司所得税和资本利得税过高，把资本收益大多数都交了税，那谁去做投资呢？让公共机构去投资可能是一个选项，但公共机构又能投多少？以我国为例，若干年前发展改革委每年安排的投资大概都是5000亿元，也就是GDP（按2020年100万亿元来算）的0.5%左右，这个占比是很小的。所以投资主要还得靠民间，靠企业界，这里面包括国有企业，但更多的是私营企业和私人投资。因此，如果累进式的个人所得税收得过多，企业所得税、资本利得税收得过多，还要收遗产税等，就必须考虑它对投资的负面影响。要摸清这其中的规律性的关系。

还以20世纪80~90年代西方的税收大改革为例。那一轮大税改的理论基础，除了提高劳动力市场灵活性以外，就是要鼓励投资，没有投资经济就上不去。这也跟当时的"里根主义"和"撒切尔主义"连在一起，强调私有化，强调鼓励私人投资，也鼓励吸引外资。当时还有一个理论，叫下渗经济学（trickle-down economics），意思是说，有些人收入高，但高收入人群的钱并不都是自己花掉的，他可能通过家里雇保安、司机等各类方式，将收入以消费方式往下渗流到其他人员身上，变成他们的收入。这个说法契合了里根—撒切尔的时代，在当时比较流行。

四、新时代科技发展中的广义自动化对就业的冲击

这对未来的贫富差距而言是个大议题，而现今阶段全球经

济政策比较强调的只是再分配一面，主要是通过收入再分配去缓解不平等。法国经济学家托马斯·皮凯蒂（Thomas Piketty）撰写了《21世纪资本论》，也叫新资本论（主要是区别于马克思的资本论），他认为不加制约的资本主义导致了财富不平等的加剧，收入分配不平等产生当今社会一系列问题，所以必须增加累进制个人所得税，大幅增加资本利得税，以减少收入分配效应上的差别。皮凯蒂在新资本论中的观点，针对的主要目标是金融界和华尔街，认为收入分配不平等主要是金融行业拿走的太多。

对于金融业拿走太多的原因有多种解释，比较有意思的有两种：一种是华尔街为自己辩护的说法，也就是随着现代经济发展，其蕴含的不确定性越来越大，所以越来越需要风险管理，而绝大多数人都不太会风险管理，多数都是由金融界代做，因而他们就有机会赚走很多钱。这是辩护性的说法，对不对还可以再讨论。另一种是批评性的说法，也就是整个社会存在越来越多的各类投机性市场和产品，而且绝大多数投机性的金融市场和产品都是金融界自己创造出来的，无论人们是否参与，这些投机给金融界制造的机会以及金融界在投机方面的领先优势，使华尔街收入特别高，除了高管拿得多以外，交易员也都拿得特别多。我们看到，有好多书描写大投行交易部门的年轻人，大多是名校高材生，非常年轻，动辄每年收入几百万、上千万甚至几千万美元。对这些说法还可以进一步进行研究探讨。顺带提一句，国内对国企高管是否限薪的问题，也可以采用类似分析方法从多个角度进行分析。

当然，现在并不是只有华尔街的收入特别高，一些高科技行业，特别是互联网、数字经济领域的收入也非常高。这也是值得观察的一个现象。真正值得考虑的一个更为相关的因素是连续几十年来的自动化及其新进展，包括信息自动化、数字产业辅助工业化升级，以及下一步的人工智能（AI）等，这些对于低技能劳动的替代和侵蚀是相当大的。在早期，那些被替代的低技能劳动者还比较容易找得到其他职业，甚至比以前更好的职业，但事情并不总是那么乐观。随着包括机器人在内的多种自动化和 AI 的发展，中等技能的职业也开始受到侵蚀。过去有人总说，如果汽车装配线上的工人被机器人替代了，他们可以改行给机器人编程。后来发现其实没有多少人可以去编程，因为简单的编程工作也被计算机和计算机辅助设计（CAD）、被 AI 替代了，简单的控制程序也多数都由机器完成了。银行里面也是一样，很多工作，包括一些后台及监管的中等复杂程度的工作也正被基于大数据的有 AI 功能的软件所替代。2010 年左右，我曾在《商业周刊》杂志上看到一个封面故事，说的是一个三十多岁的大小伙子，原本是个电气工程师，但是后来工作被自动化替代了，工程师就变得过剩了，他又不是顶尖工程师。后来他转行到医院去做护工，他的想法是做护工收入还不错，同时医院里女生过多恐怕也不行，有很多力气活还是需要男生去干。这个故事想从正面描述这样一种职场变化趋势。不过那时候说的主要还是自动化的替代，现在则要加上人工智能的替代。

因此，除了从过去传统的经济角度、皮凯蒂新资本论的经济分析角度，以及华尔街或者金融界自我辩解的角度来看收入分配外，还可能需要注意广义的各行各业的自动化、数字化和 AI 发展所产生的影响。从这个角度看，未来的收入分配情况并不乐观，尽管可以去使用诸如更加累进的个人所得税、更加严厉的资本利得税等政策，但是不是真正能够缩小收入分配差距，还需要观察研究。

此外，当前世界人口还在显著增长，随着全球人口的变化，特别是一些发展中国家人口很年轻且劳动成本更低，对中国而言，其中一个重要的影响是比较优势转移，必然会有一部分劳动密集型就业岗位转移到东南亚、南亚，还可能移向非洲。这也是一个会影响到就业和收入分配的重要经济趋势。所以研究收入分配要从多个方面来看。

五、小结

现在大家都关注收入分配，各国也都从政治正确的角度去强调调节收入分配或共同富裕，这在许多国家或许同竞选压力也有关系，但其实收入再分配的实际政策调整是个很难的议题，能适时调整的并不多。除了刚才说的历史上的钟摆效应外，我们去看看世界各国究竟在收入再分配方面出台了多少政策和措施呢？就中国来说，尽管很强调收入调节问题，但累进制所得税调整了吗？到现在为止尚未调整，也不见得近期有调整的计划；几次都有人提出要征资本利得税，但到现在也还没出台；遗产税讨论好多年，到现在也还没有立法。这说明调整这些再分配政策并形成立法，都可能面临相当大的困难，没有太多适时、有效调整的成功率。人们近期比较期待的有收入分配效应的措施，一个是房地产税，另一个是在三次分配上的鼓励政策，包括所得税抵免以及会计方面的支持，但也各有各的难处。因此，调整收入分配问题可能更多地需要关注有收入分配效应的各项主要政策，也就是政府通过支出来提高收入再分配的实际效果。另外，也要重视一些重要金融工具对收入分配的影响。未来还特别需要研究考虑科技新发展对就业和收入分配的影响。与此同时，也要继续关注收入分配政策对投资的影响。

以上就是我今天想讲的关于如何看待收入分配，怎样选用收入分配的经济分析框架，收入分配涉及哪些其他政策选择。这个主题并非我所长，但它是经济分析的基本内容，所以我就从经济分析的角度同大家作一个交流，不对的地方请大家批评指正。

问答部分

1. 问：周行长，您好，非常荣幸有机会在这里向您请教。当下房地产，尤其是民营地产基本是大面积崩塌，我认为核心问题应该是资金问题。最近中央有关领导同志也公开表示，房地产企业正常和基本的资金使用需求应该得到满足。我想向您请教一下，接下来金融对房地产，尤其是民营地产会有什么新政策变化？

答：我现在并不在金融一线岗位工作，下面所谈的只是我所观察到的，不一定全面也不一定对，仅供大家参考。

从房地产金融政策制定方面来讲，本身可能并不愿意频繁作调整以应对房地产业的一些短期和中期的波动，这是主流的观点。但金融部门也有压力，如果房地产比较大面积上涨而且涨得太快的话，会从其他部门那里产生压力传导过来，金融政策要是不动的话，好像交代不过去，因此，就需要调一调。

我个人感觉，如果是典型的金融工具方面的调控，其实不会有太大的冲击性。比如说房地产贷款利率有些调整，它会主要与资金成本有关系，也或许与调控目标相关；再比如首付比例多一些或少一些，主要与风险判断有关系。一般来说，可能是有一点逆周期调节的味道，不见得会有太大的冲击。但如果是其他方面政策不见效，压力比较大，想在更大程度上依靠金融手段来调控房地产的话，就有可能弄出一些数量指标，诸如区分一套房、二套房，设置住房抵押贷款限额等，这些数量指标一般来说都可能产生意料以外的效果，比如银行说我不放贷是因为我没有额度了等。数量指标与价格管理是对偶关系，也就是说，经济想调控，要么采取市场价格方式，要么采取数量管制方式：如果价格方式用得好，就用不着去用数量方式；如果价格方式用得不好，可能必须要多用数量方式，而且越是不用好价格工具就越依赖数量控制。类比地说，前一段电力和煤炭紧张，有些地方不得不拉闸限电，其中一个原因是说有"双控"指标，超了指标以后就会被约谈，这个就是数量指标。经历过传统计划经济的人都知道，为什么过去每年国家的年度计划都是一大厚本？因为国家计委要把数量控制指标按行业、按地区分解，逐层分解到各个地方。下达任务以后，如果数量限制和指标被超过了，怎么办呢？那就可能会拉闸限电。这就是数量控制选择，数量控制比较刚性，价格就比较有弹性。你也可以从这个角度去看看房地产金融政策变化都有哪些情况。

再有一个角度就是所谓治标治本的问题。房地产的问题，大家都说需要一些治本措施，需要长效机制，但抓长效机制并不容易，争议比较大，也包括信息、数据等方面的基础有没有打好。如果短期内难见成效，这样一来，可能就想要更多依靠金融行业多调控，金融方面的压力就比较大了，而且金融方面究竟采取价格型措施还是数量型措施也是一个困难的选择。总之，这个问题涉及面比较广，比较复杂。

从实践看，金融的调控措施能起一定作用，但并不能包打天下，也不见得是长效机制。这里面的因素很多，比如房地产和城镇化、房地产和土地财政的关系等。这些问题如果都需要解决而没解决好的话，金融方面承受的调控责任有可能过大，但这可能也是阶段性的，有政策传统上的必然性。另外，房地产的金融风险也是必须要注意防范的。如果搞不好的话，也会出现大大小小的金融风波。像美国，住房抵押贷款一度没有搞好，在2007—2008年就出现了次贷危机，引发了全球金融风暴。

2. 问：我是做农牧业和养殖业的，做了近40年农业，对农业非常有感情。在农村，农民靠实实在在种粮食种地，解决温饱还可以，但要解决住房、娶媳妇等进一步的需求越来越难，所以还是出去打工，收入比种粮划算多了。您如何看待这个问题？另外，从我观察到的，处于养殖终端的一些老百姓想干事、想发展，但缺资金，贷不到款，农业土地也无法用于担保，所以现在有个口号叫"创新很热，农村很冷"，您有没有好办法帮助他们解决这个问题？

答：这个问题一部分跟收入分配有关系，另一部分是如何支持农业、农村发展的问题。

经济发展以后，农村人口会减少，从事农业或者第一产业的劳动力会减少，这样才能使人均生产力和人均收入保持在一定水平。在这个过程中，需要有财政政策，也需要有金融政策来支持向城镇化转轨。从中国来讲，这个问题是个缓慢的过渡过程，中间有很多犹豫，也有很多争论。中国过去是农村人口很多、农业占比很大的国家，后来开始出现城镇化趋势。从政策提法上讲，主张有一部分农民逐渐脱离农业生产而从事其他行业，当然也体现了收入分配效应。大家可能记得，一开始在20世纪80~90年代初的时候，主要搞乡镇企业，强调农民离土不离乡；后来又提城镇化，提出要发展小城镇，不主张劳动力大幅度向大中城市转移；再后来又提出，光小城镇化不行，还是大城市吸纳能力强。从政策制定者来讲，认识不可能突然产生太大转变，还是要有一个逐步的过程。

在这个过程中会产生很多收入分配的问题，其中涉及两个问题：一方面，中国人多地少，如果种植业或者养殖业的生产力与国际市场相当的话，我们的最终生产成本会超过国际市场价格（尽管过去常说农民劳动力还是便宜的），在这种情况下，需要考虑在多大程度上可以依靠对外贸易，但这里面又涉及国际地缘政治等因素。另一方面，中国又强调牢牢守住18亿亩①耕地红线，确保粮食安全。也就是说不能过多地依靠国际贸易。因此，尽管有一些种植业可能生产力并不高，但是还必须维持着种，这就会产生收入分配的效果：既然种地生产力不高，因而收入也就不会高，那么就需要采取一定措施进行补助。从历史上看，国内在这个问题上也出现过很多矛盾的看法和做法。记得2001年刚刚加入WTO的时候，中国一年进口大豆达到了800万吨，这在当时被认为是一个很重要的警戒线。后来大豆进口量持续增加到5000万吨、6000万吨、8000万吨，2015年以来中国大豆进口量基本维持在1亿吨以上。农业口的说法又变了，说中国进口了这么多粮食，为我们节约了折合6亿亩耕地，解决了食用油、饲料、国内缺水等问题，是件大好事。这实际上反映了农业对国际贸易的依赖应如何把握，也说明在整个农业转轨过程中有很多问题需要再认识、再思考。同时，政策制定的复杂性也很大，不仅需要考虑收入分配效果，考虑城镇化进程，还要考虑粮食安全，考虑产业结构调整等。

在整个城镇化过程中，金融的支持还是不少的，但实事求是地讲，对农民的金融支持，确实还是有很多问题需要研究的。比如本来靠耕地、靠宅基地作抵押来融资是一种比较简单有效的做法，但我们很多年都走不通，因为农地是集体所有制，无法进行抵押，宅基地过去也不让抵押，这是难点所在。后来慢慢有所突

---

① 1亩＝666.67平方米。

破，先从林地开始允许做抵押贷款，农地和宅基地最近几年也有所松动。

如果农地和宅基地都不能做抵押贷款的话，农民如果要贷款靠什么呢？国内发明了订单贷款。这是一个什么产品呢？如果农产品被以期货的形式收购了，有订单、有价格，同时为了防止灾害等意外也购买了保险，就可以拿订单去银行做贷款。后来也有人把这叫"期货＋保险"等各种不同名字。但客观地说，这个模式发展得并不太顺利，这里面既有金融机构的理解问题，也有农业口对这个问题的理解问题，所以还需要进一步探讨。

总之，中国的情况有其特殊性，大家需要注意。

3. 问：在目前PPI和CPI居高的情况下，能否请您对现代货币理论在中国和美国现阶段实践的一些得失作一些分享？

答：现代货币理论（MMT）在去年美国大选时被讨论得比较多，它跟收入分配有一定关系。它主要的观点就是，传统的货币政策主要采取的是通货膨胀目标制。既然通货膨胀率现在上不去，就可以多搞财政赤字，让收入分配效果更好。如果财政赤字无法弥补，可以让央行多印钞票予以支持。这些人的看法是，低通货膨胀看上去是个长期现象，央行多印钞票也不会导致严重的通货膨胀。这个观点当然是相当反传统的，也没有太多实践方面的依据。今年以来，随着各国通货膨胀率快速上涨，大家又开始议论，究竟通货膨胀率会不会继续上涨。如果通货膨胀率持续上涨，那现代货币理论就站不住脚了。只有通货膨胀率长期来讲不会上涨，才可能进一步讨论现代货币理论。当前这个情形还在继续演变之中。

从中国来说，无论是主管领导还是相关管理部门，都明确不接现代货币理论的茬，我是赞成这种应对的。当然，这个理论提出的一些问题还是有值得关注和观察的地方，一些问题也还需要逐渐去回答，但首要一条是不能产生基于现代货币理论的期望值，就像美国现在所产生的期望值，即认为政府可以更大程度地开支，同时可以不受财政赤字封顶和通胀的制约。类似的这种过于乐观的期望值目前在中国还基本上没有出现。

人工智能的发展与就业结构的演变①

很高兴参加清华公共管理学院举办的"全球科技发展与治理国际论坛"。大家知道我从事金融业的时间比较长，在这样的论坛上发言对我是个挑战，所以我就想把前段时间参加国际研讨会时讲的关于人工智能的发展与就业结构的演变，作为一个题目和大家分享，可能很多地方都不太对，也请大家批评指正。之所以讲这个，毕竟它和经济学关系还是比较大的。

一、人工智能影响非常深远

近些年人工智能发展非常迅速，引起了各方关注，同时也在应用方面取得了长足进步，其中的机器学习在方法上主要采用的是神经元网络深度学习，取得了快速的进展。神经元网络深度学习带来了模式识别的巨大进展，加速了机器智能的崛起，相信未来会有更广的应用领域。

当然，人工智能还有很多技术方面需要进一步推进，一些主要的机器学习的办法还有待进一步深入研究和突破，比如类比法学习、进化法学习、符号学习、贝叶斯学习等，这些类似于人类大脑的学习方式，过去都是和神经元网络深度学习并列的，但目

---

① 源自周小川 2019 年 11 月 2 日在清华大学公共管理学院"全球科技发展与治理国际论坛"上的演讲。

前还远不像神经元网络深度学习发展得这么快，还有待进一步突破和深化。

人工智能的持续发展，必然会对人类社会的价值取向、就业结构以及收入分配带来巨大影响，也必然要求我们及时作出相应的政策响应。

二、对就业结构的冲击

人工智能的发展会对就业产生冲击，但各人想象的空间和分析的路径都有些不一样。各学科相互间融合和结合会带来更大的变化，我个人认为，真正会对就业产生冲击的将是人工智能加上自动控制理论与技术，再加上信息与通信技术（ICT），三者结合会对就业产生重大冲击。人工智能有点像人脑中枢，还需要有传感信号作为输入端和动作执行装置作为输出端。多种信号输入后进行思考处理，最后产生输出；输出在绝大多数情况下还需要有执行装置把它变成动作，因此也就是说两端是传感器和执行机构。传感器也是自动控制工程里的一个重要组成部分，目前来看还是薄弱环节。大家非常重视物联网，物联网在很大程度上需要传感器方面进行深度发展。

现在的信号输入不像过去搞自动控制的时候，那时输入的绝大多数是局部的、近距离的信息，现在则可能是非常广泛的信息，数量也很大，在此过程中，ICT的作用更加凸显。另外，作为大脑处理过程，过去比较注重简单的反馈调节，后来开始带有预测性的调节，也开始更多采用优化算法，优化后产生信息处理结果，然后送给执行机构。因此，这显然与人工智能联系更为紧密。从控制的角度看，过去有自适应控制，现在有自学习控制，这些内容也都和当前的人工智能有更紧密的结合，特别是这种发展可能会和人工智能机器学习里的一个分支——进化法学习有更多的结合空间。此外，人工协同和自主操控也是很重要的一些方面。这几项技术结合到一起，会对就业产生很大冲击。

这种冲击是必然的，但也不是新事物，应该说和过去的历史具有延续性。自动化对就业的冲击应该说已有近百年历史，大家可以回顾自动化对就业的冲击来试着想象未来人工智能会带来怎样的冲击。自动化控制最开始在过程工业上应用得比较成功，后来慢慢进入离散的制造业行业，同时也在考虑和其他学科进行结合，所以我们当年学控制论的时候，就已经把许多生物内容结合到控制理论里，这和后来人工智能借鉴神经元网络内容具有非常大的近似性。

我相信，人工智能冲击就业的一个很重要的变化就是，越来越多的人会从工业和制造业环境当中转移出去。最开始是替代一些需要精准操作、快速响应的环节，紧接着慢慢开始替代一些规程性工作，以及一些苛刻条件（如深海或者太空）下的工作。就规程性工作而言，过去认为简单重复劳动是规程性工作，现在则连写新闻稿也算是规程性工作，可以部分由机器代为完成了，所以这种影响确实值得注意。

我还记得，大约10年前有一本杂志刊登了一个封面故事，讲述的是一个电气工程师最后如何转为医院男护工的事。也就是，就业转移的方向大概率会是从有形的部门转向去服务业，人类必须在这个过程中不断寻找，究竟人本身有什么新优势。经济学上有一个理论叫比较优势学说，研究的对象主要是国际贸易领域，强调一国应该集中生产并出口具有"比较优势"的产品，进口具有"比较劣势"的产品。同样的道理，人也应该研究在不同条件、不同劳动力成本、不同教育水平、不同技能的情况下，和机器相比究竟有哪些比较优势，进而利用和发挥这种比较优势。总之，必须充分重视人工智能对就业的冲击。

三、对收入分配的影响

也许有人会说，这有点杞人忧天，其实不用太担心，到时候也会有很多新东西出现，这些问题会自动解决。比如有人说，以后是机器越来越多地承担规程性工作，而人都干创新性工作。这听起来当然很好，但实际上从统计分析来看，在人类群体中，真正属于创新类的比例不是太高，无法想象以后所有人都去搞创新，更何况真正能够创新成功的比例更是低。再比如有人认为，将来可以让机器干苦活，而人去给机器编程，这样将来会创造大量编程工作。从统计分析角度看，我感觉也不对，真正能干好编程工作的人可能数量相当少，而且可以想象，未来一些简单的编程工作可能会由机器自动化解决，不会把那些简单类编程工作留给人去做，对这种替代也不可低估。

因此，在这种情况下，估计未来人类收入的两极分化会进一步加重，也就是说，最高端人才对社会和生产越来越有控制力，普通人的就业会更多地被机器所替代。当然，人会寻找出新的比较优势，但可能不是收入很高的工作，这样的话就会造成收入分配差距的扩大。大家都知道，近期在美国选举预热的过程当中，对于就业、收入分配问题，两党都是高度关注的。中美两国之间当前出现的贸易摩擦和贸易谈判，很大程度上也出于对就业岗位和收入分配的关注，所以人工智能在这方面的发展，需要我们从科技发展的伦理道德、经济学、公共政策等多方面给予关注。

当然，经济机制是具有自我调整能力的，其中一个很强的自我调整能力就是相对价格的演变，也就是说当出现了新东西以后，就会出现价格演变，而价格演变在很大程度上反映了不同优势的存在，很有可能一种演变就是有人的服务和有人沟通的行业（human service industry）的环节，价格会越来越高，因为人们对它的价值会赋予更高的估计，而机器的服务会越来越便宜，这样的话也开创了新的比较优势的转移。比较多的例子会出现在文化、娱乐、健康、护理、餐饮等行业，同时，人工智能对教育行业的冲击也不可忽视：实际上随着大型开放式网络课程（Massive Open Online Courses，MOOC）的发展，教育行业的就业问题也需要研究。

四、公共政策响应

在这种情况下，从公共政策角度，究竟应该作哪些响应呢？我想，其中一个重要响应是要设法引领这个发展过程，设法去引导 AI 干什么和不干什么——这其中有些学科，特别是涉及遗传学、DNA 学、伦理道德及人文界限等十分重要。目前已经看到有不少电影做了各式各样的科幻设想，涉及将来人和机器的关系，也涉及将来人在这种环境下究竟能做哪些工作。大约 15 年以前，我曾看过一部音乐剧 *We Will Rock You*，讲的是一家名叫 Music Soft 的公司，开始时通过人工智能的办法，慢慢替代了所有的作曲和乐器演奏，并且在世界上搜罗各种以前存在的实体乐器，把它们埋到水泥柱子里，使实体乐器在人类社会中消失了，导致过去喜欢音乐的人不得不在全世界各地寻找哪怕一把实体吉他。这样的故事实际上是很有讽刺性的，但也是非常有启发意义的。

此外，既然人工智能对收入分配会产生很大影响，我们也就有必要现在就研究未来怎么调节收入分配，税收结构应如何等。不仅要研究传统的公司税、个人所得税、增值税等税种，可能还需要研究对机器收税问题，如何确定其税种、税基和税率等。我们看到，先是法国带头，欧盟今年已开始考虑对数字服务征税，但在究竟怎么征、征多少税率等方面产生了非常大的争议，这也是今明年 G20 及有关会议要讨论的重要议题。对此，经济学和公共政策应对方面应该提早准备，早些研究如何应对 AI 发展对就业、收入分配的影响，以更好地推动科技和社会发展。

人工智能的现实挑战和国际合作^①

  首先要感谢法国展望与创新基金会、美国大西洋理事会与博鳌亚洲论坛在美丽的巴黎共同举办此次"中美欧人工智能国际合作高层研讨会",大家能亲身感受法国领先的人工智能研究与运用。很高兴能与来自中美欧的政界、科学界以及业界代表一起共话人工智能(Artificial Intelligence, AI)——这个关乎人类现在、改变人类未来的重大议题。虽然我本人是经济学背景,但在大学主修的也是计算机和自动化相关的工程专业,基于此我想与大家分享一些对人工智能的看法。

  人工智能作为学科起步较早,中途发展缓慢,近年来由于神经元网络和深度机器学习的蓬勃发展而突飞猛进。机器学习、模式识别、自然语言处理、语义学等领域在经历了几十年的发展之后又产生了新的突破。模式识别的进步显著加速了机器智能的崛起。人工智能在智能制造、农业、医疗、金融、教育、自动驾驶、安全等方面应用的不断扩大,将对人类社会的价值取向,就业、技能和收入分配产生巨大影响,并必然要求社会资源配置和公共政策作出相应的响应。因此,应特别注意就业结构以及就业相关技能和知识储备的变化。

  人工智能对就业的影响是自动化(automation)的升级效应。

---

① 源自周小川 2019 年 9 月 16 日在博鳌亚洲论坛同法国展望与创新基金会、美国大西洋理事会于巴黎共同举办的"人工智能国际合作"研讨会上的发言(中文译稿)。

自动化对人类发展的影响已有百年，从过程工业（process indus-try）到离散制造业，自动化正在改变人与机器间的分工，自动化设备已经取代了一些程序性操作和严苛条件下的工作。人工智能的本质是自动化的延伸和提速。诸如模式识别等技术显著提高了机器的能力和灵活性，但仍是自动化过程的延续，而不是"另起炉灶"。就业结构正在发生变化，服务业的就业人口在不断扩大。人工智能将影响我们的价值观，人类必须寻找自身新的优势，并形成新的价值观判断。

通过相对价格的演变，人工智能正在改变人与机器的关系。人工智能会使未来机器可替代的商品及服务的价格更加便宜，需要人工参与的商品及服务的价格更高，二者分化更加明显，进而导致价格结构进行整体调整。上一轮自动化浪潮将部分劳动力从传统的工业岗位中解放出来，然后转向服务业。我曾在一本杂志的文章中看到，一位电气工程师变成了医院的男护工。历史表明，人类更重视那些与人类交流和沟通相关的服务，这些服务的价格与机器服务的价格之间的差距将会持续拉大。在未来，人类对机器和人工提供的商品和服务的偏好可能会发生变化，比如在教育、餐饮、护理、艺术、表演、人文和体育等方面更需要"人的接触"（human touch），这些变化将形成人际关系以及商品服务供求关系的新格局。

人工智能将对低技能施压而受控于高技能，从而对收入分配产生重大影响。人工智能不仅会侵蚀低技能，还会侵蚀中等技能，未来机器可替代的劳动岗位将占到总体就业岗位的八成，而只有约两成的人能够从事管控机器的编程类工作。一些人宣称，当人类的负担由机器承接以后，人类就可以解放出来去为机器编写代码。这种说法在我看来未免太过天真。因为只有少数人能成为优秀的程序员。基础程序通过人工智能的自动编程就可以完成，而过剩的劳动力将转向服务业，其中大多数岗位收入都不高。未来人工智能将进一步拉大收入差距，这将远大于当前人们担忧的贸易失衡、华尔街金融危机、全球化等带来的影响。各国必须做好应对准备，调整税制，改善收入再分配，包括考虑对机器征税的可能性，这实质上也是间接地对控制机器的人群征税。如果人类的分化加剧，有可能刺激人类 DNA 编辑等类似技术的开发和应用。

人工智能催生的社会及经济新格局要求公共政策及时作出响应。国际社会需要明确，哪些是人工智能可为的，哪些是禁止的。艺术、文化和其他以人为本的社会活动应受到保护。此外，我们应该警惕收入分配的变化，应当考虑如何调整税收以适应未来的人工智能自动化，涵盖的不仅仅是数字经济税，还有增值税、所得税和资本收益税等方面。

国际社会应共同努力，推动制定负责任地管理 AI 的公共政策，促进经济可持续、创新发展。许多国家政府和私人部门已迅速作出响应。美国信息产业理事会于 2017 年发布《人工智能政策原则》；欧盟于今年 4 月发布《可信任人工智能的道德准则》；中国于今年 6 月发布《人工智能治理原则》。谷歌、微软认为人工智能应该对社会有益，强调自由、公平、福利、道德、安全和负责任。今年 6 月，G20 领导人在大阪峰会公报中强调，要致力于打造以人为本的人工智能，并通过了《人工智能原则》。这是全球重要经济体首次就人工智能的原则达成一致，对促进人工智能知识的共享、构建可信赖人工智能全球技术标准等将带来积极影响。国际社会应在此基础上就促进人工智能开发、使用和治理等方面进一步开展务实合作。

然而，在当前贸易保护主义、单边主义破坏国际规则和秩序，全球贸易摩擦加大，发展中国家担心数字鸿沟加深的背景下，人工智能国际合作困难重重。同时，我们还面临着诸多其他挑战：5G 建设被高度政治化，科技投资受到更严格审查，信任缺失影响数据跨境流动，数字税的征收受到广泛关注。然而，困难越大，就越需要加强沟通，凝聚共识。我认为今天的大会意义深远，中、美、欧的代表们共同发声欢迎 G20《人工智能原则》，愿加强人工智能国际合作，共同拥抱未来。

首先，我们应呼吁不为人工智能的研究与开发设定国界。超越国界的科学研究与传播是人类进步的重要源泉。人工智能需要全球的智力合作与资金投入，需要世界各国的优势互补与激发，需要基础设施互联互通，需要有效联结基础研究与应用。

其次，要遵循以人为本的原则。人工智能不是要取代人类，而是为更好地服务人类。机器通过深度学习的智能积累可能会超越人类的能力极限，但其运用不能突破人类的伦理道德底线，不能损害人类文明，不能危害世界安全。国际社会应该用共同智慧，为人工智能的开发与使用设定边界，使其安全、可控地帮助人类社会迈向更加美好的未来。

最后，要强调共负责任、共同管理。每一个国家都有责任参与人工智能的治理，没有任何国家应该被排除在外。国际社会需要构建规范有序、安全健康的人工智能产业全球发展新秩序，建立一个在信任基础上的人工智能数字生态系统，为人工智能赋能经济社会发展创造完善的法制环境和社会支持。应当避免收入分配上的大欺小和大分化。同时，我们也应该推动以人工智能为代表的数字经济与实体经济的融合，努力构建开放、跨境、跨部门和多元主体的方案，缩小数字鸿沟，促进人工智能知识共享。

中国愿成为推进人工智能国际合作的重要力量。在今年 G20大阪峰会数字经济特别会议上，国家主席习近平指出，"作为数字经济大国，中国愿积极参与国际合作，保持市场开放，实现互利共赢"。不久前在上海落幕的 2019 年世界人工智能大会上，中国上海宣布设立人工智能知识产权国际交易中心，鼓励和支持国内企业及研究部门加强国际合作、加快人工智能国内与国际标准体系建设和对接。去年，中国西部人工智能创新中心同美国硅谷若干知名风险投资机构签署了中美人工智能企业产业合作和项目合作协议。中法两国金融机构近年来共建的"Chance 投资平台"也正在积极投资人工智能研发和运用的机构。中国将积极顺势而为、抓紧机遇，以包容开放、谨慎乐观的态度拥抱人工智能，与国际社会一道携手共同谱写人工智能发展的新篇章。

议题五

养老金改革与财务可持续性

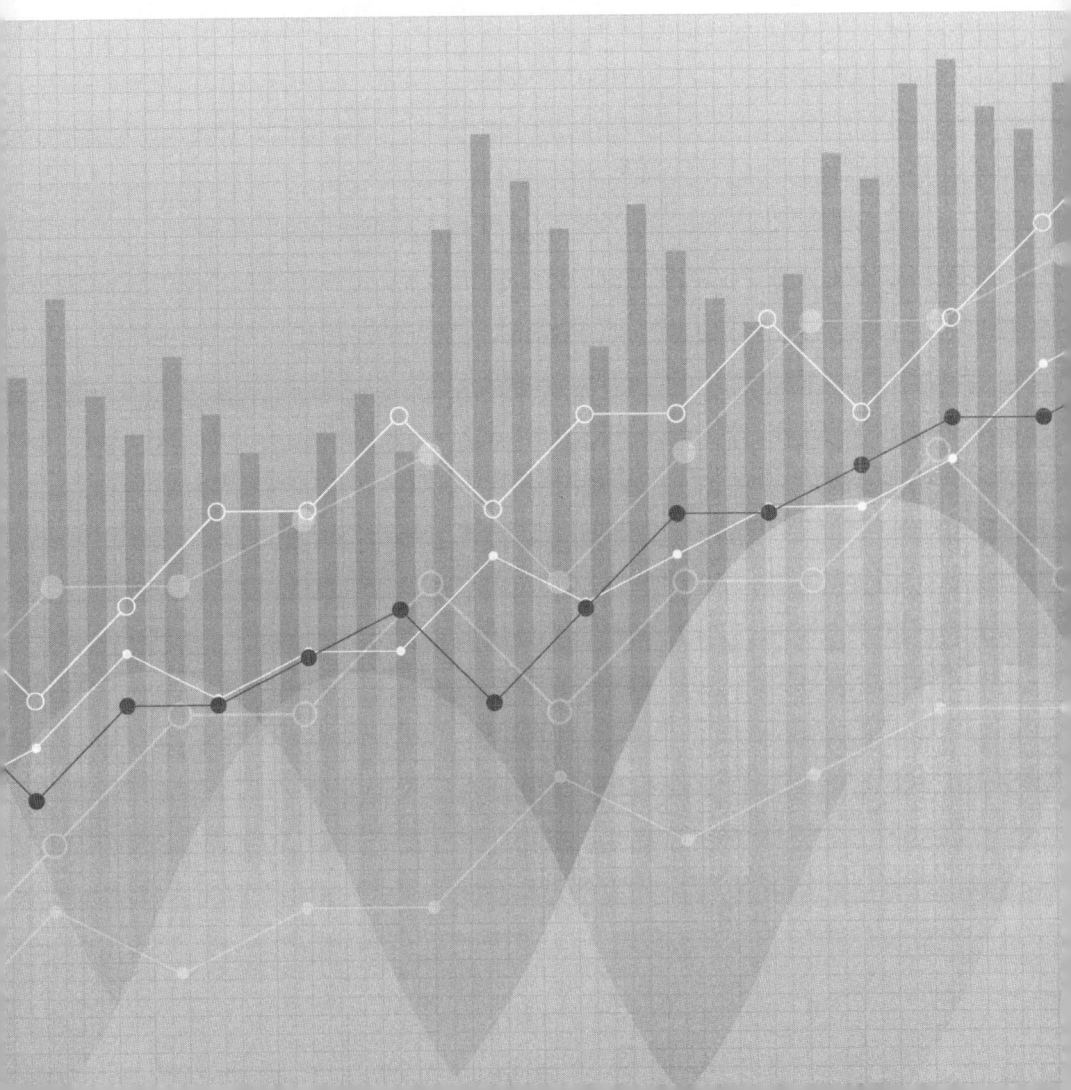

编者引言

养老金问题是一个全球性难题。老龄化以及人口峰值超预期到来，更凸显出中国养老金改革挑战的严峻性和紧迫性。养老保障可否持续的核心是体制选择和相关政策，养老金改革是系统工程。在可持续的财政框架下，需推出更加全局性、长期性的解决方案。

从方法论来看，养老金是跨领域、多维度经济分析的大综合，涉及宏观，也涉及微观；既要考虑历史路径，也要基于现实状况，还要面向未来；需要有国际比较，更要对国情有深入的了解。2020年出版的《养老金改革的分析框架与路径选择——周小川有关论述汇编》，针对中国养老金体制改革的演进历史和未来改革方向及核心议题作了深入分析和阐释。

当前仍有很多争议，需厘清误导性的认知，加快形成改革共识并付诸行动。在养老金领域最需关心的问题是资金的长期平衡问题，即是否存在资金上的长期危机。养老金改革必须明确"主赛道"，解决好可持续性问题，不能随意"更换赛道"，去替换主目标及其度量。推进社保改革应不忘两大"初心"问题：一是未来的资金失衡是否会压垮财政；二是避免走计划经济过度"吃大锅饭"的老路。

我国将三支柱简单理解为政府养老金、企业年金和个人养老金，这导致概念上的混淆，也不利于国际比较。推进三支柱改革，应避免两个误区：过度寄希望于现收现付制度，未能推进供款基准制（DC 模式）和个人账户；转而对第三支柱和资本市场寄予厚望，弱化了当前对治本性改革的迫切感和动力。

在高度依赖现收现付的情况下，老龄化的凸显，必然大幅度提高在岗年轻职工的缴费比例，以致企业不堪重负，竞争力下滑，青年人宁愿"躺平"，经济可持续性堪忧。2019 年我国为应对经济下滑，将缴费比例由"20% +8%"调整为"16% +8%"，即是这种压力的表现。须知，有许多关于养老金改革的讨论没有关心企业竞争力这一可持续增长的重要议题。

从这个意义上说，养老金转向全国统筹并不容易。中国地区间发展不平衡，对于养老金有盈余的发达富裕地区来说，没有了"多缴多得"的激励机制，会损伤缴纳养老保险的积极性；而对于欠发达的穷地区而言，如果预期可以将养老金支付责任转嫁给中央政府，会强化对中央财力的依赖心理。

从金融角度看，需要特别关注养老保障与资本市场的共生发展。国有股权划拨社保账户，一箭双雕，既有助于解决养老金不足问题，也可部分解决国际贸易谈判中的国有企业和"公共机构"（public body）问题。近年来资本市场出现比较明显的泡沫，正如 30 人小组（G30）关于终身财务安全（Lifetime Financial Security，LFS）的讨论，资本市场和养老金体制之间相互依存，也需要调低回报预期。

从全球范围看，领袖人物还需警惕，民粹主义的威胁和诱惑会致使多国财政赤字显著上升。在国际金融危机和新冠肺炎疫情的背景下，民粹主义倾向有可能加重，这些民粹主义政策忽视经济增长的长期性和可持续性，忽视对生产力和生产效率的激励机制。而养老金是一个典型的长期和跨代的问题，很大程度上超越了领导人在自己任期范围内所能做的努力，易导致一拖再拖，最终会让整个经济和民众付出代价。

推进养老金改革　实现可持续发展[①]

我们正在面临着养老金体制改革，因此这个问题在当前的政策制定上是明显有需求的。一方面，近几年来已经有少数省份开始出现支大于收；另一方面，2019 年上半年开始推行养老金的全国统筹，同时划拨 10% 的国有资产给社保基金。这些都表明，中国的养老金体制正面临着改革的需求。同时，从国际上我们也看到，法国、巴西等国家也都在进行养老金体制改革，而这些改革挑战性很强，有不小的难度。

一、养老金体制改革的多目标

从经济学角度看，养老金体制改革是一个复杂度比较高的问题，主要因为它是一个多目标系统。养老金改革的目标主要有：

第一，老年人退休后，要有适当的养老金水平，让他们得到合理的保障。

第二，养老金管理涉及效率问题，既有管理上的效率，也有对整个经济体系效率的影响。如果说不顾及对经济整体效率的影响，就有可能带来很多经济问题，尤其是在老龄化的社会中。

[①] 源自周小川 2020 年 1 月 11 日在有关课题内部交流会上的讲话、2019 年 12 月 3 日在重庆"养老金改革国际经验与中国方案"研讨会上的讲话以及 2019 年 12 月 21 日在"2019 年中国金融学会学术年会暨中国金融论坛年会"上的学术报告。

第三，确保财务上的可持续。财务平衡历来是养老金体制需要关注的重点，特别是伴随着老龄化到来，很多国家养老金体制不可持续，甚至出现了破产，危及经济发展以及社会稳定。

第四，养老金制度需要体现公平性。对公平的理解一种是体现人与人之间的公平，另一种则是从激励机制方面考虑的公平。养老金体制不能鼓励道德风险、"吃大锅饭"，而是要"种瓜得瓜，种豆得豆"，积累得多，未来在待遇上也受益得多，以调动职工参保缴费的积极性。

第五，需要存在风险分享或者风险分担。很多国家的养老金制度都是预筹积累制，通过预筹积累形成的资金需要有良好的经营管理，不能过于冒险，但也不能太保守，因为从长期来讲，只有争取得到合理的回报，才能保证退休待遇的适当水平。与此同时，未来也确实会出现各种各样难以把握的风险，包括宏观经济风险、金融危机风险，甚至地缘政治上可能出现的风险，因此又需要有一个承担机制，很可能是一种分担机制，而不能"吃大锅饭"，由国家全包下来。

二、养老金体制改革的多维度经济分析

从方法论上来看，养老金本身是一个非常综合性的题目。对养老金体制改革的经济分析，涉及宏观，也涉及微观；既要考虑历史路径，也要基于现实状况，还要面向未来；需要有国际视野和国际比较，更要对国情有深入的了解。可以说，这是一个跨领域、多维度经济分析的大综合。总体上看，至少需要包括四个必要方面：

第一个维度是做好宏观方面的分析。宏观上更着重平衡，主要关心的是财务上可持续的问题。财务上不可持续未来将会导致

要么原来的制度被否定或破产，要么未来面临严重的社会问题和政策负担，从而拖累经济发展。这种不可持续的程度，一是跟历史路径有关，即过去是什么体制，对未来有没有准备，二是跟人口老龄化有关，即老龄化越严重，未来实现宏观平衡的问题就越大。

宏观上的不可持续性也与养老金知识普及和教育有关系。当前从全球看，除个别国家外，人口老龄化产生的养老金缺口几乎是普遍现象，只是程度不同而已。由于我国曾实行全球独一无二的计划生育政策，人口老龄化问题突出，再加上我国人均寿命大幅提高，因而养老金不可持续问题可能更为严重。但国内对此事的知识普及和教育不够，社会上听到更多的说法是目前中国养老金收大于支，还略有积累，不存在不可持续问题。这样一来，就容易忽视养老金的财务可持续问题，容易拖延必要的改革。实际上，养老金不可持续，主要是指未来而非当前。养老金体制改革可能越往后拖难度越大，因为可能需要下的决心及需要调整的力度更大，也就越难做。

第二个维度是做好微观方面的分析。微观上更着眼于激励机制和生产率，主要考虑对个人、企业生产效率的影响，当然也涉及整个经济的增长，还关系到我国能否顺利跨越中等收入陷阱。

生产率很大程度上取决于激励机制，这又关系到养老金的缴费制度安排和劳动力市场。劳动力市场的原理之一就是以劳动贡献换取劳动报酬，或者说是通过激励换取劳动者出力，养老金缴费安排会影响到激励机制和生产率。而从养老金的具体制度模式来看，有两种最重要的体制：一种是现收现支的受益基准制（Defined Benefit，DB），主要靠新一代年轻人去给老年人支付养老金，容易导致减少对劳动的激励；另一种是有预筹积累、基于个人账户的供款基准制（Defined Contribution，DC），主要依据受益人过去在保障体系中的供款量来支付未来的养老金，原则是先积累后受益。目前，多数国家都选择受益基准制和供款基准制的某种结合的模式，而且由于可持续性问题，重心更多地向供款基准制方面转移。在这方面，做实个人账户、充分发挥个人账户的激励作用至关重要。尤其是一些个体户或自由职业者（freelance），因为没有强制性的机制，其个人向预筹积累资金供款的激励是非常重要的。

我国于 1997 年确定的城镇职工基本养老保险制度采取统账结合方式，即个人缴费 8%，企业缴费 20%；个人账户比例为 11%（2005 年下调为 8%），余下部分则进入社会统筹。从劳动者角度来看，干活产生 100 元钱的净贡献，应当有 100 元钱的收入，考虑到一些公共支出（如交个人所得税等）会减少一部分。但是，如果"20＋8"这部分没有体现在个人账户里，劳动者自己看不见，会感觉与他个人没有关系，不认为这是他的劳动报酬，也不愿意付出那么多的劳动。因此，这个比例不可以随便提高，这会对劳动者激励产生重大影响，影响生产率。从企业角度来看，如果"20＋8"给到个人账户，虽然不如现金那么直接，但是总体来讲还是可以看作企业购买劳动的用工成本。不过，如果"20＋8"没有给到个人账户，劳动者看不见这份报酬，对企业来讲就相当于一种额外的费用。所以，当企业遇到经济下行和困难的同时，肯定会抱怨税费过高的问题。因此，在企业的强烈呼吁下，为保持企业竞争力，政府 2019 年在减税降费的同时，将养老保险缴费率由"20＋8"降为"16＋8"，就可以从激励机制的角度来解释。

在劳动力市场方面，也有一个关于生产力的微观考虑。我国过去规定的退休年龄比较低，现在由于人均寿命延长，如果退休太早，某种程度上对劳动力作为生产要素来讲存在一定的浪费。

对此，延长退休年龄是一种办法。此外，还可对退休之后的工作制度给予灵活安排，如返聘制度、半日工作制、灵活工作制等，并随着年龄加大逐步递减工作时间。当然，对于灵活工作制也要考虑好一些配套问题，如是否继续向个人账户或现有养老金体制继续供款，还领不领退休金，所得税怎么安排，医疗保险缴费问题如何处理等。

第三个维度是充分认识本国的国情。就中国国情而言，首先是中国的老龄化程度要比全球平均水平更为严重，而且养老金的保障水平比较低。从国际比较看，虽然全球很多国家都面临人口老龄化和养老金可持续性问题，但各国的情况和体制存在很大差别。例如，在老龄化程度上，受过去人口政策和近些年人均寿命延长等影响，中国的老龄化程度要比全球平均水平更为严重；在养老金的准备方面，虽然我国社会保障基金规模较大，但保障水平在全球仍属于比较低的。截至 2018 年末，中国养老金储备仅约占国内生产总值（GDP）的 10%，而同时期澳大利亚的比例达 125%。

其次是我国的养老金体制转轨欠账特别多。过去我国学苏联体制，实行现收现付制，但是在新中国成立初期，即便实行现收现付的退休体制，财力也覆盖不到农村，而农村人口占全国的绝大多数。

中国养老保险采用的统账结合模式（社会统筹和个人账户相结合的结构）本质上是创建了一个混合型部分积累制，也就是"现收现付制加个人账户预筹积累制"的模式，其初衷是将社会统筹和个人账户的优势发挥出来，目的是实现预期稳定和多缴多得。但目前我国养老保障缴费进入个人账户的比例不够，而且大部分都用于现收现付，只有一小部分预筹资金沉淀下来，导致养老金预筹积累的占比太小，个人账户透明度不够且有透支，也降低了劳动者供款的积极性。从全球的经验看，如果要从受益基准制逐渐转向供款基准制，或者以供款基准制占主要成分的两种体制相结合的模式，那么我们的转轨欠账是非常严峻的。

最后是中国仍然有比较大规模的国有企业和国有资本。这些股本可以考虑是否用来填补受益基准制向供款基准制过渡的空账。一方面，我国养老金的欠账是在国家资产负债表的负债方；而在资产方，从我国国有资本的形成历史看，计划经济及转轨过渡时代的价格、税收扭曲和人口结构通过"低工资、低福利、高积累"扩大了国有企业的资本积累，形成了巨额国有资本。另一方面，还有一部分国有资本是国家借债形成的国有股权。将这些国有资本还原为养老金进行经营管理并核算，还是仍然保持国有资本经营体制并进行核算，哪种方式更有效率？这是值得讨论问题。

第四个维度是深入了解跨领域政策工具并进行综合衡量。养老金改革可能涉及的政策工具比较多，一般都是跨领域的，特别是财政金融方面的政策工具。总的来说，应对养老金可持续的问题，大概有四大类方法或思路：

一是提高养老金缴费率。既然养老金有缺口，不可持续，那么提高当前养老金的缴费率，是最容易想到的办法。一方面，提高缴费率需要处理好自愿储蓄与强制储蓄之间的关系，同时也需要给予政策激励和支持，包括是否实行税收减免、税收递延等，对这些政策工具需要进行分析和消化；另一方面，缴费率不可以无限提高，提高到一定程度会使企业负担过重，严重影响企业部门的竞争力。也就是说，提高缴费率是一个办法，但不能过度使用。

二是延长退休年龄。前面提到，过去退休年龄定得太低，因此有潜力可以适当提高，这与人均寿命的延长也有关系。但退休年龄不可以无限延长，在延长到一定年龄的情况下，老年劳动者的生产率会降低，企业到底支付什么水平的工资？如果还按过去的工资支付，有可能增加企业负担，降低企业的竞争力。所以，过分延长退休年龄对劳动生产率也并不见得有好处。如果企业将此作为一种灵活就业安排，实际上并非真的是退休年龄延长，而是略微等价于退休后灵活工作安排。这种灵活工作安排又涉及前面所说的很多财务问题、会计问题、税收问题、在养老保障体系中是否继续供款问题。

三是降低替代率，即减少退休后的福利。这是现在世界上很多发达国家的做法。退休以后能拿到的养老金收入略低于退休前最后一年拿到的平均工资，比如仅拿60%~80%。实际上，从全社会来讲，如果养老基金不可持续，可以试着降低替代率，如从80%降到70%，从70%降到60%或者50%。

四是做好预筹养老金的保值增值，特别是增值。这主要是与资本市场的收益相关，取决于资本市场是否发展得好、是否有风险分担的机制、如何在激励机制和透明度上予以安排等。因此，这又涉及很多其他政策。

对于所有这些政策，不同部门、不同群体可能会基于不同目标进行衡量。有些人可能只关心或者优先使用其中某一两种政策工具，因为他们对这一两种工具比较熟悉，也有一定的决策权或者决策建议权。如此一来，对不同政策的沟通和评估就会有一定问题，跨部门工具使用的协调与配合往往存在难度。这也可能导致用不同的时间跨度和目标实现尺度去评价具体政策工具的功效。因此，建立一个较为综合的衡量目标，并将政策选择进行跨部门效果比较，有助于将讨论维持在同一框架内，避免各说各话。在这方面，三十人小组（G30）提出的"终身财务安全"（Lifetime Financial Security，LFS）度量方法是一个很好的分析框架。该方法可用来衡量未来养老基金不可持续的缺口有多大，不同的政策对这个缺口能起到什么样的补偿作用，是一种可以比较综合地衡量各种政策工具效果的尺度，值得重视。当然，对"终身财务安全"还需要作出更详细的定义。

三、多措并举推进养老金体制改革

对养老金体制改革的经济分析要真正取得各方的全面共识是件很不容易的事，无论什么时候总是有争议，因为有人会从长期的角度看，有人会从短期的角度看；有人会从某一部门的可行性看，有人会从某一利益集团的角度看。完全统一不容易。假定这些分析大致上取得了相关一致共识，我们还需要针对性地采取措施，努力在宏观上测算好平衡，在微观上发挥好激励作用，并且基于中国的基本国情，多措并举。

一是计算养老金缺口和养老金缴费制度的激励作用非常重要。应对老龄化带来的严重挑战，有关计算是非常重要的。首先，要更加精确地计算未来养老金缺口有多大。这个计算取决于有关假设，比如未来人均预期寿命。这些假设也可以是一种概率分布，有正态分布的顶点，同时也有两边的概率分布。加上几种可能的政策作用，未来分析的结论会是一个区间。严格来说，方法上是使用动态系统模拟（simulation）来测算，不是典型意义上的保险精算（actuary）。

其次，计算好企业和个人的激励机制。在总的减税方针下，2019 年我国降低了养老金缴费率。按理说，老龄化情况下，养老金缺口在扩大，本应该提高缴费率增加收入，之所以要降费率，是因为现行体制下，养老金不能作为企业对劳动者的报酬；作为个人来讲，也没有体现劳动报酬的激励机制。激励机制下降，导致生产率下降，表现为企业成本过高、活力下降。尽管养老金缺口正在扩大，有些省份开始出现窟窿，但仍不得不下调养老金缴费率。也就是说，养老金机制设计在企业活力、激励方面的重要作用应该计算在内。

二是提高个人账户在养老金三支柱中所占的比重。应该大幅度提高个人账户在养老金三支柱中所占的比重。充分发挥个人账户所具有的激励作用，一个是对生产率的激励，另一个是对个人供款的激励，避免中国传统计划经济体制下"吃大锅饭"的道德风险。为此，三支柱的定义和划分及比例关系是很重要的。不过，我国目前官方对三支柱口径的定义与国际通行理解（主要来自世界银行、经合组织的定义）是有所不同的，这使得国际上比较容易出现误解。

三是用历史还原法处理代际差异以实现养老金体制过渡。可考虑借助过去住房改革经验，采用历史还原的办法，处理过去不同年代的人和不同工作岗位的人个人账户空账的问题。对于未来的体制究竟什么样是好的，国际上还是比较有共识的，但是，养老保障体系是跨代的，从一种体制过渡到另外一种体制，存在过渡性的困难。

中国以往老年人、中年人、各种不同年代的人处于不同体制下，造成了扩大推行个人账户的体制过渡的实际困难。有些住房改革的经验，是根据工作年限、所处职位计算出一个分数，这种分数某种程度上相当于过去应该得到的住房购买力。通过折算，相当一部分已经工作几十年的人能够低价或者无偿拿到"房改房"。这个思路和欧洲几个国家推行的名义个人账户（NDC）也是接近的。如果不采用历史还原的办法折算个人账户，或者如果做不好这件事情，则扩大推行个人账户占比存在公平性和合理性问题，自然会导致很多人反对扩大个人账户的推行。

中国还有一个特殊情况，即在做 NDC 的时候，对农民需要特殊处理。因为一直以来中国的政策是，没有进城的农民，他的养老有土地承包权和宅基地这两项支撑，有的还能申请低保。如果某个农民种了若干年地，后来又进城打工并不再回乡了，那么可以从他开始打工的时候进行 NDC 的计算。这样做，防止了农民工"两边都占"。财政部一直对这个问题有所考虑。

四是应明确企业和个人缴费全部供入个人账户。应该重新理顺公司缴费和个人账户的关系。过去是企业交 20%，个人交 8%。企业交 20% 压力太大，现在减到 16%。8% 理论上是个人账户，但是在不少地方养老金体系有亏空，8% 也保不住实账，个人账户只是名义上属于个人，在实际运行中往往被挪用来填补同期养老金支出的缺口，被称为"空账"。而且，个人账户究竟做了什么投资、有什么经营回报，透明度也不高。

企业缴费的 20%（现为 16%）未供入个人账户，仅照顾到了现收现付的需求，显著忽视了对生产率的激励机制。其原因，既有对政策工具理解不够深入，也有部门立场的偏差。这么做看似比较简单，实际上大幅度减少了养老体制中的激励机制，制造了不透明，降低了大家对养老体制的信心。因此，应该明确企业供款的部分和个人供款的部分都应该供入个人账户，同时这两者等比例为好。

五是划拨国有资本做实个人账户。如果个人账户得到了还原计算和认可，下一步应可划拨国有资本做实个人账户。中国有大量的国有企业、国有资产，且中央已经决定要划拨部分国有企业股权充实养老金。这个事，不容易下决心。遗憾的是，大约在 2000 年初，国家几乎要下决心划转国有资本充实社保基金的时候，略有偶然性的因素，最后没有做成。现在决定先划拨 10%，是正确的、务实的一步。据说划拨过程中也还存在很多问题。结合宏观总量来说，要真正把账算清楚，才知道大概需要划拨多少国有资本能够解决这个问题。结合微观来说，划拨国有资本不仅要解决统筹方面所存在的少量缺口，还应该考虑填充名义个人账户缺口，使未来的个人账户具有更强的可信度和激励作用。这个划拨比例肯定小不了，10%解决不了问题。另外，划转国有资本充实社保基金、做实个人账户也涉及国有企业混合所有制等改革的内容。

六是认真设计统筹账户在养老金三支柱中所占的比重。在统筹部分，要认真地设计一下统筹账户在三支柱中应占的比例以及覆盖面。统筹占比是一个比较综合的考虑，要和第二支柱、第三支柱统一考虑。统筹部分也涉及中央和地方财政之间的关系。在统筹方式上，目前有对农村的低保和对城镇设计的统筹退休金。其实国际经验表明，有多种实现统筹的政策工具，包括对支持个人账户的保收益底线的有关政策等。

七是应给予第二、第三支柱足够的税收激励政策。在第二和第三支柱的计划中，总的感觉是，我国在税收方面给予的激励机制不够。中国养老将涉及这么大量的老年人口，这个体制搞好了，对国家长治久安、人民的福祉都是非常重要的事。财税政策既然要支持建立一个合理的体制，就应该下本钱给予足够的激励机制，参考国际上的各种经验，出台合理的税收安排。税收激励是针对不同支柱（甚至支柱内的分项）而作不同设计论证的。

八是用 N 对 1 账户支付的做法解决劳动力流动的问题。交通发达使劳动力流动越来越普遍，农民工进城，可能在多个地方工作过。养老金管理过去都是在省一级统筹，有的省是地市一级统筹。若干年前提出的办法是，养老金体制中的预筹积累资金应具有可携带性。实际上，与提高养老金可携带性相比，用 N 对 1 账户支付更简易。某个职工在 N 个地方工作过，退休时，不同地区的养老金管理者按照其工作年限中的供款向退休者支付该阶段的退休资金，包括投资运营回报（须有透明度）。金融上，由于 IT 的发展，N 对 1 账户支付的做法变得相当容易，可以实现。

这跟当时东莞务工人员离开所带走的资金不一样，因为当时只允许带走养老缴费个人账户部分，而大头还是公司上交的统筹部分。其实两部分都应该通过历史还原的计算方法放入个人账户，但可以不搞携带性。携带性操作上问题很多，很容易出现信息不对称而使职工个人吃亏。

此外，将来预筹积累养老金究竟是一家经营，负责保值增值，还是若干家经营，使其保值增值和透明度有一定的竞争压力。如果是几家保值增值，这些机构之间存在竞争和改进的关系，有的机构会做得好，有的机构会做得差。如果仅有一家经营，做得很差或者有腐败等问题，基本上不会暴露，也没有人能检验。比如，回报率低，它说这已经做得很好了，你拿它没有办法。如果存在几家经营，则需要解决未来对具体个人退休金的多头支付问题，则可采用未来 N 对 1 账户支付的做法，去解决劳动力流动所带来的问题。

九是实现养老金的高透明度。为了使养老金体系更加有效，特别是缴费的激励机制更加有效，需要实现全面的透明化。每个人都能够清清楚楚且方便地通过网络查询养老金个人账户，如果在几个地方工作过，也可以清楚查到在几个地方养老金账户的余额，以及经营回报的情况。也可以给参保职工选择权，选择委托哪家机构负责养老金资金经营，而且回报随时能够看得见。大家都知道，科技发展以后，这种回报可以看到在小数点后几位数跳动，即看到增值的情况。不像以前，获取这些信息成本比较高。当然，养老金是长期的，并不需要非常及时地看到投资回报情况。

　　十是建立合理的预筹养老金经营体制。要建立合理的养老金经营体制，需要和资本市场发展进行很好的配合。尽管资本市场存在波动，特别是新兴市场，泡沫破灭的时候会给大家带来很大的疑问，即预筹积累的养老金在资本市场投资到底合不合算，但从更长的历史阶段来看，保值增值很大的可能性还是要依靠资本市场。一方面，养老金投资对资本市场发展有很大好处；另一方面，养老金投资有几十年的跨度，确实从长期看，这个回报对养老金体系可持续性是很重要的。如果没有这个回报，养老金缴费率需要明显提高。根据不同的假设情景，投资回报对养老金体系的支撑作用是可以算出来的，但也存在风险，需要设计风险共担机制。因此，用好资本市场，设计好中间一些制度安排，对养老金改革是一件非常重要的事，对中国整个国家保持繁荣强盛也是很重大的一件事。另外，资本市场提供了一些工具，这些工具有助于在还原计算 NDC 的基础上，利用资本市场工具用现在的国有资本对个人账户进行填充和回补。

直面医疗、养老改革中的
资金平衡与可持续问题[①]

在"金融促进高质量发展"这一主题下，我以国内的医疗改革为切入点谈几点看法。一是因为疫情防控是当前的热点，且医疗改革本身也是金融促进高质量发展的重要内容之一；二是因为党中央、国务院十分重视医疗改革问题，要求研究和发挥金融业特别是保险业在推进医保改革中的作用；三是无论是对医疗保险，还是更广泛意义上的社会保障问题而言，资金问题都是重点，包括如何筹集资金、管理资金、用好资金等，保险业在其中的作用不容忽视。因此，医保和社保改革与诸多经济、金融问题密切相关，在高质量发展、可持续发展的讨论中非常重要。

一、医保改革需统筹公平、创新与可持续性

近些年我国医疗改革取得了很多成绩：已经建立起了以基本医疗保障为主体、其他多种形式补充医疗保险和商业健康保险为补充、覆盖城乡居民的多层次、"四梁八柱"式的医疗保障体系；还成立了国家医疗保障局，并不断推进医保立法工作。在此次应

---

① 源自周小川 2022 年 4 月 10 日在金融四十人年会暨"金融促进高质量发展：改革和展望"闭门研讨会上的讲话。

对新冠肺炎疫情的过程中，我国的医疗体系也作出了重要贡献，取得了突出成绩。但整体上看，医疗改革仍存在一些难点和问题。

一是在经济金融视角下，需关注疫情带来的经济核算问题。在中国的 GDP 核算体系中，医疗的占比只有 5% ~ 6%，而在美国，其医疗业在 GDP 中占比达到 17%。医疗行业核算办法上的差异还会进一步带来价格、公共产品、财政、保险业等领域的核算问题。

二是关于金融业服务医疗改革的主目标问题。中央十分重视金融如何服务医疗改革的研究，但主要关注金融如何服务医疗支付，特别是跨省支付。实际上，除了体制机制的基础保障之外，支付作为一种技术性支持，相对比较简单，并不是主要问题和难点。更为重要的问题是，金融如何能帮助医疗事业筹集钱、管好钱、用好钱，怎样确保资金平衡、建立何种激励机制、如何防范道德风险和逆向选择。金融业在这些方面可发挥的作用更大。

三是关于"打补丁"式医保改革引发的不平等问题。现行医疗体制虽然取得很多进展，但仍是一个通过不断"打补丁"形成的体系。"打补丁"式的医保改革主要基于历史状况逐渐形成，带来了不同人群、地区、产品间的差别，由此引发的平等问题值得关注。例如，过去以地区为单位推进医疗改革，各地补贴形式不同，居民享受到的医疗保障就会存在差异。在"拆除补丁"的过程中，也有很多政策问题需要理顺。从人群角度看，医疗保障可考虑只分为职工和居民两个层次，否则不便于处理。从产品角度看，医疗保障体系如何覆盖不同产品？不同层次医疗保障的支付顺序如何？虽然政策明确要允许跨区医保支付，但究竟如何操作，尤其在存在地区补贴差异的情况下如何实现？这些问题都需要加以解决。

目前我国多层次的医疗保障体系主要包括两个维度的多层次。一是按照基本医疗保险、补充医疗保险、商业型补充保险、慈善医疗救助以及预防、健身、护理等层次进行的划分。二是按照不同收入阶层进行划分，不同收入阶层人群对投保产品的需求不同，保障水平也存在差异，由此也推出"不吃大锅饭"的理念。

20世纪80年代新加坡为强调激励机制，强调"种瓜得瓜、种豆得豆"，按照缴费差别设计了医保的区别待遇。比如公立医院作为基本医疗的保障机构，专门要求其不能安装空调，只能安装风扇。这样做的目的有三点：一是拉开层次，避免"吃大锅饭"；二是维持财力平衡，否则一味追求一致、平等待遇将给医保财力平衡带来很大压力；三是鼓励创新。医疗体系的科技含量很高，新型的医药、设备、检测、诊疗手段等研发工作都需要投入大量经费，但创新产品数量会很少，成本很高，因此只有少数人能负担得起。从这一角度看，不分层次、"大锅饭"式的医疗保障体系将不利于处理其与科研创新之间的关系。虽然也有观点认为创新不应该由医疗体系负责，但这种说法恐怕不妥，医疗体系需要建立激励机制来鼓励创新。

四是医疗保障的可持续性问题。当前我国医疗保障体系主要覆盖两类人群：城镇职工和城乡居民。城镇职工层面，政策要求个人负担2%，单位负担比例则存在较大的地区差别。城乡居民医保享受地方政府补贴，但地方政府补贴的力度和覆盖范围（包括病种、药品、治疗方法等）差别较大。上述差别会带来一些衍生问题，比如医保要不要搞成强制性的？再比如，现行医保缴费基础和补贴力度的差异，使医保基金在有些地区有盈余，有些地区则有亏空。一方面，盈余医保基金存在是否要进行投资的问题。实际上，全国各类医疗保障基金累计盈余金额约3万亿元，其中 1 万亿元还在个人账户中，因而资金的盈余程度并不高。另一方面，有的地方医保基金现在已出现亏空，而且亏空规模不断加大，如果达到政策调剂无法弥平的程度，最后必然会走向医保的全国统筹。全国统筹这事说着容易，听上去也挺好，但具体做起来绝对不会简单，会带来诸多新问题、新挑战。此外，随着医疗保障水平不断提升，医保资金投入也在不断加大，这可能会影响到企业的竞争力。现行制度下，我国企业不仅需要交税，还要承担 16% 的职工养老现收现付开支，再加上医保支出，企业的负担很重，其竞争力将受到较大影响。

从国际比较来看，中国在医疗改革问题上始终是"说事说得多，说钱说得少"。回顾一下美国的奥巴马医改，当时有媒体将其解读为十条措施，而当中有九条都与"钱"密切相关，包括怎么筹集钱、怎么用钱、怎么防范花钱上的道德风险等。反观国内，"钱"的问题虽然也受重视，但重视程度仍远远不足。资金问题涉及财务平衡、补贴机制、激励机制等，也包括资金筹集是否应该强制、退休以后是否应继续交医保等许多具体问题，处理不好，将会给地方政府的财政平衡带来诸多挑战。

五是关于地方政府的财政平衡问题。目前很多问题都在威胁着地方政府的财政平衡，包括地方政府债务、融资平台和城投公司，以及各种要求地方政府救助兜底的风险事件（包括 P2P 网贷）等；地方的养老金负担也很重，目前出现养老基金亏空增加乃至"穿底"的省份正在不断增多。各类因素叠加，地方财政的健康运转能否得到保障成为十分重要的议题，其中医改方案对地方财力状况的影响也很大。

此外，医保与保险业密切相关，但保险业也是建立在地方政府提供的相关基础之上的。比如保险产品从设计到落地，都需要比较明确的规则，包括地方政府的支出规模、医保覆盖范围和方式等。如果这个基础不牢靠、不明确，医疗保险业的发展也会面临困难。

二、养老改革与医保改革均应直面资金平衡问题

从上面可以看出，医疗保障和养老保障往往叠加在一起，对财政金融提出了很大挑战。那么这二者所带来的挑战又有什么异同点呢？

一方面，医疗保障与养老保障存在差异。从财务平衡规律上看，医保应只涉及当期平衡，类似于现收现付制，不需要预筹积累，也不需要考虑平衡有余。如果当期存在资金盈余，可以通过提高保障水平或报销比例等方式全部支出。医保的财务平衡，可通过大数定律精算找到其平衡点。而养老保障要应对人口老龄化的未来开支，需要考虑跨期平衡，存在预筹积累的问题。如果完全依靠现收现付，就可能需要提高缴费率或延长退休年龄。老实说，中国在提高费率方面已走得很远，长期以来企业和个人共需负担28%（20% + 8%）的养老保险缴费率，这在全球都是很少见的缴费率。由于体会到这一高费率对企业的竞争力影响非常大，因此2019年将养老金比例下调到24%（16% + 8%），但这势必又会导致养老金资金进一步失衡。如何平衡好和解决好这一问题，目前尚未明确。

此外，近些年研究发现，医疗支出很大程度上发生在人生的老龄阶段，特别是后老龄阶段，这一阶段养老和医保产品开始出现混合交叉，医保会涉及养老包括老龄病等问题，养老则更需要医疗的保障。尽管如此，医疗和养老是两个概念，还是区分开比较好，二者的交叉部分，完全可以通过少量的混合型产品加以解决，而不应该提倡在医保体系中也去做预筹积累等，去搞资金管

理、理财和保值增值等，否则会进一步加大医保体系的管理难度。至于医保体系如何改革、如何可持续，大家可作为一个题目继续予以研究。

另一方面，医疗保障与养老保障也有相似之处。

一是医疗保障与养老保障都是关于筹钱、管钱、用钱的问题。30人小组（Group of Thirty）2019年曾发布报告，正式提出"全球养老金危机"，认为现在全球正处于养老金危机的过程当中，许多国家，特别是面临着人口老龄化的国家，未来都将出现养老金缺口。即使是早在20世纪70年代就开启401K计划并已有相当预筹积累的美国，仍被认为是存在"养老金危机"的国家之一。报告明确提出要"诚恳认识到养老金危机"（honest recognition of pension crisis），并提出了终身财务安全概念，强调应该从全生命周期来衡量和平衡人的养老保障问题。中国需要在这方面也做到心中有数。

二是养老金与医保体系一样，都存在不断"打补丁"的问题，制度基础比较混乱。各种"补丁"打多了摞在一起后，被很多人认为这也不科学、那也不科学，因而就面临着"补丁"是否需要"重补"的问题。比如，养老金在不同身份的人群之间有较大差别，过去曾按照所有制来区分，比如全民所有制、集体所有制、大集体、小集体的待遇都不一样；还存在地区以及城乡的差异。对此，是否应该拉平养老待遇？养老保障是否要"吃大锅饭"？国家能否负担"大锅饭"？这些问题都有待讨论。

过去一直主张，由地方政府负责本地区养老金的收支平衡问题，后来这种说法慢慢站不住脚。最早在黑龙江出现了年度亏损（即本年度收集的养老金无法覆盖年度支出）和"穿底"（指在人口结构较为年轻化时积累的养老基金已被全部花完）现象，为避免影响社会稳定，开始时允许黑龙江向中央借钱，意思是借了以后还得还。此后问题省份逐渐增加，从 3 个省份逐步扩大到 6 个省份，并还在进一步扩大。在此背景下，开始出现养老金全国统筹，统筹的主要是基本养老金。问题在于：基本养老金的保障水平比较低，如果保障水平过低，民众就会质疑养老金统筹体系不够管用，还得主要依靠其他储蓄积累来养老。

实际上，如果倒推五年，基本上不提全国统筹。现在提出全国统筹，地方政府会不会存在依赖思想？会不会引发道德风险和逆向选择问题？这些也是需要考虑清楚的。也就是说，过去按照权责利一致原则设计的分省份管理的社保体制不论是否合理，特别是在市场经济的统一大市场背景下是否合理，它涉及财政"分灶吃饭"的严肃性问题。现在进行了调整，开始实行全国统筹，这将引发地方政府的博弈行为。我们在实践中也听到，资金富余地区倾向于降低养老和医疗的缴费比例，或者提高本地的保障水平，毕竟这能得到百姓拥护；资金亏空地区既然自身无法实现平衡，自然伸手向中央要钱。与此同时，地方资金虽有分项管理机制，但也并非完全隔断。打个比方说，如果地方政府还要进行风险救助和处置（比如 P2P、非法集资等）并需要承担责任，那就可能先顾着去弥补这些风险窟窿，进而导致养老金缺口更无力弥补，最后向中央政府求助，造成多种问题混杂在一起的局面。

延长退休年龄对保持养老金体系的可持续性会起到一定作用，但也需要精密计算。从收集资金的角度，这和退休后是否应继续交医保的问题也有相关联之处。与此同时，延长退休年龄还必须要有激励机制。如果 60 岁、65 岁退休的退休金都相同，那大家肯定倾向于提早退休。因此必须设计好激励机制。

三是养老和医疗改革都必须关注转轨经济的特点。这两大改革除了要与西方制度进行比较借鉴以外，可能要更加注意与转轨经济之间的比较。转轨经济有一个特点，就是业务主管部门与财政金融部门之间存在一定距离，这个距离使得主管部门只管向财政金融部门"伸手要钱"而不管"钱"的出处。这是计划经济的传统。在过去计划经济体制下，国家计委负责制定"大本子"，进行总体规划等，然后按业务分派给各主管部门，财政金融则负责提供资金。至于资金是否平衡，在国家计委眼里，并不是它主要考虑的。即使资金不能平衡，对国家计委来说关系也不大，因为在计划经济的价格管制下，国内不会出现通货膨胀，只会出现商品匮乏和排队，也就是所谓的"短缺"现象。这样一来就形成了一个习惯，主管部门只管根据项目情况提出资金需求和支持，至于资金怎么来，那是财政和金融部门的事。这事实上完全不符合市场经济的思维。中国虽然已经脱离计划经济很多年了，但在制度上仍然存在一定混合。筹集资金有利可图时，业务主管部门往往主动伸手参与，比如医疗部门提出要搞医保基金、医保卡；住建部门提出要搞住房公积金；等等。而一旦这些基金入不敷出、资金无法平衡时，主管部门就常常往回缩，表示筹钱不是本部门的职责，是财政金融的事情，或者干脆提出需要国家来解决。这种问题都需要更加综合化改革的解决方案。

四是养老保障与医疗保障相似，都面临地方政府博弈的难题。正如前面提到的，如果要全国统筹，对资金输出省份来说，与其输出资金，不如提高本地的保障水平，这样更容易得到群众认可。而且虽然政策上提出养老金具有可携带性，允许外地务工人员带走其务工时缴纳的养老金，但在信息不对称的情况下，地方政府总有办法阻碍或者阻止务工人员带走其养老金。对此，金融业提出"N对1"的养老金支付解决方案。

未来地方政府将会面临财政平衡的挑战，因此，养老体系的转型和调整过程中必然存在激烈博弈。比如能否真正转型到基本养老全国统筹？统筹程度需要多大？基本养老覆盖到什么水平？

在全国统筹后地方还需负担多大比例的养老金支出？届时地方养老金的平衡情况及其自我平衡的责任如何，覆盖情况如何？如何处理覆盖上的地区差异？这些问题都需要进一步加以研究。

三、养老金改革要解决好可持续问题，不能随意"更换赛道"

"更换赛道"是新科技公司常用的概念，借用在养老金改革问题上，是指不直面资金平衡的问题，而是通过谈其他方面的优点，模糊或者改变了养老金改革主要目标的衡量。最近谈得比较多的，一是说中国的养老金体系是全世界覆盖人口最多的。二是认为养老金具有非常好的收入再分配功能，即把收入再分配当成了养老金改革的衡量指标。事实上，这些指标都并不是养老金问题上最关键的指标，不属于"主赛道"。一方面，中国是世界上人口最多的国家，覆盖人口数当然应最多；另一方面，进行收入再分配的主力政策并不是养老金，而是包括个人所得税、资本收益税在内的税收调节，以及低保举措等。把养老金当作收入再分配的"主赛道"和指标，是政策体系上的扭曲。

在养老金领域，老龄化国家最关心的问题就是资金平衡问题，即是否存在资金平衡上的长期危机。所以，养老金改革必须明确"主赛道"，也就是解决好可持续性问题，否则早晚要出风险。如果过分强调辅助赛道，就如同参加冬奥会速滑比赛时，速度落后了，不主动加速追赶，而是强调参赛服装最漂亮、速滑姿势最优美，必然得不偿失。因此，必须从资金平衡上着手，解决好医保和养老保障的可持续性问题，这也是全球特别关注的问题。

总的来说，在支持社会保障改革方面，财政金融体系应牢记习近平总书记的嘱托——"不忘初心"，有所作为。20世纪80年代末、90年代初开始研究社保改革时，我们就发现在从计划经济向市场经济转型过程中，我国面临两大矛盾：一是资金供求难以平衡，市场经济条件下的资金平衡同计划经济下的是完全不一样的，资金问题始终是最大难题。80年代初宋健等学者所做的人口模型就预测，中国将面临世界最突出的人口老龄化问题，情况将与日本相似，因此资金平衡问题一直棘手。二是"吃大锅饭"的问题。早期关注的焦点在于改革如何摆脱"吃大锅饭"，现在换一种提法是如何通过市场化解决激励机制的问题。这两大矛盾仍是当前及以后推进社保改革应该予以解决的"初心"问题。具体而言，建议金融财政界围绕以下课题，加强研究：

一是解决好财力的三部门平衡问题，特别是政府财力与企业竞争力的平衡。不能说医疗、养老保障有缺口了，就一味设法让企业和职工多缴纳一些；多缴到一定程度，必然对企业竞争力产生负面影响。这必然是不可持续的。

二是正视我国计划经济时代的遗留问题。我们是从计划经济转轨过来的，必然存在计划经济时代的遗留，如部门间的权责关系、想问题办事情的出发点差异等，需要学术界从更高层面加以综合研究和解决，否则无论是金融产品设计还是体制机制设计，都将面临诸多困难。

三是处理好新环境下中央和地方财政之间的关系。央地财政关系在20世纪90年代曾进行过改革理顺，但现在情况又发生了很多变化，出现了多次"换轨"，比如养老保障就从分省份负责开始转向基本养老保障全国统筹。在这些"换轨"过程中，到底存在哪些风险？是否会带来道德风险和逆向选择问题？这些都是需要认真研究的。

四是要在总体上研究中国能否在医养领域实现人群、地区的无差别覆盖。做到这一点，可能需要一个发展过程，而且该过程可能还不是很短，还涉及逆向选择及可持续问题，因此需要研究。

五是要做好地方财政及债务的研究。当前金融稳定涉及诸多问题，很多风险亟待处置，很多机构需要进行救助、兜底，有一些要破产清算，在这个过程中可能都需要地方政府财力上的支出。在此背景下，央地关系怎么定义？责任怎么区分、界定？要继续坚持权责利一致的原则，避免出现道德风险和逆向选择。

三支柱的定义与现状评议①

从养老金体制的基本框架来说，通常有三支柱和五支柱的说法。三支柱是 OECD 提出来的概念，结构比较清晰；五支柱是世界银行（以下简称世行）后来提出来的框架，有其参考价值，但普及程度不够。图 1 展示了 OECD 和世行关于三支柱和五支柱定义的区别。

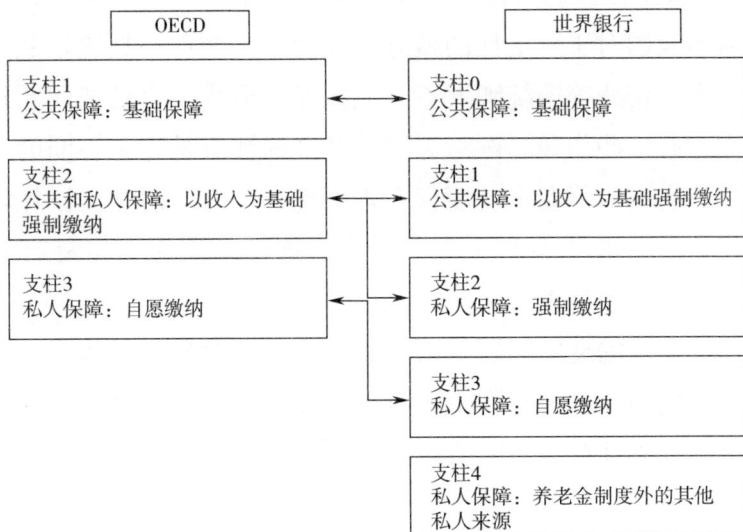

图 1　三支柱和五支柱

（资料来源：编者整理）

---

①　参见《养老金改革的分析框架与路径选择——周小川有关论述汇编》（吴素萍、曹滔，中国金融出版社，2020 年 10 月）。

从 OECD 三支柱来看，第一支柱主要强调由公共部门保障基本养老资金（一般是受益基准制模式），是政府强制实施的公共养老金计划，资金来源可以是财政，也可以是别的渠道。

第二支柱是强制性、与收入挂钩的养老金计划（供款基准制模式），究竟能提供多少养老金取决于这些缴费和供款的投资收益。投资的管理者既可以是公共部门，也可以是私人部门。

第三支柱则是在制度规定以外的自愿性供款，一般由私人机构进行管理。

世行的五支柱结构中，支柱 0 相当于 OECD 支柱 1，世行的支柱 1 和支柱 2 相当于把 OECD 的支柱 2 分拆为公共和私人两部分，世行的支柱 3 和 OECD 的支柱 3 是一样的，此外世行加了支柱 4，也就是在养老金体系以外的收入来源。

目前我国对于三支柱的概念存在两个问题：一是比较乱，把包括失业、伤残等统统纳入了"大社保"概念，容易把问题复杂化，因为有一些伤残、医疗等与养老金的性质是完全不同的。二是现在社会上对养老金制度仅在表面理解，即所谓三支柱是政府的养老金、企业年金和个人养老金。这导致概念上容易有所混淆，同时也不容易进行国际比较。

当前我国的突出问题是第二支柱定义有偏且过于薄弱。企业按工薪比例的供款未与职工预筹养老金挂钩而纳入第二支柱，已界定的第二支柱存在空账的问题。

假如第一支柱和第二支柱无法提供足够的养老保障，在建立的过程中又存在困难，就有可能对第三支柱寄予比较大的期望。这里有两组问题需要厘清和明确。

第一，需要厘清第三支柱与其他概念之间的模糊地带。例如，第三支柱和一般的储蓄存款或个人理财究竟有何区别？应该说有两个方面的区别：一方面，第三支柱需要确保是长期的计划，目的是在退休后使用，也就是这个产品的设计需要保证是长期的，除个别情况外，只能在退休后提取使用；另一方面，政府会给予第三支柱一定的鼓励，也就是有政策支持，比如税收优惠、提供一些可靠的投资产品、提供一些减少风险的帮助，以及个别补偿性的措施，等等。因此，第三支柱与一般储蓄是有区别的。

这些概念不弄清的话就容易导致混乱，尤其是在我国的居民储蓄率偏高的情况下，不能把一般储蓄也算入第三支柱。

第二，不能因为第三支柱有可能在养老保障方面发挥作用，就放弃完善第一支柱和第二支柱，导致最终无法提供完善的保障。第一支柱和第二支柱要有足够资金作为基础。一方面，政府税收中有一部分是用于提供养老保障的，另一方面通过各种供缴费制度已经缴纳了养老资金。若由于制度问题，这两个支柱发挥的功效不够，继而需要大量的第三支柱作支持的话，就很容易造成2000年以后大约20年时间里都普遍面临的问题——家庭消费不够高。家庭消费不足其中一个很大的原因是所谓预防性储蓄，这会导致国际贸易顺差偏高，本币低估，外汇储备上升，实际上对宏观平衡也会带来不利影响。这里应特别明确第一支柱和第二支柱应该发挥的作用。

就现在的公共政策而言，包括财政政策等提供的鼓励和支持性措施大多是为了完善第二支柱，并没给予第三支柱太多的鼓励，那么未来这些资金可能会表现为一般个人和家庭储蓄，而非第三支柱。

总之，在这些问题中，首先，要把支柱的分类真正搞清，在此基础上同步发展第三支柱才具有合理性。其次，不能由于可能发展第三支柱，就放弃完善第一支柱和第二支柱。这会造成宏观上和制度上的多方面问题。最后，要区别第三支柱和一般储蓄，否则也会出现一些问题。

在以上概念厘清的情况下，发展第三支柱当然很好，银行机构管理第三支柱显然也是可行的，因为若干年前银行在管理企业年金方面就已经作出了很多尝试，比如建设银行代客年金管理的做法。

在改革的措施上，可以考虑用税收的方式支持第三支柱的发展，同时高比例划转国有企业资本充实第二支柱，等等。

养老金缺口与中央—地方关系[①]

养老金支出，本质是一项政府负债。当前我国老龄化人口数量大、增速快，劳动力逐渐减少，对社保体系资金作贡献的人数正在快速减少，我国城镇职工基本养老保险基金收支形势较为严峻，对财政补贴的依赖性较高，未来对财政补贴的需求可能不断增加。与此同时，一些财力不足的地方在养老金出现亏空后不断呼吁全国统筹。事实上，养老金改革接近 30 年，中国的养老金从来没有真正全国统筹过，这里有路径依赖问题，对于如何建立最佳模式，还需要更深入的观察、计算和分析。

一、人口老龄化推升我国养老保险制度赡养率

一是老龄人口绝对数量庞大。2021 年末，我国 65 岁及以上人口超过 2 亿，高于日美德法英五大主要经济体之和（日本 3640 万，美国 5479.6 万，德国 1805.3 万，英国 1253.8 万，法国 1398.6 万，老龄化率分别为 28.4%、16.6%、21.7%、18.7% 及 20.8%）。与此对应，我国劳动年龄人口数量自 2013 年达到峰值后持续下降，2021 年 16～64 岁劳动年龄人口为 9.49 亿人，较 2013 年减少 0.6 亿人。

[①] 参见《养老金改革的分析框架与路径选择——周小川有关论述汇编》（吴素萍、曹滔，中国金融出版社，2020 年 10 月）。

二是老龄人口比例上升速度加快。当前我国离退休人员快速增长，2020 年全国离退休人员参加养老保险人数达 12762 万人，较 2010 年增加 6457 万人，年均增长 7.3%。2020 年由城镇职工基本养老保险情况算得制度赡养率（即退休职工与参保职工人数之比）为 38.8%，参保职工负担较大。此外，1963—1972 年出生的人口（每年出生超过 2500 万人，1962 出生 2491 万人）将陆续在 2023—2033 年退休，未来十年的老龄化速度将继续加快。

二、剔除财政补贴后的养老金收支缺口持续扩大

我国养老保险基金收入的主要来源为保险费收入及财政补贴收入。养老保险财政补贴占财政收入的比重，被称为养老保险财政依存度，是衡量养老保险财政负担的重要指标。

表1　　　　　城镇职工基本养老保险收入中财政补贴情况

单位：亿元、%

年份	财政补贴收入	城镇职工基本养老保险收入	财政补贴占比
2010	13420	1954	14.56
2011	16895	2272	13.45
2012	20001	2648	13.24
2013	22680	3019	13.31
2014	25310	3548	14.02
2015	29341	4716	16.07
2016	35058	6511	18.57
2017	43310	8004	18.48
2018	50984	9380	18.40
2019	52631	10319	19.61
2020	44633	11720	26.26

数据来源：财政部、人社部。

我国基本养老保险财政依存度较高。自 2010 年起，城镇职工基本养老基金收入中财政补贴占比一直在 13% 以上，并呈上升趋势（见表 1）。2020 年财政补贴养老保险基金 14854 亿元，占全国养老保险基金预算收入、全国养老保险基金预算支出、一般公共预算支出比重分别为 30%、27.2% 和 6%。其中，2020 年财政对城镇职工基本养老保险基金的补贴已达 11720 亿元，约占全国城镇职工基本养老保险基金收入的 26.3%。

剔除财政补贴后，养老基金连年入不敷出。2020 年企业职工、城乡居民和机关事业单位养老金除财政补贴后的当年实际盈余分别为 -13266 亿元、-1581 亿元和 -4870 亿元。基本养老保险当年实际盈余从 2015 年的 -1731 亿元到 2020 年的 -19717 亿元，持续为负值。

养老保险财政补贴在国家财政总支出中占比太大，容易给财政带来较大压力。基本养老保险（城镇职工与城乡居民基本养老保险）财政补贴收入占一般公共预算支出比例逐年上升（见表2），自 2013 年的 3.2% 上升至 2020 年的 6.0%。

表 2　　　　我国养老保险财政补贴占一般公共预算支出比例

单位:%

年份	补贴/一般公共预算支出
2013	3.2
2014	3.4
2015	3.9
2016	4.6
2017	5.2
2018	5.5
2019	5.5
2020	6.0

数据来源：财政部、人社部。

三、养老金统筹的层级安排

从 1993 年最开始提统筹账户与个人账户相结合，到现在已经近 30 年了。中央政府知道"吃大锅饭"会有很多问题，始终不愿轻易实施全国统筹，但实际上慢慢地不得不全国统筹。部分地区因产业陈旧、人口结构、年轻劳动力外流等原因出现养老金亏空后，中央政府曾给予非常严厉的批评，通过借钱的方式帮助地方支付养老金，并要求地方政府必须归还。但是再过一段时间发现，借钱给地方政府确实无法解决问题，所以中央政府需推行全国统筹。而这个全国统筹，也是出于无奈的应对办法。

当初建立现收现付养老金体制的时候，我国情况就与苏联和东欧国家不太一样。当时的国力非常弱，财政也很弱，农村人口非常多，人口相对比较固定，实行户籍制。在这种情况下，我们的养老金从来没有真正高度统筹过。

养老金体制开始改革后，很多人把其理解成省级统筹，但实际上有很多省份并没有做到省内统筹。比如在广东，珠三角、东莞那么多外来劳工，缴费当然就多，粤北粤西就会比较困难，在这种情况下如果做到省内统筹，会存在很多平调方面的困难和道德风险，省内曾认为全省统筹并不现实。后来有不少省份实现了省级统筹，但中国并没有推行全国统筹，前几年黑龙江社保出现支大于收，处理方式实际上是向中央借钱，最后还需自己还。所以说，中国国家特别大，人口特别多，这个国情决定了我们的许多体制特点。

我国的职工基本养老统筹起步时，层次比较低，大多从县级统筹起步，逐步提高到市级统筹和省级统筹。目前，中国的养老金多数是在省一级统筹经营管理，也有一些省份的养老金委托全国社保基金进行投资。随着部分省份的养老金统筹呈现入不敷出，2019 年，国务院正式提出扩大养老金全国统筹，这实际上涉及现行体制的可持续性，以及养老金投资管理机构的市场竞争与经营效率的权衡问题。

养老金转向全国统筹并不容易。一是要改变原有路径和现行体制，存在道德风险，还需要论证养老金体系的长期可持续性。在中国这样一个大国，地区间发展不平衡，地方政府分"穷地方"和"富地方"，对于养老金有盈余的发达富裕地区来说，没有了"多缴多得"的激励机制，会损伤缴纳养老保险的积极性。而对于欠发达的穷地区而言，如果预期可以将养老金支付责任转嫁给中央政府，会强化对中央财力的依赖心理。

二是国家财力条件是否具备。全国统筹，必然要求养老待遇人人平等。在地区发展不平衡的客观现实条件下，如果往低标准靠拢，则东部发达地区可能不同意；而如果往高标准靠拢，则国家财力负担不起。

三是进一步侵蚀地方财力，加剧地方财政困难。社科院国家资产负债表研究中心的一份数据显示，2017 年中央政府国债加地方政府显性债务占 GDP 的比重不高，仅为 37%，但地方隐性债务还有 45.3 万亿元，占当年 GDP 的 55.2%。如果这部分隐性债务与政府的显性债务加在一起，政府部门总的实际负债率超过90%。若以均等化为假设前提设计养老体系制度，须把社保缴费、所得税等收入全部划归中央，这样地方财政将更加困难，进一步恶化地方债务问题。

因此，省级以下的养老金改革制度安排，未尝不可以让各个省份自主决策，中央对各省份，省份对各市，统筹层级也可以适当多元化。比较而言，让地方更多负责的模式尊重地区经济发展水平差异较大的现实国情，对养老保险缴费及退休待遇领取存在地区差距形成改进和优化的压力，有利于增强养老金体系的改革动力，以维持长期可持续性。

党的十九届四中全会提出，要加快建立基本养老保险全国统筹制度，也首次提出，适当加强中央在养老保险方面的事权。理论上，一定程度的竞争会促进养老金经营管理者提高投资回报，管理好的机构会对管理差的机构形成压力。如果只有一家管理机构，连对照比较都没有，会存在很大问题。但是，机构过多也会引发成本过度上升，从一些国家的情况看，完全依赖私人养老金管理机构，机构数量多，每个人都拥有选择用哪个机构的自由，私人管理机构大量打广告竞争客户，据有关统计，产生的费用接近养老金基金收益的2%，这些消耗也会带来回报率损失。

此外，支付体系的发展也为养老金地方统筹和跨区域转移提供了条件。在我国传统的账户结算体系中，账户管理成本较高，难以建立"多对一"或"N对1"给付体系，导致在地方负责的养老金体系中，流动就业人口的养老金跨区域接续转移成为难题，流动就业人口往往不能满足各地的最低缴费年限，最后只能退保领回相当于个人工资8%的个人账户部分，损伤了这一群体的缴费积极性。当前，我国的支付体系已高度发达，为建立"各省各自负责收费和投资，跨省流动就业分段缴费，向退休地累加发放养老金"的制度提供了基础。如果继续由地方政府更多负责养老金事务，需考虑允许跨区域就业的劳动力分段缴纳社保、分段计算养老金待遇，并降低分区域计算养老金待遇的最低年限要求，以便最大限度保障劳动力在国内统一市场自由流动的权利。

从国际经验看，美国、欧盟等大型经济体多实行财政联邦主义，俄罗斯、巴西、印度也都是联邦制，对我国具有一定的借鉴意义。财政联邦主义与政体无必然关联，其核心是在维护统一大市场的前提下赋予地方政府财政自主权的自我平衡约束，增强地方财政的激励相容机制，充分利用地方政府的信息优势。地方财政基本上实现自我收支平衡，中央政府只进行少量的转移支付，以避免地方依赖心理和道德风险。

养老金体制与资本市场的关系[①]

养老金是一个世界性难题，也是中国经济体制改革中的一项重要议事日程。也正是因为它重要，关于养老金体制及其有关政策的争议历来很多，各有各的观点和立场，所以更需要加强研究，从而为体制的改革、政策设计和论证提供有益的分析和意见。社科院世界社保研究中心每年选择一个主题出版《中国养老金发展研究报告》，这是非常有意义，也是非常重要的一项工作。报告在研究客观规律、提出政策设计与论证等方面，都发挥着非常有益的作用。

今年的《中国养老金发展研究报告》选择的题目是"养老金体制和资本市场"，我个人认为，这个题目不但重要，而且很具有现实的意义。报告对这方面的许多内容已作了很深入的研究和讨论，提供了很重要的意见建议。在此，我也就自己对这个问题的一些认识，同大家做几点交流。

一、养老金体制对资本市场的发展有明显的依存性

随着世界人口的增加和老龄化的发展，要想使养老金体制能够取得满意的结果，必然需要促进经济增长，而经济的增长首先

[①] 源自周小川 2020 年 12 月 19 日在中国社科院社会保障论坛暨《中国养老金发展研究报告 2020》发布会上的发言。

就需要有足够的投资，通过投资及其效率促进经济增长，这样才能跟上人口结构的变化，并为未来创造更多的就业机会，使养老金未来有周旋的空间。此外，通过稳定的长期投资获取回报，也能够明显减少当期预筹养老金的成本。而资本市场是将储蓄转化为投资的最有效方式之一，健康的资本市场能够很好地提升资源配置的效率。

二、资本市场的健康发展非常依靠养老金的参与

养老金是最大的储蓄资金来源，没有养老金的参与，资本市场难以有健康的发展，难以起到充分有效的作用。此外，许多新兴市场国家，包括中国的经验都显示，资本市场要想健康发展，离不开机构投资者的参与。要扭转散户投资比重过大的缺陷，机构投资者的参与和发展至关重要，而养老金管理机构就是最典型的长期、稳定的机构投资者。

此外，资本市场对于经济发展起的重要作用之一，就是促进公司治理的改进，进而提高企业的经营能力和效率。为促进上市公司治理的改进，也必须要依靠机构投资者，特别是依靠有长期目标的投资者，因而对养老金的作用寄予厚望。

三、关于二者关系有不同认识

上述基本关系，这本养老金发展报告都已经充分关注到了。我想说的是，也有不同的观点认为，养老金的发展与资本市场可以不那么相关，这一结论可能是基于如下假定而来：人口结构是一种非常平滑稳定的结构，不存在特别的老龄化，也不存在平均寿命特别的延长。在这种设想情况下，现收现付制未尝不是一个

好的选择。如果养老金制度主要依靠的是现收现付制，就会觉得它与资本市场之间没有什么必然联系。但是，上述假定并不成立。国际经验研究已经清晰地指出，应该考虑采用"三支柱模式"，同时要更多地从受益基准制转向供款基准制，这当中的一个重要原因是财务的可持续性问题。在这里，我想强调另外一个重要原因，就是必须考虑社会激励机制，这不仅是指能够预筹资金、为养老金供款的激励机制，同时它更是对劳动生产率的激励机制，使企业能提供给劳动者激励，以更好地发挥劳动者的积极性，提升生产率和增强经济增长动能的机制。

我们也注意到，有时候提出养老金体制与资本市场关系不大这种观点，实际上是出于部门分工和部门自身职责的考虑，毕竟社会经济系统有很大的复杂性，各个部门都有其自身职责，主管养老金的部门可能并没有特别的义务去考虑支持资本市场的发展，也没有特别的义务去考虑企业的劳动生产率和对企业劳动者的激励机制。当然，最终财政部门必须要考虑养老金系统的财务可持续性，因为这是大家都绕不过去的内容。总体而言，这有可能造成各部门之间对养老金与资本市场的依存性认识不充分、不全面，至少从责任上来讲没能充分强调二者的相互依存性。

四、面临的新挑战

这个命题也存在一定的不确定性。从历史经验和数据来说，养老金参与资本市场能够在财务上获得很大的收益，但在 2008 年国际金融危机及最近新冠肺炎疫情的情况下，主要股票市场的股指有可能脱离经济下滑的基本面而走高，这在很大程度上与量化宽松型的宏观政策相关。就像有些经济学家所指出的，如果资本市场出现比较明显的泡沫，会使未来的股票投资收益率很低；而当前的债券投资收益率也已经很低，因此需要我们调整养老金在资本市场所获投资回报的预期。前一段时间，我参加了 30 人小组（G30）关于终身财务安全（LFS）的讨论，从对 LFS 的贡献度来看，G30 已经把资本市场回报的期望值调低了，原因并不是资本市场和养老金体制之间的相互关系发生了改变，而是在国际金融危机和新冠肺炎疫情的情况下，美国（等）资本市场存在着估值过高的问题。

此外，还有一个问题是全球都存在的民粹主义威胁问题。很多国家的政治领导人是有任期的，因此他们关心当期的业绩，而养老金问题是一个长期和跨代的问题，很大程度上超越了领导人在自己任期范围内所能做的努力。与其对制度作难见成效的调整，不如让财政再多些赤字撑上几年，这有可能加重民粹主义倾向，也就是往往倾向于给选民及时可见的短期利益，而忽视经济增长的长期性和可持续性，忽视对生产力和生产效率的激励机制。特别是在国际金融危机和新冠肺炎疫情的情况下，各国财政赤字都明显增加，公共债务与 GDP 之比显著上升，比如欧盟，财政纪律要求各成员国的财政赤字不得超过 GDP 的 3%，公共债务余额与 GDP 之比不得超过 60%，但是现在各成员国都已经大幅越线了。因此，对政治领导人的挑战就在于，他们在任期范围内很难改变国家赤字状况，更难显著降低债务规模与 GDP 之比。既然难以显著改善，很可能采取的政策就是放任自流、继续推给后任。在这种情况下，也就很难对长期的社会经济问题作出非常果敢有效的决策，而且可能使养老金缺口继续依靠财政开支，在财务可持续性以及投资回报等方面均出现不理想的状况。

总之，研究养老金制度与资本市场的关系，除了研究二者之间存在的正面、相关关系以外，也要关注到当前所面临的新的困难和挑战，进而对养老金与资本市场的相互关系作出全面有效的分析，为体制改革、未来的可持续发展提供意见。

议题六

跨境税收协调与数字税^①

① 源自周小川 2020 年 7 月 16 日的发言："建议就国际税改在 G20 提出中国主张";2021 年 4 月 19 日《财新》杂志专访:"周小川谈如何设计数字税";2021 年 12 月 4 日在国际金融论坛(IFF)第十八届全球年会"全球税收政策:改革和影响"分论坛上的发言:"关于国际性税收协调的几点看法";2021 年 12 月 17 日在博鳌亚洲论坛研究院"数字经济与公平竞争课题国际研讨会"上的发言:"关于数字经济发展的几点看法"。

编者引言

经济全球化推动了经济资源在全球范围内的优化配置，也是可持续发展的重要基础。同时，它也带来一些争议，一是跨境避税，二是对跨境数字化业务如何征税的问题。如果解决不好，会增大去全球化和保护主义倾向。多年来，跨国公司在推动全球化、构建全球价值链分工合作、促成新兴市场方面起到至关重要的作用。当然，它们以公司利益最大化为目标，会通过公司内部价格、成本和收入的操控和转移，达到跨境避税的效果，是上一轮全球化中的通行做法。为此，国际组织和全球政策制定者在国际金融危机背景下作出政策调整和响应，制定了避税天堂（TH）、税基侵蚀和利润转移（BEPS）、银行提供涉税银行账户信息的自动情报交换（Automatic Exchange of Information，AEI）等规则。下一步则是最低公司所得税和数字税的协调。G20 在 2021 年对此作了原则设计，但似不可评价过高，落地也有难度，争论还在继续，需要大量的研究、论证。

数字经济时代催生了新型的跨国数字平台，除了前述跨境避税外，数字平台的产品和服务又带来了数字经济的新特征，如何对其公平征税？关于数字税的政策辩论和政策制定应运而生。

在全球数字税的政策辩论中，哪些税收挑战是由来已久且已得到初步解决的？哪些才是数字经济时代数字平台所特有的新特征，从而构成了税收改革新挑战？前者可以继续沿用过往的税收解决方案，没必要推倒重来；后者才是真正要讨论的数字税议题，需要给出一套新方案。

对数字服务应当征税争议不大，只要有经济活动、有收入，就应该征税。传统经济的做法，即按照会计准则，通过销售体现供求关系，确定销售价格，通过投入产出和成本核算，计算出增加价值并对要素给予报酬，然后再对要素征税。然而，对于互联网平台，这种模式呈现出不适应。

在互联网平台新模式下，跨地理界限的定价规则不再反映公平竞争、供求均衡和公允价值，确定增加值（value added）变得更加困难，也缺失价值创造地点的重要信息。根据现有税收制度，对数字经济的公司所得税征收并不难，但对税收收入如何归属，当前的全球财政和税收体系不提供制度解决方案。

数字税的要点在于，体现出价值产生的供方和需方所在地，按价值产生地来决定税收归属。数字税的注意力主要瞄向间接税还是直接税？在目前暂无措施限制数字服务市场中的补贴与倾销的情况下，间接税不太容易发挥作用，瞄向净收入和所得税应是比较可行的办法，也有可行的计量。科技巨头和互联网平台公司的毛收入和投入品成本清晰，包括广告、获客、数据转让的收入；其各地雇用人员在当地缴个人所得税，资本费用的计量也有规则。当然，这类公司的利润可能并不多，存在大量"烧钱"、补贴、收购的情况，公司利润税的量与公司地位不相匹配，也存在市值过高的问题。

所得税归属及是否分享，是现在争议的焦点。在所得归属难以准确测算的情况下，为避免摩擦和混乱，以及出现错征、重复征税等问题，可参考分税制和大国财政的思路，考虑将数字税设计成一种全球性中央税，暂指定一家国际机构先行代管。也可以参照分税制，按照国际业务量的大致比例设计成共享税。

　　即便推出了数字税，新型数字平台经济和其他行业之间的公平竞争问题仍不可能充分解决。还需有商务政策上的一套办法，对"烧钱"、倾销、补贴给出一定的规则。可以参考 WTO 关于反倾销、反补贴的实践，通过政策限制，使竞争秩序回归正常化。这对减少全球性或区域性金融风险也有显著好处。

跨境税收协调

　　随着经济社会的数字化和大型互联网公司的跨国发展，以及各国公共债务水平和财政赤字都大幅提高，各国更加关注经济数字化税收收入和背后的公平性问题，"数字税"开始被热议，成为 G20 要讨论的问题。2021 年 10 月，G20/OECD 拟定的国际税收制度改革方案即"双支柱"方案获得通过，主要包括两项内容：支柱一旨在解决大型跨国公司利润在各国间分配的问题，明确全球营业额超 200 亿欧元且利润率超 10％ 的跨国企业，要拿出剩余利润的 25％ 分配给市场国；"支柱二"则是确保跨国企业至少按最低水平纳税，将最低有效税率定在 15％，适用于营业额超 7.5 亿欧元的企业，使避税变得更加困难。虽然 G20/OECD 推行了这两个支柱，但初衷并不是主要针对数字经济和数字化，至少 15％ 的最低企业所得税主要是针对跨国公司，想防止各类跨国公司跨国避税，以及一些避税地国家借此获得竞争优势，同时也是为了巩固美国等国家的财政收入。当然，征税的目标群体中也包含了数字类公司，但并不主要针对数字类公司。[①]

---

　　① 源自周小川 2021 年 12 月 17 日在博鳌亚洲论坛研究院"数字经济与公平竞争课题国际研讨会"上的发言："关于数字经济发展的几点看法"。

一、直面经济数字化带来的税收挑战和改革

要高度关注 G20 就应对经济数字化税收挑战所进行的讨论。第一，G20 讨论的多数都是国际性的重要议题，也是需要进行国际协调且有一定协调难度的议题。中国当然需要就此进行研究并提出我们自己的看法和建议，把握好在这些国际性议题中的话语权。数字税就是最近的热点议题之一。数字服务有很不同的多种业务，需要征税这个共识是容易达成的，但是税收归谁才是真正的难点。过去都说税收是主权政策，所以各个主权国家好像都有权力自己定，但在全球化条件下，如果一国定得不合适，就容易引发摩擦和冲突。从出路上看，可以靠国际组织及其规则和协调，再就是相互之间有制衡，出了问题相互之间会报复、制裁，还可以把你踢出某个圈子，所以不要单纯地认为，税收是主权政策就可以任意去做。

第二，中国一直大力支持全球化，主张多边主义，主张以规则为基础的国际秩序，支持贸易投资自由化和便利化，反对单边主义和贸易保护主义。而数字税如果处理不好，很容易导致贸易摩擦和保护主义行为。特朗普时期美国搞"美国优先"（American First），这种口号很容易传染，导致很多国际议题难以形成共识和找到出路，对此全球需要引以为戒。为此，中国的角色很重要。

第三，数字税涉及我们如何看待新业务模式、网络化新经济。希望可以借着研究这个题目，梳理一下信息类科技巨头和互联网平台公司到底都提出了哪些新问题、新挑战，需要什么样的政策和协调？首先需要作出区分，某些涉及跨境、避税、税收制度或征管方面的争议并不是数字税特有的争议，而是过去传统税收理论和实践中就存在的争议。讨论的时候最好将这些题目与数字税区分开，以免议题发散和失去重点。数字税最主要的难点是

要应对互联网平台的新模式。

第四，科技巨头和互联网平台公司都有承担纳税和负担政府公共支出的义务，需要尽量用好现有的税制和政策，包括抑制避税的政策，不必把所有问题都推倒重来。在此基础上，也有必要通过附加的制度调整来解决公平竞争和公平分享税收收入等方面的问题，这需要厘清现行体制的形成、运作机制和存在的不足，区别哪些是老问题和伪问题，哪些是新问题和真问题，并据此有针对性地寻找出路。

重视 OECD 在税收政策包括数字税上的研究成果和有关建议。OECD 在税收问题研究上起步较早，研究报告多，当然其他一些国际机构也有这方面的有益研究。比如，国际金融危机以来，OECD 向 G20 首先提出了反避税天堂的议题，随后是税基侵蚀和利润转移（BEPS）规则，再后来又提交了银行应对外国人避税的 AIE 规则（即银行提供涉税银行账户信息的自动情报交换）。现在它在数字税上也提出了有关分析和研究报告。

综合来看，OECD 提出了两个重要的原则：一是税收应该在价值产生地或者价值创造地征收。二是消费的基础是客户，消费者客户基础也是价值发生和增加的一个重要来源。没有客户就没有消费，价值也没法体现，因此消费地（或市场国）应获得税收收入。这两个原则我觉得是对的，但是操作上问题比较多，也不好解决。比如，法国先搞的数字服务税，就有可能导致美国进行贸易和关税报复，导致冲突升级。应该说 OECD 也不太赞成法国的数字服务税，一个原因是这种数字服务税在原理上存在某些问题，税基和税率的确定也缺乏可信的根据。

至于 OECD 对数字税的具体建议，我个人理解并简化描述为三点：一是按 BEPS 思路，主张在市场国设实体，并防止利用内部定价来避税；二是新设一种数字业务税，使市场国收到一部分服务商（即便未设立实体）的利润税；三是抑制各方过低设定公司所得税税率来进行不当竞争，市场国和所在国其中一方如果税率过低，另一方可补征。其中，第一条无大的争议，是广谱的，对互联网业务的针对性不强；第二条在原理、税基、税率上模糊，任意性大，可操作性差；第三条也是广谱的，针对性不强，还可能会使博弈演化，出现新的局面。总之，这些原则均不够理想，属于初级讨论。我们既要参考它的思路，又应该要超越它。

二、发扬多边主义需搭建低限的多边财力①

中国力主全球化、多边主义和规则化全球治理，对国际税收改革和数字税问题应该表现出话语权。这里提供一种思路：跨国业务量大的公司向国际多边机构缴纳公司所得税，以解决多边财力资源和能力的不足，推进多边主义。

第一，国际多边架构需要少量而够用的财力及相应的规制。在国际金融危机中，G20 于 2009 年会和 2012 年分两轮为 IMF 动员了财力资源几千亿美元。目前又出现新一轮需求。

联合国千年发展计划、绿色发展计划、气候变化融资、重债国减贫行动等均缺乏财力，远未达到设想目标。近来某些多边机构也会失去必要的财力。

欧盟，特别是欧元区，出现 2011 年主权债务危机等多次应急，均表明需要有一定的财政功能才能维持和推进一体化。近来德国否决欧央行购债一事是此争议的延续。全球化的发展也必然遇到此问题。

全球金融稳定、资本流动、重债与流动性管控、数字货币和跨国支付系统均要求赋予某一跨国机构以少量的全球性央行职

---

① 源自周小川 2020 年 7 月 16 日在相关座谈会上的发言。

能，它也需要有一种财力基础或财政性授权。

第二，来自中国的启示。世界上的大国都有分级财政体制。中国的跨省区、全国性大公司划定为"央企"，央企所得税缴纳给中央财政。但央企下属运行机构在各省区仍交增值税、销售税，各地员工在当地交个人所得税、社保费。

从全球来看，少量互联网大公司和跨国公司的营收和利润来自全球业务，其公司所得税汇集并用于全球性支出更为合理且有必要。与此同时，这种公司在多个运营地仍交不少的当地税。

中国也有教训和未了议题。不少跨省区的互联网（金融）公司关闭破产，其欠债是全国性的，监管责任也不明确。目前要求地方财力负责赔偿和维稳，虽是无奈之举，但道理不充分。当超越省区财力时，还是会推还给中央（这有点像希腊案例）。

第三，需要有全球的小型财政机构。目前尚无此机构。最接近此职能的是国际货币基金组织（IMF），其虽无税入，但各国按份额供款，重大决策以份额为权重，国际货币与金融委员会（IMFC）按选区、主要由财长出席。承担全球小型财政机构职责虽不是设计中IMF的职能，但因其功能最为接近，可代行跨国财政职能若干年，待全球讨论并建立更正式的机制。

需要有预算支出的制定、审议及审计机制，可先由IMFC、联合国大会代行，并委任国际性审计师。

因暂无税法，一项主要工作是圈定跨国纳税人（公司），按少数几个档次划定跨国纳税人应缴纳的跨国所得税，税率应略体现吸引力。

起步阶段的量较小，可部分替代主要国家的多边供款。

像IMF一样，可以发债或融资（如NAB）。

第四，关于跨国纳税人（公司）。大致想象，像脸书、亚马逊、谷歌、苹果等会成为跨国纳税人，其他国家的互联网公司

（包括阿里、腾讯）如跨国业务比例扩大到一定程度，也有可能纳入。非互联网类，如汇丰、渣打，本土业务比例很低，有可能纳入。还可设计少数几个档次，划定本国纳所得税和跨国纳所得税的比例，类似共享税。

已建议的有几种门槛及其标度，如用户比例、流量比例、资产比例（美方主张按营销性无形资产）、客户数据比例、显著经济存在（印度）等。可考虑多门槛并用：多个门槛均超者必纳入跨国纳税人，超一个（及以上）门槛者可自行选择纳税地（跨国税率有优惠）。亦可像当年国际清算银行（BIS）、金融稳定委员会（FSB）核定系统重要性金融机构（SIFIs）时研究过的计分板或函数法去确定。可设置 2 至 3 个分成比例台阶，按比例分享，均适用于避免双重/多重所得税原则。目前跨国纳税人的会计准则可在 IAS 或 US－GAAP 中选一个，按 G20 要求，两准则正在趋于合一。

第五，利弊权衡。

——还需要不少设计、论证，但表现了力挺全球化和多边主义。

——对特朗普的单边主义、民族主义形成挑战。

——从供款看，当前我国少有跨国业务量大的公司；从支出看，重债国减债压力较大。

——如形成一批新型跨国公司，将是支持全球化、贸易自由化、反对保护主义的重要力量和经济基础。

——隐含着对霸权主义及国际财政金融秩序的挑战。

三、关于对 2021 年国际税改方案的几点评论[①]

今年（2021 年）的 G20 会议虽然重点主要集中于如何解决

---

① 源自周小川 2021 年 12 月 4 日在国际金融论坛（IFF）第十八届全球年会"全球税收政策：改革和影响"分论坛上的发言。

疫情以及推动经济复苏问题，但重要成果之一是在全球税收方面达成了一个协议，取得了一些共识性成果。

第一，G20/OECD 达成的协议是一个良好的开端。从历史角度看，财税问题一般都是各国的国内事务，很少能够在国际上进行深入研究讨论并达成共识。但事实上，随着全球化，特别是数字经济的发展，这个问题必须摆到国际日程上。这是一个重要的成果，也是一个可喜的进展。

国际各方对此次协议的评价也比较高。为协议达成做了许多工作的 OECD 认为，协议是在其 BEPS 行动计划下取得的一项历史性成果，对于构建更加公平的国际税收治理体系具有积极意义。许多发达国家也专门强调，这次协议是 136 个国家和地区达成的具有里程碑式的协议。美国总统拜登认为，这是历史上第一次设定了一个强有力的全球最低税率，最终将为美国工人和纳税人以及世界其他国家创造公平的竞争环境；美国财长耶伦也说，这是 30 年来公司税率逐底竞争的结束，它确保了政府拥有稳定的税收来源。

第二，协议的落实还需要多方面加强研究、讨论和协调。协议的达成只是一个开始，距离其真正能够落实还任重道远，特别是还需要加强很多方面的研究、讨论，以及协调。为什么这么说？首先，税收问题在各国国内都需要经过立法，而走完这一步还有很多事情要做。

其次，所达成的协议中有几条应该说随意性是比较大的，且缺少细节。比如，协议规定，企业利润率超过 10% 就应该和市场国或消费国进行分享，但并没有明确定义，这个 10% 的利润是指什么利润，是否能够严格地进行计算。再比如，协议规定，在与市场国分享税收收入时，最后议定的是拿出 25% 的企业所得税进行分享。但一方面，25% 这个比例是讨价还价得来的，而最开始定的是20%，这么确定的依据是什么？另一方面，虽说定了25%的比例在市场国分享，但市场国有多个，各国间如何分配、怎么计算，也没有明确。

事实上，税收问题是需要基于理论的，理论依据如果不够充分，道理就不容易说清楚，协调起来就会很困难，讨价还价就会很多。所以说，到目前为止大家也不要过于乐观，这才刚起步，需要做很多工作才能真正推进、落实。

第三，不能轻易低估相关方的避税能力。征税和纳税之间是一种博弈，新协议还没有经历过博弈，也没有经过博弈模拟（模拟征缴双方博弈究竟如何对局），所以不能轻易地低估相关方的避税能力。如果仔细观察，你会发现，全球跨国公司、各类平台公司，包括一些避税天堂的政府，都非常聪明，善于设法利用税务制度的各种漏洞或空白地带；全球还有一些专门为避税服务的律师事务所、咨询公司等，也都很有经验。所以，一旦一项政策出台，它们必然紧接着有相应的对策反应。目前来看，这项协议还没有经历这样的一场博弈。

比如，上面提到的企业利润率是否超过10%是怎么计算的？在很多吸引外资的国家，除了直接降低税率外，还可能采取税收返还、在其他方面向企业减让成本等各种各样的方法；在税基方面，也可以有很多不同的处理方法，如根据需要分别采取销售利润率或股本利润率等。

再有，在衡量企业利润以及许多财务指标方面都要依靠会计准则和审计，但目前这方面还缺少统一的国际标准。前些年大家都在说国际会计准则应该收敛，不同准则应该合而为一，但目前还没有做到。至于可信的国际审计，目前也还存在不少问题。因此，可以预见，未来可能还会有类似于猫捉老鼠的很有意思的斗智斗勇博弈，在此过程中还有许多工作要去做。

第四，有必要关注此次国际税收协议的背景。显然，数字经济是此次国际税收协议的背景之一，但更主要的还是因为一些主要发达国家财政收入不足，而支出正在加大。支出加大一方面是国际金融危机使然，另一方面就是此次全球新冠肺炎疫情，导致许多国家，特别是主要发达国家财政捉襟见肘，都急于提高财政收入。虽然多数人口头上都讲公平竞争、税收公平，实际上税收不足、财政赤字问题才是他们考虑的更重要的因素。

国际金融危机期间，主要发达国家的一些系统重要性金融机构出现了危机，但因为"大而不能倒"，国家被迫花费大量财政资金用于救助。当时比较典型的有，美国财政部央求国会批准7600亿美元的问题资产救助计划（TARP）；在苏格兰皇家银行和劳埃德银行两大银行出问题后，英国不得不拿出5000亿英镑救助资金。此外，荷兰、比利时、法国都有一些类似的救助。在这种情况下，G20提出了两个政策调整方向：一方面，设法增加税收收入，2009年重点推出打击避税天堂，随后是BEPS行动计划，还有银行应对外国人避税的AIE规则，这样才能够覆盖克服金融危机的财政资金需要；另一方面，大型金融机构出了问题也不能"吃财政"，必须要想办法自救，需要增强自身资本，于是G20制定了对系统重要性金融机构、系统重要性银行的更高监管要求，后来又推出了总损失吸收能力（TLAC）。总体意思是说，大型金融机构虽然大而不能倒，但也不能出了问题就依赖国家财政，因为财政资源不够用。在此背景下，全球税改就开始向增加财政资源的方向摆动。疫情更是大幅增加了公共支出。因而，我们看到，很多国家特别是发达国家，其公共债务与GDP之比在国际金融危机和疫情暴发以来大幅提高，很多都超过了100%。这种状况类似于2010—2012年欧洲主权债务危机期间的希腊，只不过当前全球货币政策很宽松，债务利息负担较轻，所以情况显得稍好一些。

事实上，如果回顾一下税改历史，就会发现，税率究竟应该高一点还是低一点，税基应该宽一点还是窄一点，其实有点像钟摆，一段时期向左摆，到一定程度后又开始向右摆，然后又再摆回来。20世纪80～90年代的里根—撒切尔时期强调的是小政府、减税和私有化，及与此相对应的全球税收改革，同时强调劳动力市场增加灵活性。当时各国都在降低税率（确实在80年代全球税改之前，有些国家，比如荷兰，个人最高边际所得税税率甚至达到了88%）。到本轮国际金融危机时，财政资金不够用了，税收钟摆就开始往回摆了，强调还是要确保一定的公共收入占GDP的比重。不过，在2016年特朗普当选美国总统以后，他又开始推动大幅减税，并与支持政府高开支的现代货币理论（MMT）相配合，使税收钟摆在往回摆的过程中徘徊了一下。在拜登当选美国总统后，耶伦作为财长，立刻就提出需要巩固财政资源，需要增加税收，这也是为什么耶伦财长对此次G20协议的评价很高，认为它巩固了政府财政的税收来源。

第五，OECD应站位更高一些。OECD在财税问题研究上起步较早，有很多研究成果。目前国际上并没有全球性的财税协调机构，OECD在这方面发挥着某种替代作用，做了很多工作，成效也不错。

前面已提到，国际金融危机刚一发生，OECD就向G20提出了打击避税天堂的提议，并经过G20讨论通过；随后又提出BEPS，包含了多个子项，也形成了一种巩固财政收入、防止逃税避税的新趋势；再后来又提交了AIE规则，主要不是针对跨国公司的，而是指向个人的，也就是一些个人通过把存款或资产放到海外来逃避个人所得税和资本利得税。G20此次协议将最低企业所得税税率定在了15%，对全球所得税税率的逐底竞争作了制约。总体来说，OECD 这些努力有促进公平竞争的效果，对于挽救财政资源显然也会起积极作用。但不可否认的是，它可能产生副作用。市场有反映说，这些做法使全球跨国公司受到了打击。大家知道，跨国公司过去在全球事务中的声音历来很有分量，其支持全球化的声音也相当重要，但在这一系列动作之后，跨国公司的声音变弱了，甚至有些国家可能还走过了头，说要把跨国公司的业务活动拉回到本国，生产和就业都要在本国解决。

我想讨论的是，虽然 OECD 做了很多有益工作，但 OECD 也应该站位更高一点，不仅要考虑财税的问题，考虑发达国家国内预算平衡的问题，考虑它们救助危机和疫情的需要，也应该要考虑财税和其他重要经济大趋势的关系，特别是对全球化的影响。尤其是有可能一些政策推出后，会使全球化和多边主义趋势在某些程度上受到削弱，对这些方面 OECD 也应该给予足够关注。

第六，关于对跨国公司的看法。应该说，跨国公司当一分为二地看，它既有积极的方面，也有出问题的方面。总体而言，跨国公司是全球化的一个重要基石，跨国公司的声音过去也基本都是立足全球化的，如果没有这么多跨国公司，也就不会有今天的全球化。就中国的经验来讲，多年来中央政府和各地方政府都是欢迎大型跨国公司来投资落户的，这在很大程度上也证明它们对中国经济是有益处的。中国政府历来强调利用两种资源、两个市场，强调要使生产的各个环节能够充分体现比较优势，这些都表现出对跨国经营的支持。

通过各种会计手段和利润转移，利用存在的"漏洞"和避税手段来避税，历来是宏微观之间博弈的焦点。跨国公司当然也在税收方面做了很多"文章"，避了不少税，也造成了一些扭曲。存在这种博弈，不能把它都怪罪于跨国公司，也有不少是因为有政策漏洞。有漏洞就应该加以协调改进，把漏洞堵住，像此次

G20 一样，及时地予以纠正。

与此同时，我们也要防止这些针对跨国经营的批评被保护主义情绪、民粹主义情绪放大和利用，从而在作政策讨论时实际上向保护主义、民粹主义倾斜。在这方面中国政府态度非常明确。面对当前的形势，国家主席习近平强调我们坚定坚持多边主义，而且要推动真正的多边主义；支持全球化，反对去全球化。因此，也要支持维护多边主义、全球化的力量。近些年国际上出现了去全球化的主张与倾向，特别是特朗普政府这种倾向尤其明显，因此在这个问题上，我们需要更加关注、支持维护全球化和多边主义的力量。

第七，加强对全球性税收改革的研究。如果简单回顾一下OECD 在税收政策上的主张，会发现它提出的原则确实是合理的：比如在经济活动发生地征税。与此相联系，也就是要尽可能在经济活动发生地设置子公司作为独立的纳税人。当然，OECD 也注意到，在当前数字经济背景下，确实有些不用设立子公司也能在当地开展业务并挣当地的钱。因此 OECD 又提出，市场国也应该分享一部分企业所得税。这种企业所得有若干种来源，其中很重要的部分是来自各种不同形式的广告收入。OECD 这几条都是合理的原则，但是要落实并不容易。对此，我觉得可以试着从以下几个方面着手研究：

一是，增值税可以成为一个很重要的落脚点。世界上多数国家现在都在推行、深化增值税制度（恰恰美国不实行增值税），如在增值税上下功夫，也就是要求经济活动在哪个地方产生增值，就该在哪个地方交增值税。

二是，如果经济活动发生地在增加价值上收不到税的话，就会把注意力过度集中到所得税方面。而所得税方面要想做得好、协调得好，难度很大，也很麻烦。如果想把增值税征好，必须要在会计准则上确保成本真实，同时还要防止通过补贴、变相补贴等价格扭曲手段影响真实成本，产生扰乱税基的现象。这也是保护公平竞争所必需的条件。

三是，要研究广义的广告收入，包括不同种类广告的收益方式及收益来源地等。广告收入是数字经济带来的明显变化，现在大家所指的所得税分享中其实相当一部分是广告收入，还需要作很多研究。

四是，要注意从资本利得税角度研究收入分配问题。当前收入分配不平等日益引起全球关注，存在的有些问题可能需要从资本利得的角度加以解决，特别是一些公司也许并没有多大盈利，甚至还是亏损的。如果依据此次 G20 所达成的税收协议来衡量，不见得能够从这些公司那里征收到企业所得税。但实际上由于公司估值大幅提升，股权变现后所获得资本利得收入及体现出的分配差异是非常显著的。诺贝尔经济学奖获得者、《21 世纪资本论》作者托马斯·皮凯蒂（Thomas Piketty）特别强调要注意从资本利得税角度来研究收入分配问题。当然，此事难度也是很大的。

五是，要注意研究税收在各国之间的分配问题。税收在国家间的分配将来会是"老大难"问题，因为各国都会力争自己的利益，这也是可以理解的。以中国为例作一类比，类似的争税现象实际上也存在于中央和地方之间、地方与地方之间；对于确实难以确定划分给谁合适的税收，中国采取的办法之一就是把它放入中央税，反正中央有很多支出需要，归入中央税各地方也就不用争了。从全球来说，目前没有类似的全球性财政机制，也没有相关机构去研究、建议乃至未来去执行这样的安排，但全球公共性支出的需求是确实存在的，特别是全球疫情、气变等问题出现以后，这种需求更加明显。

总之，无论是从贸易投资，还是从税收收入，以及其他许多方面来说，强调全球的公平竞争都是非常重要的。但也不要想象税收方面已限制逐底竞争了，事情就解决了，更重要的是解决好各个国家、跨国公司、数字平台公司在争抢市场份额、价格竞争手段等方面的公平性，否则就会把责任过度推诿给税收方面。

以上是我对于全球税收问题的几点讨论。G20/OECD 达成的税收协议开了一个好头，尚不可过于乐观，还需要加强研究。

数字税的设计

一、数字经济带来税收新挑战

对数字服务合理征税有利于促进公平竞争。首先，数字服务是应该征税的，对这个问题争议不大，因为数字经济和其他经济活动一样，只要有活动、有收入，就应该征税。公共财政是靠大家支撑的，大家都有义务承担并应体现公平负担。

其次，对数字业务征税，涉及公平竞争问题。相关税收制度如何设计，才能有利于公平竞争，这比较复杂。对经济活动征税，需要有真实的成本、利润核算和可靠的会计。科技巨头有不同的类型，有的是在线电商，有的是搜索引擎，有的是社交网络，此外还有定向广告、数据出售、业务中介等，在纳税方面出现的问题也不太一样。并不是说它们都在避税，应有针对性地找出要点加以讨论。

数字经济的新模式造成了征税新难点。一些互联网平台的新模式，特别是定价模式，与传统经济有很大区别，造成要么收税难，要么税收收入归属难，涉及税收需要关注三种情况。

第一种是扩流量、扩客户，收入主要靠广告，主要难点在于客户是这些广告价值产生的来源，但是客户所在地不易准确确定。有人主张用活跃客户量，但活跃度及在哪方面活跃差异大；

有人主张用点击率，但许多广告无须点击就入目了。过去平面媒体、电视也靠广告，但方式、数量、金额，特别是定向性都与互联网平台不可比。过去跨境做广告的主要渠道是到客户所在的当地媒体上用当地语言做广告，广告费基本交到了市场国。现在互联网平台轻易跨境覆盖，也都是多语言了，广告费基本交不到市场国所在地。

第二种是通过"烧"融资、给补贴，以产品免费或低价来吸引客户，盈利主要靠客户与数据积累的未来价值。过去销售一项服务或产品，是按销售金额（销售价格乘以销售量）来交间接税，现在因为这些销售常常是免费的、含补贴的，或者是低价含补贴的，这样一来这种间接税就收不着了。应该注意到，销售金额不仅是间接税的基础，也是定量获知消费发生地的基础，这种模式也使当前获知价值创造地变得困难。未来要盈利有两条出路：一是靠规模效应，如果能够"赢者通吃"，未来可以提价；二是扩大客户后，通过第三种业务来获利，也可以把客户资源出售给第三方，数据可以变现，包括整个公司都可以出售。先倾销再靠规模效应来盈利并不是全新的模式，过去个别行业（如集成电路）也有此做法，但互联网平台（特别是社交网络和搜索引擎）出现后则大行其道。业务运行中含着补贴（毕竟这些服务是有成本的），包括"烧"投资者的钱。从公平竞争原理上讲，在国际贸易中是极力限制补贴和倾销的，按照 WTO 规则，会采取反补贴（包括直接补贴和交叉补贴）、反倾销措施。国内的公平竞争也是同理的，但数字业务发展以来这种补贴新模式很盛行，会对税收产生很大影响。

第三种是造概念、造声势，未来主要靠资本市场的运作、靠资产升值来挣钱。传统经济中，股权投资者或内部持有人主要靠提高销售净收入使 P/E 上升。公司股权价值或者股价的变动，根据过去的理论，是以 P/E 为基础的，也就是股价和每股收益是大致成比例的。当然，这里指的是预估未来的 P/E。也就是说，E（盈利）上升了，P（股价）也会上升，然后从分红和股价中获益。新模式是P 与 E 脱钩，P 可以靠市场占有率等其他因素，获得收益的环节是市值上升以后出售股权。要想征税的话，只能在这一环节，目前与此相关的税种是资本利得税（capital gains tax），但不完善，从全球来看，成熟度不高，各国做法也很不一样，值得加强研究。

总的来看，这种互联网平台的新模式部分改写了传统经济的征税模式。传统经济按照会计准则，通过销售体现供求关系，确定销售价格，通过投入产出和成本核算，计算出增加价值并对要素给予报酬，然后再对要素征税。在互联网平台新模式下，定价规则不再反映公平竞争、供求均衡和公允价值，也失去了价值创造地点的重要信息，难点就出现了。

数字税真正的难点，我认为有两点：一是互联网平台跨地理界线，出现了新的业务模式、定价方式，想确定附加价值、增加值变得更加困难了，想确定生产方和消费方所处的位置及消费价值量也变得更加困难。比如有一类数字平台主要或大量依靠广告收入，而广告收入不发生在消费所在地。又比如，平台通过免费业务获客，可能在第三种业务或股价中产生间接收入和利润，也不容易按价值创造地来核算。

二是根据现有税收制度，对数字经济还是可以收到公司所得税的，难点是这些税到底归谁。当前的全球财政、税收体系应对上出现困难。

二、全球数字税的设计

现行财务核算与税收体系需要及时修补。毕竟公共财政与税收理论发展了这么多年，对于应对经济中的税收和公平竞争问题，还是打下了大量的基础，与财务核算和会计制度也有密切联系。首先，所有的税收都是建立在真实经济活动及其会计核算基础之上。在传统公司税模式下，一家公司有产品或服务，通过销售获得收入（在销售过程中交增值税），先扣除成本，再支付要素报酬（支付给劳动者和资本），余下的是利润，缴纳利润税（公司所得税）。公司在缴纳利润税后向股东分红，这些分红也会纳入股东的个人收入并交个人所得税。如果有股权升值，套现也应缴纳资本利得税。整个过程都是建立在会计核算的基础之上。应该说，过去的公司税模式基本应付了传统经济中存在的税收和公平竞争的局面。实际上，大部分科技巨头和互联网平台公司都按此渠道正规纳税，各种该交的税其实都在交，但这种传统模式与新业态也存在不合拍、不适应，所以需要修补。此外，人们认为纳税不足或纳税地不公平的现象应分类区别应对，需区别对待社交平台、搜索引擎、在线电商、定向广告、数据出售、业务中介等不同的业务及其财务问题。

数字税设计要关注三方面要点。大家都说数字税的要点是体现出价值产生的供方和需方的所在地，对跨境经济活动，按价值产生地来决定税收应该归谁。即便不跨境，在中国、美国等大国内的地区之间，生产方和需求方虽然都在一个国家内，但由于财政联邦制或者分税制，也会出现类似的问题，也需要解决方案。设计上应想清楚以下几点：

一是数字税的注意力主要瞄向间接税还是直接税？如目前暂无措施限制数字服务市场中的补贴与倾销的情况，间接税不太容易发挥作用；从供方来说，找不出好的税基计量方式；从消费方来讲，欧洲一些地方主张设营业税的初始目的并不是让本地数字消费者承担一些税收，同样也没有可行的计量。因此，瞄向净收入和所得税应该是比较可行的办法，也有可行的计量。科技巨头和互联网平台公司的毛收入和投入品成本还是比较清晰的，其中包括广告、获客、数据转让的收入；其各地雇佣人员要在当地缴个人所得税，资本费用的计量也有规则。从这个角度看，现有的会计规则对收入、成本、利润几方面覆盖得比较好，所得税还是相对比较牢靠的。当然，这类公司的利润可能并不多，存在大量"烧钱"、补贴、收购的情况，公司利润税的量与公司地位不太匹配，但市值估得很高，这是另外的问题。

二是所得税究竟归谁及是否分享，是现在争议的焦点。在所得归属难以准确测算的情况下，为避免摩擦和混乱，以及出现错征、重复征税等问题，可以参考分税制和大国财政的思路，考虑将数字税设计成一种全球性中央税，暂指定一家国际机构先行代管。随着全球化和全球性问题越来越多，全球层面本来就有支出的需要。在资金供应上的主要国家，多数也是大国强国，本来就承担较多国际义务，还有不少国际组织靠大国供款或捐款。如果未来全球公共性支出能部分依靠全球公共性税收，也能减少有关国家财政渠道的捐款和供款，这有助于维护贸易投资的自由化、便利化，也体现了多边主义，体现了多边机构逐步在向前发展并迈上新的台阶。需要有一种共识，将国际业务量大到一定程度的公司定义为全球性公司，其公司所得税脱离其注册所在国。也可以参照分税制，按照国际业务量的大致比例设计成共享税。这种"中央税"当然要建立在国际会计准则以及国际性审计基础之上，针对的还是公司的所得税，不能搞成像关税、产品税、营业税这类税种；从征税对象的行业来说，互联网数字平台公司首当其冲，因为互联网业务跨境最容易，全球性业务最明显；对其他类别的跨国公司，如果跨国业务占的比例很大的话，未来也是可以考虑的。但总体来讲，这类公司的数量目前并不大，还满足不了全球性公共支出需求，解决一部分支出需求是一种起步。

三是即便按全球性中央税的思路推出了数字税，新型数字平台经济和其他行业之间的公平竞争问题仍不可能充分解决。还需要有商务政策上的办法，对"烧钱"、倾销、补贴给出一定的规则。可以参考 WTO 关于反倾销、反补贴的实践，通过一定的政策限制，使竞争秩序回归正常化。这对减少全球性或区域性金融风险也有显著作用。

三、如何确定数字税税种？

针对跨境数字平台设计新的间接税有难度。税收的基本原则，应该是主要针对所得来征，而且应该要扣除正常成本，是对净所得征税。公司所得税、个人所得税以及现在一些国家的资本利得税都是按照净所得来征税的，但所得税作为直接税，比较复杂，避税办法也多，所以间接税选择在生产、销售环节把税给征了，但实际上还是由消费者从个人收入中最终承担，只不过征收环节前移到供应链和销售环节了，因而被称为间接税，税收收入实际上也归属消费者个人所在地。

过去的跨境业务在涉税问题上，因主流是间接税，所以归属上没有问题。出口品在供应链条上逐级把该交的增值税都交了，出口全额退税，以零间接税在国际上竞争，进口国进口时再由海关代征增值税；个别国家实行的是销售税，也是出口免征销售税，进口品在消费地征收销售税，在国际竞争上也是公平的。销售税从税收理论上讲不如增值税先进，但比增值税简单一点，两者都不真正存在跨境的难点，销售税和增值税在国际上共存，也不存在实质性争议。这就把传统贸易的多数问题给解决了，且体现了由最终消费者间接承担税赋，收入归消费者所在地。

此外，间接税还包括关税和消费税，消费税是针对负外部效应（如油、气）或者不鼓励消费的产品（如烟、酒）征收的。也有针对奢侈品的，名义上起收入分配调节作用。这两个税种有很多争议，但总体来讲，和数字经济、数字税的关系不是很大，到目前为止，都没有征收到数字平台公司和它们的产品上。

可以看出，之所以过去在跨境交易中较少有税收公平性争议，就是因为在间接税制下，出口是退税的，进口到海关时再代征，在国际市场上大家都是零含税竞争。此外，间接税税收收入都是在消费地征收的。但根据这种实践的思路，想针对数字平台设计一种新的间接税是有难度的。毕竟有些数字服务采取不收费的形式，销售收入和增值就无法得知；如果实际上有增值的话，又非常难定量地确定增值是在哪儿发生的。如果不用增值税，而用一种营业税，也因为零销售价格的问题，营业额不可知，因而税基和税率的确定很有难度。

以史为鉴确保数字税税种的先进性。从国家主权体制来说各国有权确定自己的税法、税种、税基、税率，因此各国之间的税制会有差别。全球化发展过程中，各国税制逐渐向收敛的方向发展，一些不适应的税种慢慢被改成全球比较流行的税种。

如前所述，所得税和增值税最终来说都是向净所得征收的税。过去也有一些税不是向净所得征收的，要么造成价格扭曲，要么造成亏损也要交，这类不合理的税种或早或晚会被淘汰。比如说，中国20世纪80年代实行的产品税，是从计划经济刚转轨时的产物，不具合理性；增值税改革推出后仍有约20年仍依靠营业税，对服务业按毛收入征收营业税。由于这些税种存在重复计征、税收负担不合理、对价格有扭曲作用等弊病，最终产品税、营业税慢慢被削弱并走向消亡。1994年进行增值税改革时，当时实际上就有人提出，下一步对服务业也应该逐渐转为增值税，营业税应该逐步被替代，这就是后来的营改增，到 2016 年在全国范围内全面推开。为此，设计数字税时，不要去纠缠那些落后的品种。

数字税的设计不可干扰国内增值税的核心税种地位。国内有观点认为中国应增设数字税，其出发点缘于对国内的增值税不甚满意，认为需要加以修补。

事实上，世界上大部分国家都采用了增值税，但效果不一。有些国家搞了多种主观性的减免税或复杂的多档次，也有的国家在执行上有所欠缺，都会影响一个好税种的效果。中国经济是从计划经济向社会主义市场经济转轨的，转轨早期有一种说法，即对经济的控制和调节要从指令性计划转向利用经济杠杆，即从价格形成、税种税率、利率、汇率入手。这在当时是进步的想法，是可理解的，但一个后遗症是，多年之后不少官员仍热衷于搞政策倾斜，用减免税去招商引资，鼓励或抑制具体行业。这会使税制在原理上和操作性上受到损坏，漏洞众多，激励了避税行为，造成了某种不公平。这方面造成的缺陷，不是数字税所能补平的。应通过研究与评估，对不当减免税，该纠正的纠正，要更加注重维护公平竞争的市场条件。

另外，国内分税制走过 20 多年，出现了一些变化。1994 年出台分税制时有一项政策动机，是适度加大中央财政的集中度，这一点实现了。后来又略感到地方财政收入偏薄弱，自我约束不足。为了补充地方财政收入来源，一种设想是在增值税分成的同时，再增加销售税归地方，可以考虑从数字税开始做起。我认为这需要小心。消费税或销售税可以作为一种例外的小规模补充，诸如前述的针对个别负外部效应、危害健康等环节。用的范围大了，恐怕会危及增值税作为间接税核心税种的公信力、效能和公平性，弄不好会得不偿失。分税比例如有缺陷，可能还须从分税制本身上面找出路，把数字税扯进来不见得能有答案。

对大数据单设所得税税种不具合理性。把大数据及数字处理的资源当成与资本、劳动力、土地等相似的生产要素，并单独设计生产要素所得税，可能是有问题的。也不能把数据当作所谓负外部效应，类似污染、碳排放，用罚款对负外部效应征税。

应该说大数据和基于大数据的数据处理，实际上更加接近投入品。这种投入品与原材料、零部件有些不同，大数据可能和其他因素结合起来呈现更关键的放大作用。细想一下，这类似于化工行业和生物行业里的催化剂和酶，催化剂和酶一旦投入，就和其他投入品之间产生作用并能放大生产，但催化剂和酶仍旧是作为投入品而不作为生产要素比较合适，而且也符合现有会计核算。

四、数字税应归谁所有？

可多方法处理跨境广告收入及相关税收收入的归属问题。广告收入的税收实际上还是相对比较容易处理的。首先要核算出广告净收入，再测算出广告对市场客户发挥作用的地理分布。有些公司几乎全靠广告收入，则针对其征收所得税即可；另一些公司收入多元化，则可针对其广告净收入设一种税。需要注意的是，除了正式利用广告位投放广告，搜索引擎的结果排序（如付费）、某些应用程序中的非正式插放等均应视为定向广告。有人提出，可按活跃用户量、点击率等方法来测算广告对象市场的地理分布；如认为此方式不能令人满意，可针对广告宣传的商品或服务，由其供应商披露销售结果的地理分布，综合汇总后得出广告业务的市场地理分布，然后把广告有关的税收收入按照市场分布，分享给各个国家或地区。

借鉴其他行业妥善处理数字经济税收收入的地区间不公平问题。国内确实已经有人开始提出数字经济中税收收入在地区间存在分配不公平的问题。国内现在科技巨头和网络平台大公司比较集中在一些地区，比如浙江、深圳、上海、北京的大公司比较多，它们销售的数字产品和服务，客户基础分散在很多其他省份，但公司所得税等税收都缴给公司所在地省市了，从而可能引起摩擦。我们可以参考其他行业曾存在的类似情况。在中国这样的大国，跨省营运的特大公司被列为中央企业，其所得税归为中央税。比如，三大电信公司，三大石油企业，工行、农行、中行、建行四家大型银行等这类大企业属于中央企业，能核算的生产活动在发生地缴纳增值税并实行央地分成，当地缴职工在当地缴纳个人所得税，但公司所得税则按央企的性质交中央。这些收归中央的税收用于中央支出，包括国防、外交等；如果有富余，可以通过转移支付再返给地方，或者用于收入再分配。大国内部处理央—地、地—地关系的这种做法应该也可以放到国际平台上去设计。

税收应当由经济活动发生地或价值创造地来征收，这个原理是对的。但是，在价值创造的归属不容易核算并加以区分的情况下，将有关的税收定为中央税是个比较好的办法，否则地方和地方之间各有利益，很难妥善解决。

借鉴大国经济中的央地关系来尝试解决全球性公共支出与收入来源问题。在全球化深度发展之前，税收收入的跨境归属问题没那么突出，实践经验不多，但大国经济内，中央与地方、州与州、省与省之间如何分税有不少实践经验和分析论证，是可以借鉴的。从目前全球化不断加深的情况来看，全球性公共支出及其来源是可以和一个大国经济中的中央与地方关系作类比的。

从全球来讲，虽然整体上还是以国家为单位、强调各国的主权和自主决定的体制，但随着全球化的发展，全球共同的利益越来越多了，面临的共同挑战也越来越多了，比如贸易、投资、气候变化、收入分配、减贫、绿色发展、疫情全球应对以及某些国家的高债务（受疫情影响，部分国家的高债务问题更加突出了）。此外，一旦触发国际性金融危机，出现恐慌很容易传染，就必须全球想办法，花力量给它制止住。所有这类问题都要求国际上用公共资源组织超越国界的行动来加以解决。正是因为这样，国际金融危机以来，已经有了好几轮集资，特别是国际货币基金组织（IMF）通过 G20 机制几经谈判磋商，谋求新的资源，希望各国出钱。所以说，尽管全球是以主权国家为单位的财务体制，但是全球化格局及其深化发展使得全球性支出（也包括国际组织经费）已越来越多。这当中，美国特朗普政府有过几次"退群"，惹得各方都很不满意，但全球化潮流难以扭转。

那么这些全球性支出靠什么呢？现在的规则并不明确，因为全球没有一种类似的中央税，一有事的时候就容易发生争议和推诿。2008 年国际金融危机是由美国次贷危机引发的，但 IMF 动员全球增加资源的时候，美国说它无力参加；当前对高债务问题的处理，也存在究竟谁出钱的问题，容易产生争议。如果全球有很小比重的类似中央税收入的话，有些问题就好解决了。

防止数字税归属争议引发摩擦与冲突的升级。经济危机以来，应该说从 20 世纪 90 年代末亚洲金融风波、2008 年开始的国际金融危机，到欧洲主权债务危机、新冠肺炎疫情危机，使得大多数国家财政情况恶化，赤字加大，公共债务与 GDP 之比大幅上升，很多国家的这一比例都突破了 100%。在这种困局下，财政争抢税收的动机会大幅增加。90 年代，西方发达国家提出了很多计划，如绿色发展计划、减贫计划、千年发展计划等，显得很慷慨，但是后来财政愈发紧张，公共资金不够用了，特别是 2008 年爆发的国际金融危机，不仅美国需要花很多钱进行救助，英国、荷兰、比利时等国家也都花了很多钱去救助。当前财政虽然困难，但好处是由于采用极度宽松的货币政策，利率很低甚至是零利率、负利率，财政债务向后滚动的成本还是非常低的，支出上仍可相对慷慨。但这种低利率局面可能终究会有变化，利率一上升，这种债务滚动的成本就会变得很高。那时候各国争抢税收的动力会更大，数字税归属争议可能也会更为激烈，这是需要考虑到和做好预案的。因此，应争取提高站位，以体现推进多边主义、全球化，而不是阻碍全球化、多边主义，对数字税的把握要防止摩擦与冲突的升级。

比如，法国率先搞了数字服务税，设计的税率为3%，但它的数字服务税实际上像是营业税体系中的税种，但并没有什么合理的税基，既不是按供应链环节征收的，也不是按销售量及其价格来征收，有一点类似于任意性的关税，容易引起互相之间关税的冲突。其实法国人自己也清楚，他们是想在博弈中先出一颗棋子，方便下一步在大家博弈时占据主动。法国人也不见得就认为数字服务税是理想的，这个税有可能未来不容易站得住脚。

五、如何进一步保障公平竞争？

借鉴商务政策来保证数字经济中商品和服务的公平竞争。按照公共财政和税收理论，税收是为了公共支出来征收的，收入要用于公共支出。同时，税收也要体现一种公平，但公平的责任不是单靠税收。从这个意义上说，政府公共支出应该公平地由大家来承担（何为公平也需解释）。另外，某些税收能够起到收入再分配的作用，主要是累进制个人所得税能体现再分配。需要多方面的体制、政策去实现公平贸易、公平竞争、公平分配和再分配调节，但不应全部靠税收。

全面地讲，为确保商品和服务的竞争是公平的，还需要有商务方面对竞争的管理。对跨境竞争而言，这就涉及关贸总协定、服务贸易总协定和 WTO 的相关规则。各方在国际市场上以零间接税竞争，同时在竞争规则中明确限制补贴，并提供反补贴、反倾销的措施，也就是竞争各方不能随意使用补贴，不能靠倾销抢市场份额，否则其他经济体可以采取相应的贸易救济措施（trade remedy measures）来加以抵制。此外，WTO 还设有贸易争端解决机制。但不少国家在维护国内经济公平竞争上缺少明确的反补贴、反倾销制度。

正如前面所说，互联网平台业务中有相当一部分数字服务恰恰包含了补贴，这样的问题需要有商务政策，不是靠数字税或者其他税收能解决的。而补贴问题又涉及公司及整个供应链中的财会制度是否准确、公开、透明并接受监督。

力避政策制定和执行上的人为因素干扰公平竞争。有些讨论认为，某些政策制定和执行上的人为因素影响了公平竞争，特别是在线电商行业。客观地说，经过这么多年磨合，我国增值税体系是相对比较公平的体系，但是在具体政策制定和执行过程中，过去开了很多口子，对在线电商有减免。于是有人抱怨说，线下零售行业征收增值税，如对电商不征，二者间竞争力当然就不公平。后来对电商开征了增值税，但征收的力度也可能不一样，竞争仍存在差别。还有一点是起征门槛不一样，造成实体零售和电商之间竞争不平等，而且起征门槛很容易被当作商家和政府之间的一种博弈，商家将大化小，容易钻政策漏洞，规避税收。再比如，免税店以及特定地区、特定行业的特殊税率等政策差异，都会造成跨行业、跨地区间的不公平。这些都应该慎重掌握。当然，也有一些是有公平规则而执行不力所造成的。这些问题本质上并不是新问题，也并不是数字服务这个行业特有的，不应与数字税议题挂得太紧。

分类针对性解决数字经济中的跨境避税问题。跨境避税问题，其实是老问题，在很大程度上它不是数字业务特有的问题，历来都存在着避税行为与反避税的博弈，而且有不少咨询公司和律师事务所会专门为合理避税出主意。

跨境避税大体可以分为两类。一种是跨国公司（MNC）在内部价格、成本等方面做文章，主要规避公司所得税，也有一部分是个人所得税，这并不是数字业务的独特问题。另一种指向非典型跨国公司。目前美国几大网络平台都不是传统上典型的跨国公司，但实际上有很多跨国业务。虽然它们也有避税行为，但矛盾并不突出，数字平台用新模式提出了新的挑战，使矛盾变得突出。但是解决的方法并不见得是新的，需要讨论的问题也不见得是新的。国际金融危机以来，各国财政都面临一定困难，所以特别重视跨境避税问题。G20/OECD 做了很多的努力，先后推出针对 TH、BEPS 以及 AEI 措施的三个规则（前文已详述）。

在研究数字税的问题时，要注意区分哪些是已在处理的 TH、BEPS 和 AEI 的问题，哪些是数字平台型跨国业务所独有的。如果是老问题（当然也可以有新花样），就不一定需要新设税种，不必把它作为一种和现有经济不一样的问题来讨论，至少可以不把它放在数字税里着重讨论，免得议题过于发散。

议题七

"一带一路"与债务负担

编者引言

仍未终结的新冠肺炎疫情肆虐全球，不仅带来生命和经济的双重灾难，也将一些长期以来存在的全球性问题推至争议前台，债务就是其中之一。

随着疫情持续蔓延，全球经济陷入衰退，疫情对发展中国家和欠发达国家冲击尤甚，偿付危机凸显。G20通过缓债倡议，随后提出债务重组框架。在国际舞台上，中国对"一带一路"国家的债务成为关注、争议和"抹黑"的焦点之一。如何维护多边主义及全球话语能力，针对疫情冲击下的债务问题提出全球性的应对方案，是本议题的关注点。

针对疫情冲击，总量型宏观政策针对性不强，无法应对因社会疏离（social distancing）而出现的需求变化和供应链中断，因此，应考虑为按下"暂停键"专门设计政策"工具包"：

——租金类政策（暂停一段租金，免除租户的房租和设备等租金。在出租者的资产负债表上，相应地推行负债的免除）；利息类政策［免除债务人的利息支付；一些还本付息类（如房贷）的还款相应延长时间期限］；合同期限类政策（相应延长合同约定的期限，包括大型贸易合同，比如设备供给等类型的合同，贸易谈判中相互约定的内容等）；大行业政策（对于民用航空业等实体，参照暂停的思路设计针对性的对策，逐项申请）。

——疫情应对"政策包"的资产负债表两端同步进行。资产方的收益暂停，负债方类似比例的负债支付也应暂停，这样会将行业串联起来。资产负债表两端同步进行，传递给公共财政的是最终轧差损失。损失的吸纳应由财政承担，在不得已的情况下，也可以借用危机应对的做法，由银行体系代为承担，再向央行报销。这与央行买国债、由公共财政最后审批救助支出性质类似。

疫情挑战凸显出"多边主义框架/多边机构框架"在货币和财政功能上的欠缺。多边机构可考虑担起一部分全球性央行和财政功能。例如，IMF 为全球金融稳定、解救危机以及提供流动性支持，可被允许新发 SDR；又如，将碳税交付给多边机构，既可以解决"交给谁"的争议，又可增加全球性财政收入，用于国际性碳减排；再如，如文中所述，数字税应被设计为国际税，用于国际目的，并可减少国际摩擦。

针对"一带一路"的"债务陷阱"说，应系统性分析高债务的原因，并针对具体情况找寻解决的出路：

——不同国家（例如高债务低收入、高债务中等收入）债务根源不同（例如由于战乱、经济结构、发展战略或者腐败等），应具体情况具体分析。从借方看，宏观管理中的财务软约束、民粹主义或者短期观点是共性原因；而从贷方看，了解借方信息不充分、多家贷款方未协调是主要问题。

——在债务融资中，借方的主权担保或者公共担保（Public and Publicly Guaranteed，PPG）的债务比例过重，往往被诟病。当然，"一带一路"沿线国家对项目需求强烈，多数也都是合理可行的好项目。而中方有特长（高储蓄率和工程实力），供求关系和客观规律使然，政府乐见提倡，但多数情况下并不是政府主导，也不是政府的资金。

——中国的债权方包括中国进出口银行、国家开发银行、工农中建四大银行、国企、混合所有制企业、民企等，绝大多数并非国家行为，是按照市场化方式运作的，本源上是"自下而上"而非"自上而下"。金融机构和企业在评估项目时基于商业原则，考虑资金成本、安全及回报，在风险较大情况下，借款人提供主权担保或者有大宗商品出口收入作为保障，就成为可行方案。而这也会使主权/公共担保比重过高。

——重债国应更好地管理宏观经济（特别是外汇平衡）、债务和大项目（特别是基础设施），不仅要创办项目（含融资）、建好项目，还要学会管好运行（包括定价），吸引后续投资、发挥协同效应和提高偿债能力。

——债权方应授人以渔而非授人以鱼。削债，属授人以鱼，迎合了债务国的民粹主义需求，但存在可持续性质疑。对重债国项目推进"债转股"，有助于项目建成、运行及后续发展，有授人以渔的特征。可以研究评估"三方债转股"和"四方债转股"的实践。

——加入巴黎俱乐部，变被动为主动。西方认为，应以多边方式共同商定并应对高债务国的主权债务重组，而非不透明的、可能造成利益再分配的双边方式。事实上，巴黎俱乐部覆盖的债权并不多，在争取合理的贷款主体分类的基础上，仅外汇储备购债及援改贷等可归入其中。同时，债务安排虽有不完美之处，但总体正面，提高透明度之机，也正是借力引导"一带一路"舆论之机。

"一带一路"投融资类型与可持续性

一、构建开放、市场导向的"一带一路"投融资体系①

近年来"一带一路"建设取得了显著成效，资金融通成果丰硕。我想从"一带一路"建设的经济发展规律出发，结合金融服务实体经济的定位，谈几点想法。

第一，要强调市场规律和企业行为的推动作用。

一是国内储蓄的对外投资需求。中国储蓄率较高，在相当长一段时间有力支撑了经济高速增长。随着中国经济增速有所放缓，投资边际收益下降，国内投资机会一定程度上趋近饱和，市场主体会自发地选择对外投资。此外，市场主体境外配置资产也有分散风险的考虑，"不把鸡蛋放在同一个篮子里"。

二是比较优势转移的客观规律。随着经济发展水平提升、结构转型升级，一国原有的比较优势下降，一些产业就会向优势更显著的国家寻求转移。中国经济快速发展曾经极大地受益于比较优势转移。随着中国经济发展进入新的阶段，一些产业也会遵循此规律，加大对"一带一路"沿线国家的投资和转移。

---

① 源自周小川 2019 年 4 月 25 日在第二届"一带一路"高峰论坛资金融通分论坛上的发言。

三是基础设施建设的合作需求。发展中国家往往面临基础设施不足的瓶颈限制。中国在基础设施建设上具备较强的技术能力和生产能力，培养了有竞争力的基建人才队伍。通过合作，中国能帮助"一带一路"沿线国家加快改善基础设施，促进经济发展。

第二，顺应市场需求，提供以商业性融资为主的金融支持。

商业性资金以盈利为主要目的，更加注重投资效率，风险评估能力强，融资方式灵活丰富，有利于保障项目的可持续性，也避免了政府过度介入导致的道德风险和市场扭曲。减让式资金需要财政补贴和政府支持，受制于一国的财力，多数国家难以支持长期的、大规模的对外减让式资金支持。

当前，利率水平、通胀水平都相对处于低位，商业性融资成本合理，应抓住这一时间窗口，积极发挥商业性金融对"一带一路"建设的支持作用。

第三，完善"一带一路"投融资体系。

一是推动金融机构布局设点。此举既可为贸易投资提供高效完善的金融服务，形成金融与经济相互促进的良性循环，又可促进沿线国家当地金融部门发展。"一带一路"沿线发展中国家居多，金融服务存在短板。而我国经过多年实践，积累了一些成功经验。通过互设机构、互相借鉴，可以更好地弥补当地金融服务缺口，促进当地金融部门发展，有效动员储蓄。

二是多方力量共同参与"一带一路"投融资。多边开发银行在撬动市场资源、提供能力建设、协调跨国项目等方面独具优势。一些发达国家的金融机构在"一带一路"沿线国家布局完善，与当地企业联系密切。国际金融中心汇聚了全球资金、金融机构和专业人才，能够提供资金、技术和专业服务等方面的有力支持。要营造公开、公平、透明的投融资环境，为各方共同参与提供保障。

三是推动普惠金融发展。"一带一路"投融资应关注社会责任，实现商业价值与社会价值相统一。中国在发展农村金融、运用手机支付和电信支付等科技手段发展普惠金融方面积累了一些经验。"一带一路"沿线国家可加强经验共享和合作探索，特别是如何以金融科技加强普惠金融的合作。

四是积极发挥本币在"一带一路"建设中的作用。积极使用本币有助于有效动员当地储蓄、降低汇兑成本、维护金融稳定等。特别是本币债券市场是重要的中长期融资渠道，可以有效缓解期限错配和货币错配，为"一带一路"建设提供稳定的资金支持。

二、"一带一路"项目债务的争议[①]

自 2013 年提出以来，"一带一路"倡议已取得了很多成绩。许多沿线发展中国家高度赞赏"一带一路"倡议，并且在"一带一路"框架下提出很多新的诉求，凸显了"一带一路"倡议的重要意义。但另外，由于现在国际关系的一些紧张局面，有些人对中国抱有怀疑论调，其中不少质疑集中在"一带一路"倡议上。有的人认为，中国要借"一带一路"倡议扩大自己的政治影响力；也有人认为，"一带一路"倡议可能造成一些低收入和发展中国家债务不可持续，因此国际社会需要对这些国家债务进行研究、设法重组，甚至还要予以减免。

第一，关于 G20 缓债倡议和债务重组问题。

客观地说，新冠肺炎疫情是造成低收入和发展中国家债务水平上升的一个重要因素。疫情严重影响了各国正常的经济社会活

---

① 源自周小川 2021 年 4 月 19 日在博鳌亚洲论坛年会"可持续融资助力高质量共建'一带一路'圆桌会"上的发言。

动，不少国家出现流动性问题。为此二十国集团（G20）通过了"暂缓最贫困国家债务偿付倡议"（以下简称 G20 缓债倡议），并将缓债期限两次延期，以帮助解决这些国家所面临的短期流动性问题。但随着疫情持续蔓延，全球经济陷入衰退，许多国家开始出现偿付危机，因此部分国家提出要开展债务重组，最终 G20 于不久前核准了《缓债倡议后续债务处理共同框架》（以下简称共同框架），力求在个案基础上通过债务重组方式进一步为低收入国家提供支持。

与此同时，受缓债、债务重组以及与此相关的各种负面声音的影响，我们观察到，自 2020 年以来，发展中国家，包括"一带一路"沿线国家，在基础设施和工业化方面的投资以及投向这些领域的贷款金额都大幅下降。这一问题已经引发了各方关注，G20 有关平台也开展了相关讨论。总的而言，大家认为，疫情对全球经济形成的冲击不容小觑，对发展中国家的影响尤为严重，需要重视这些国家投资下降问题。当然也有人认为，基础设施相关贷款下降意味着低收入国家所需偿还的债务负担会相应减轻，能够有更多资源来应对疫情，但这种观点未必站得住脚，毕竟这些结余资源如何用、用于何处还很难说。

国际上对于缓债和债务重组本身也存在一些顾虑。部分发达国家担心，自己和国际金融机构通过缓债和债务重组所释放出的资金会不会被债务国用于偿还个别国家的债务，其中主要担心的是用于偿还中国的债务。另外，债务国也有顾虑，它们担心，通过缓债和债务重组所能释放的资金规模其实很小，而缓债和债务重组可能会影响它们的国际信用评级，进而导致其未来在国际市场上融资成本上升，反而最后很可能得不偿失。退一万步说，即便有人能够"指挥"国际评级机构不因债务重组而下调评级，也不会很管用，因为提供贷款的各金融机构，无论是商业机构还是多边开发机构，都有自己内部的信用评级和风险管理体系，债务国申请重组会影响这些金融机构内部对于债务国信用风险的评价，进而影响这些机构未来对该国债务融资的支持。因此，尽管G20确定了77个国家有资格申请缓债并在共同框架下申请债务处置，但真正提出申请的国家并不多。

第二，关于对"一带一路"项目的质疑。

国际上对中国"一带一路"倡议也有一些质疑，主要是认为中国的很多项目都是自上而下的，是由政府主导的。但从实际情况来看，相当多的项目都是为回应借款国国内需求、满足借款国国内经济和社会发展需要而实施的，是经过商业可行性分析、按照市场化方式运作的，因此本源上是自下而上产生的。

大家知道，中国经过几十年经济高速发展，在基础设施建设方面积累了丰富经验和大量产能，形成了一大批能够承担大型工程建设的基建公司，还有提供上下游原材料和配套设备的工程公司。近年来，随着国内相关投资增速有所放缓，不少企业开始主动在海外市场寻求产能输出机遇，而低收入和发展中国家在基础设施建设方面存在大量缺口，因此很多项目其实都是双方自发进行商业洽谈的结果。

多数情况下，中资建筑企业或设备制造企业虽然找到了合作项目，但项目没有足够资金，于是这些企业就开始联系中资金融机构寻求资金支持，找国家开发银行、中国进出口银行和丝路基金等机构，也包括工农中建交等大型国有商业银行。这些金融机构在评估贷款项目时也都是基于商业原则自主决策，主要考虑的是自身资金的安全及回报，因此贷款条件不能过于优惠。在风险比较大的情况下，这些金融机构会希望借款人提供主权担保或者有大宗商品出口收入作为保障。另外，从这些金融机构自身的资金成本来看，它们基本上是从市场筹资，大部分是在中国国内市场发债筹资，其成本是由中国国内通胀率和国内储蓄者所拿到的回报率所决定的，与在发达国家低利率甚至零利率市场上所拿到的资金成本是不一样的。自国际金融危机至今，中国的资金价格比全球高 2 个百分点左右。

在自下而上大致谈妥的情况下，碰到两国高层访问或其他重大外事活动时，这些项目也常常会被作为两国双边合作的成绩，列入两国友好合作清单。这样一来，这些项目就可能被解读成中国政府策划的、自上而下推动的项目。而实际上，这些项目多数属于对方有需求、中方有供给、商业上可行、市场化运作的项目。商业机构，包括信贷机构，都是自主决策的，不是政府事先给定的任务。在实践中我们就可以看到很多这样的项目案例，商务部也曾出书介绍过不少这样的案例。

第三，关于"一带一路"项目的债务重组问题。

当前，一些媒体报道，尤其是一些阴谋论比较盛行的报道，把"一带一路"项目都归结为中国政府预谋策划的、自上而下推动的。同时他们还到处鼓噪，既然这些贷款是由政府性机构如国家开发银行和中国进出口银行提供的，那么目前的利率并不够优惠，还应该更加优惠些；在需要债务重组时，由于这些贷款是有官方背景的，因此应该先进行削债。

但事实并非如此。国家开发银行和中国进出口银行并没有从国家财政获得资金，现有的资本金也主要是由债务转换的。也就是说它们都是在市场上融资，资本金不够，有一部分转换为了股本金。它们的负债方资金来自市场，而非来自政府。从资金性质这个角度而言，我们需要仔细研究债务重组框架对这些金融机构的适用性。

对于债权机构而言，除了经济损失外，债务重组的一个重要影响就是会降低债权机构的信用评级。正因如此，世界银行就非常明确地提出，国际社会应该通过债务重组减轻低收入国家的债务负担，但世行无法参加。为什么呢？世行说如果其参与了债务重组，可能会产生一定的账面损失，反映在其资产负债表上，进而影响国际评级机构对世行的信用评级，信用评级下降会影响世行未来在国际资本市场上的发债成本，这反过来会影响世行向低收入和发展中国家提供新融资的能力。这个说法听上去似乎是对的。事实上，其他多边开发机构，例如泛美开发银行和新开发银行，以及我国国家开发银行和中国进出口银行等金融机构，也都面临同样的问题。虽然债务重组所涉及的资金损失可能规模较小，但重组之后所带来的信用评价下降、融资成本上升等问题可能导致这些金融机构未来出现融资的评估问题。所以，如何理顺债务重组与金融机构自身财务健康、可持续发展之间的关系还需继续研究。

对于债务国而言，如前所述，由于担心申请债务重组会影响自己的信用，进而影响未来项目的融资和在国际市场的筹资能力，债务国对于申请缓债和重组心存顾虑。

总之，"一带一路"沿线国家还有很大的资金需求，也存在很多投资机遇，因此需要进一步研究和落实好"一带一路"项目。但如果在一些国家和项目的债务重组问题上没能找到合适的出路，容易引发各种议论乃至质疑，可能会影响到"一带一路"项目后续资金的可持续性。因此，我们还需开动脑筋，真正找到处理债务重组问题的合适方式。

此外，我们也不应忽视一些抹黑"一带一路"倡议言论背后所隐藏的企图，特别是有些观点不弄清事实真相、是非曲直就妄下结论。因此，有必要为"一带一路"基础设施投资、工业化投资找出有针对性的解决思路，形成可持续发展的局面。当然，在发展过程中，也要关注全球气候变化影响，注重绿色发展。

针对疫情按下暂停键^①

我想先讲两个现象。一个是前些天，受新冠肺炎疫情影响，汇丰银行和渣打银行决定暂停分红，引起了很多股东的不满，在香港和内地都有这种声音，引发争议。有人问我，我说，暂停分红可能是合情合理的（reasonable），它有可能成为暂停性的政策体系的一部分，还包括与此类似的暂停措施：有些大房产主（landlord）宣称暂停收房租，税务上暂停收人头税或工薪税。

另一个与 2003 年中国应对 SARS 有关。在应对 SARS 过程中，中国采取了有关的财政政策和货币政策，政策规模没那么大，但与现在有些类似。之后，中国很快出现了房地产过热迹象，所以在 2003 年 6 月初，人民银行出台了一组防止"炒楼花"的政策。后由于 CPI 预期显著上涨，人民银行于 2003 年 9 月 21 日上调了存款准备金率 1 个百分点。这两项政策当时都备受质疑和批评，但这是 SARS 疫情期间宽松政策的后续反应。到 2004 年第一季度，过热的现象更加明显，当时人民银行正在出台货币政策方面的一些调整，以收缩信用膨胀。此外，中国银监会在 2004 年 4 月最后一周采取了冻结贷款的做法。这个措施太过激烈，招致很多不满。大家知道，当时之所以出台这些政策，跟 SARS 疫情期间应对政策的后续作用是有关系的。

---

① 源自周小川 2020 年 4 月 26 日在 2020 年 G30 春季会议上的发言（中文译稿）。

　　面对疫情的冲击，采取宏观层面上的政策进行应对，尤其是总量型的财政政策和货币政策，是有必要的。但是，总量型宏观政策针对性不强，不可能改变因社会疏离（social distancing）而出现的需求变化和供应链中断，而效果不明显反而会加大政策力度，普遍"放水"后又可能收不住。疫情的发展也有两种可能的趋势。一种是，疫情来得快，去得也快，疫情结束后，容易出现"一地鸡毛"的结果；另一种是，疫情的影响持续不散。我们需要对这两种情况加以考虑。因此，除了必要的宏观政策以外，更需要的可能是一系列财务关系上的"暂停政策"，用于应对前期由于社会疏离防疫措施而造成的需求减少和对供应链的冲击。这些"暂停政策"就像音乐播放器上面的暂停按钮：社会疏离措施施行时，我们按下暂停键，一旦社会疏离解除，再按一下以恢复运行。这样的政策是阶段性的，可以是一个政策包，包括若干方面。

　　这个政策包里面主要有四大方面的内容：一是租金类政策。我们已经看到有一些地方实施了关于租金的政策，比如暂停一段租金，免除租户的房租和设备等租金。在出租者的资产负债表上，相应地推行负债的免除。二是利息类暂停政策。免除债务人的利息支付；一些还本付息类（如房贷）的还款相应延长时间期限，受到疫情影响的几个月时间不予计数。三是合同期限类的政策。在疫情影响下，有很多合同可能会发生违约，如大型基础设施建设项目，由于工人无法到岗，势必会受到影响。其中还有一些跨国项目，外国队伍无法到岗。如果按照原来的合同，会发生很多违约现象。针对这种情况，应相应地延长合同约定的期限，由于疫情无法复工造成的推迟，不算作违约行为，免于被起诉和交纳罚金。这里的合同也包括大型贸易合同，比如设备供给等类型的合同。还有贸易谈判中相互约定的内容，如果受到疫情的影响，也应该允许暂停。等到停止社会疏离后，按照暂停时间的长短，延长合同约定期限。四是其他大行业的类似政策。对于一些较大的行业（如民用航空业等）实体，可以参照暂停的思路设计出一组有针对性的对策，逐项申请。

暂停政策包最好是资产负债表两端同步进行。资产方的收益暂停了，负债方类似比例的负债支付也应暂停，这样会将一些行业串联起来。比如说租金类，租主可能借了银行的钱，银行也暂时不收利息。银行因不收息，提出某些类别的存款付息也可暂停，或是从央行得到零利率融资，同时，可暂停分红，暂时免税。资产负债表两端同步进行，类似于供应链暂停，最终损失（而不是中间损失）传递给公共财政，其负担就会减轻。

还会有一部分暂停会产生最终亏损，包括有一些行业可能对雇佣人员采用维持型政策，在暂停阶段没有解雇人员，但可以少付工资，像提供最低生活补助或无条件基本收入（UBI）类的做法。对于不能正常上班的人员来说，其没有创造生产力，但自身负担也有所减轻，除吃饭外，其他租金、住房抵押还款或其他欠款、罚款均暂停。出现的最终亏损部分由公共财政给予补助，这样公共财政支出会显得比较有针对性。对于前面讲的第四类——其他大行业类，每个项目至少写个申请，说明应适用与疫情有关的暂停政策。暂停政策经过认可以后，公共财政给予支持，针对性比较强。

当然，我们必须考虑到各国财政政策不一样，涉及政策生效的程序和效率问题。在不得已的情况下，也可以由银行体系代行，通过商业银行和央行代行，商业银行代审供应链最终损失，向央行报销，这与2008年危机期间是类似的。2008年危机期间，受损失的金融机构按理说需要找公共财政救助，但实际上央行在中间代行了很多功能（2008年春 J. P. 摩根在美联储资金支持下救助了贝尔斯登，2008 年秋美联储出手救助了 AIG）。出问题的供应链会找商业银行救济，体现在商业银行的资产负债表上，商业银行再找央行，最后看哪些可以到央行报销。这实际上与央行买国债、由公共财政最后审批救助支出性质差不多。当然，需要防止补助资金用来炒作资产市场。

如果说疫情来得快，走得也快，那么一旦暂停键恢复，所有的政策都及时终止，恢复原样，后续副作用会小一些。疫情也会有其他可能性，比如拖拖拉拉，或长期不真正结束，那么这种暂停键不能还原（reset），还需再考虑其他政策作接续。

授人以渔才能可持续^①

首先祝贺外滩金融峰会顺利召开。大家知道，我本人目前在博鳌亚洲论坛工作，博鳌亚洲论坛历来高度重视"一带一路"，所以我就想讲讲疫情后的"一带一路"，希望同大家在这方面进行交流沟通，同时也希望大家加强研究"一带一路"中的各种金融问题。我也相信，上海一定会在"一带一路"中起到非常关键的作用，特别是在金融方面。

第一，处理"一带一路"沿线国家的债务问题要有针对性。

现阶段，一方面，"一带一路"不断取得重大成绩，受到发展中国家普遍的拥护和支持。特别是在疫情期间，"一带一路"沿线国家在预防和控制疫情方面都积极响应和共同合作。另一方面，个别西方国家渲染"一带一路"是"债务陷阱"，是中国试图控制"一带一路"沿线发展中国家的阴谋，通过为发展中国家融资，中国成为债权方，将发展中国家拉入"债务陷阱"。

当前，在 G20 等国际会议中，国际社会正热衷于讨论如何处理发展中国家高债务的问题。特别是主权债的问题。对这一问题有不同的分析和对策，中国一贯倡导多边主义，在多边主义未来方向上能否取得共识也是重要的议题。

新冠肺炎疫情确实加重了许多发展中国家还本付息的负担。

---

① 源自周小川 2020 年 12 月 23 日在第二届外滩金融峰会上的发言。

疫情之后的复苏，不仅仅取决于发达国家，也在很大程度上取决于大量的新兴市场国家和发展中国家，能否成功克服疫情实现复苏。

涉及债务问题，在疫情期间，部分低收入国家如果因为偿还债务挤占了大量的财政资源，将会减少在疫情防控方面的拨款，削弱防疫能力。在疫情之后，债务问题也会影响发展中国家的未来发展，其融资能力将会削弱。在债权人方面，如果发生债务违约或者债务重组，亚投行（AIIB）等金融机构的财务健康将受到损害，影响机构未来的融资能力、评级及服务"一带一路"的能力，处置债务问题的长远效果同样值得重视。

近期召开的 G20 财长和央行行长会议已经透露出，中国在积极发起和参与 G20 的缓债计划。疫情导致部分经济体的运行按下了暂停键，这意味着部分租金支付和还本付息也应该暂停，待疫情过后再恢复正常。但是疫情的发展较为复杂，疫情过后的局面尚不清晰。当前的缓债并不意味着未来疫情后一定会债务重组、减债、消债，其中的层层关系还需要进一步研究。

另外，需要区别哪些是疫情导致的债务困难。疫情新增的债务负担从实际数量上看并不多，大量高杠杆和债务问题在疫情前已经发生，需要注意避免相关的道德风险。因此，目前难以找到统一的方法解决债务负担，还需要根据各个国家的债务情况寻找相应的解决办法。当前，有一些人热衷于用共同的框架处理债务问题，但我认为这种做法将会面临许多困难。

同时，并不是国家相对穷就控制不好疫情。观察东南亚国家，特别是越南、柬埔寨、老挝，每百万人的感染率和死亡率的数字较低。如果与平均水平比，或者与欧洲国家相比，有些国家的感染率相对较低。因此，防控疫情不一定与国家财力相关。防控疫情和实现疫情后恢复的关键是找到方法，依靠自身的努力。

如果发达国家能够将本国的疫情控制住，对发展中国家也是很大的支持。

一些发展中国家十分重视疫情后长期能力的建设，特别强调的是互联互通、"一带一路"基础设施，以及未来生产能力的建设。但部分国家不愿意轻易地违约或者申请债务重组，它们考虑到未来的信誉，以及未来在国际市场和"一带一路"合作中所处的地位，希望未来有更强的融资能力。与此同时，未来的发展道路需要大量依靠贸易投资的自由化，依靠多边主义，当前的一些政策选择既是关键，也不能顾前不顾后。这些做法的对立面，是有些人试图借疫情的机会，推卸过去的责任，把自己的问题说成别人设下的陷阱，一味唱高调，主张请客，自己却不出钱，让别人去出钱。所以国际上出现了一些争论。

对中国，部分媒体有一些负面议论。但实际上，以中国为主要债权人的发展中国家数量并不多。同时，中国从政府到大型金融机构都在积极参与缓债计划，执行得相当不错。未来我们需要思考，我国的金融机构，我国金融的对外开放，在未来"一带一路"中究竟扮演着怎样的角色。

第二，"一带一路"与全球储蓄布局。

在 IMF 今年的年会中，劳伦斯·萨默斯（Lawrence Summers）特别从储蓄的角度出发，强调运用国际储蓄，帮助新兴市场和发展中国家进行疫情后的恢复，这对于"一带一路"也十分重要。

2008 年国际金融危机时，时任美联储主席伯南克曾从储蓄的角度看待次贷危机问题。他认为，国际储蓄过剩，特别是中国等亚洲国家过剩的储蓄涌入美国，导致了 2008 年次贷危机。这是由于美元具有国际储备货币的地位，国际储蓄倾向于寻找避风港流入美国。而我认为，亚洲储蓄流入美国的主要原因与亚洲金融风波相关，在 1997 年亚洲金融风波时期，发达国家的对冲基金对亚洲市场造成冲击，亚洲国家力求恢复经济，并产生扩大出口和增加储蓄的动机。

储蓄率提升的趋势在中国等东亚国家比较明显，储蓄的增加也构成了"一带一路"债权融资的主力军。从数据上看，在亚洲金融风波前，中国的储蓄率在35%左右；亚洲金融风波后迅速提高，在2008年国际金融危机爆发时达到峰值51.8%。中国储蓄率的大幅提高在全球有重大的影响。但随着我国扩大内需政策的推进，到2019年末中国的储蓄率降至44.6%，加上未来"双循环"中国内大循环作用不断发挥，储蓄率仍有进一步下降的可能。疫情对于储蓄率的影响目前尚不太清晰，既有增加储蓄的方面，也有减少储蓄的方面，还需要进行密切的观察。

与中国相比，全球平均储蓄率是多少？在过去20年中，全球平均储蓄率为26.5%，中国大大高于这一水平，同时部分东亚国家也明显高于这一水平。低于这一水平的国家主要是美国，常年在10%以下。从储蓄的角度看待国家融资能力和资金配置能力，是很重要的，也是对于某些阴谋论的反驳。否则，有人会认为中国在人均GDP不高的情况下，还对"一带一路"进行大量投资，是出于阴谋。

现在，东亚（包括中国）是主权债融资的输出主力。过去主权债融资的输出主力在巴黎俱乐部，目前东亚（包括中国）已经超过了巴黎俱乐部持有主权债的总额。除"一带一路"之外，中国也有相当多的资金在北美（包括美国）和欧洲投资。但当前局势的变化使一些相关国家对中国议论很多，出台了很多不友好的保护主义政策。我们在未来几年，需要更加关注"一带一路"，"一带一路"仍旧是主力军。

但从长期看，中国的储蓄率将会进一步变化。在"双循环"特别是内循环为主的发展战略下，内循环将更加畅通。同时，年轻一代储蓄率的明显下调，有助于扩大内需，但也需要关注年轻人过度借债、过度消费、奢侈消费的问题。总的来说，我国储蓄率将会进一步调整，未来"一带一路"的融资格局将会与此相关。

第三，"一带一路"建设应当注重授人以渔。

国家主席习近平强调，"一带一路"建设不是授人以鱼，而是授人以渔。当前有些言论强调向发展中国家发放福利或者减债消债，但更关键的问题是如何促进这些国家的宏观经济发展，推进基础设施建设，提高生产能力，为未来长远发展奠定基础。

非洲曾多次发生粮食危机，现在电视中仍旧会出现当年世界银行等组织向非洲运粮、在当地分发粮食的画面。这看起来是一种慷慨的行为，但是事后有人批评当时并没有授人以渔，让非洲人民利用自身资源，因地制宜地发展粮食生产，教会他们生产粮食，进行交易流通。疫情也与此类似。

关于减贫这一问题，国际上不少人调门唱得很高，但减贫究竟靠什么？是靠送粮食，是靠消债，还是靠能力建设？中国在全球脱贫方面创造了史无前例的成果。中国的经验究竟是什么？很大程度上是创造生产力，为贫困人民开拓谋生和致富的道路。

中国有句古话，"要致富先修路"，强调基础设施。减贫也不仅仅局限于交通，对于非洲和很多发展中国家来说，除了交通，还有电力、电网、通信等基础设施，这很像当年国家开发银行提出的"两基一支"。从中国的角度看，未来"一带一路"将更加重视和支持互联互通，通过基础设施能力建设实现授人以渔。

在这些方面，我们和新兴市场、发展中国家共同呼吁，强调多边主义，强调贸易自由化和投资便利化，强调国际秩序以及WTO的作用。只有在这种环境下，"一带一路"沿线国家通过互联互通和能力建设所形成的潜力才能在全球发挥作用，这也是对于某些西方国家兴起的保护主义而作出的有力斗争。

有区别、有针对性的债务求解

一、正确看待"一带一路"投融资[①]

近来，某些持"冷战"思维的人渲染中国给"一带一路"沿线若干国家造成不可持续的高债务，给出的数据从 5000 亿美元到 5 万亿美元不等，口径主观随意，并以疫情为由，先提出应缓债，随后提出应大幅削减主权债，且以中国为主，蒙蔽性很强。我国虽然积极倡导并参与 G20 缓债计划，但在经济上和舆论上对此需要倍加小心，它会影响今后的投融资，并使"一带一路"被抹黑。随着世界银行/国际货币基金组织年会和 G20 峰会到来，这种声音和压力正在加大，也会给"一带一路"国际合作造成困难。本文提出几点分析，供参考。

第一，"主权债"口径应该从债务和债权（出资方）两个方面细分，特别是对项目融资的债务。

债务国的政府债或政府出具担保（PPG：公共或公共性担保，包括矿产品出口偿债），形成债务方的主权性质。但债权方很可能不是政府行为，是国际/区域/国家级开发机构及民营机构。对中国来说，有中国进出口银行、国家开发银行、工农中建四大银

---

① 源自周小川 2020 年 9 月 22 日的内部讲话。

242

行、国企、混合所有制企业、民企，不能都归入主权性质。某些人想把中国的债权口径最大化，并开始挑唆一些债务国向中方申请减债。除了挑战中方融资的合理性外，还在很大程度上抹黑了"一带一路"。中方则应使这一口径最小化。国家开发银行已不再是政策性银行，其贷款不是主权行为；中国进出口银行也可以分两个部分，多数"两优"贷款可算作主权性质，自营贷款不应算。这是一场博弈，开局出牌不能输。

第二，注意授人以鱼还是授人以渔。

重债国需要在未来学会更好地管理宏观经济（特别是外汇平衡）、债务和大项目（特别是基础设施），不仅要创办项目（含融资）、建好项目，还要学会管好运行（包括定价），吸引后续投资、发挥协同效应和提高偿债能力。某些人挑唆削债，是给一时好处，属授人以鱼，是为了迎合债务国的民粹主义需求；但如大幅削债得罪了出资方，今后很少有人敢再提供此类融资，伤了未来，"一带一路"融资也会陡降。从这个角度出发，对重债国的某些项目可考虑债转股，有助于项目建成、运行及后续发展，属于授人以渔。但某些人会刻意将此说成是中方预设的阴谋和新殖民主义。

第三，个别媒体借我国国内的某些观点来扩大渲染中国经济的政府主导。

国内对经济现象和经济政策总有不同的观点和解释。有人为说明政府的强大和国有的实力（也或许为了让政府为经营损失兜底），把国有企业说成政府实体，把混合所有制的银行和公司（特别是上市公司）也说成是政府实体；另一些人为争取市场经济地位和防止国际排挤，强调它们是独立经营、自主决策的市场主体。其中国家开发银行基本上没有政府指定业务，中国进出口银行除部分"两优"贷款外，基本上都是自营业务；面对重债重组，不能划类为政府主权出资性质。类似的争议在 WTO 改革和政府补贴争端中会更为突出。当就此与某些人争论时，他们会拿出我国国内某些观点去支持对中国政府主导、国家资本性质的判定。与此同时，他们提出西方国家削债需防止让出的好处被用于偿还中方债权人，并坚持世界银行和国际货币基金组织不参加减债。

同理，面对某些人对"一带一路"的抹黑，我国对"一带一路"的宣传解释，既可多强调中国战略主导和政府组织实施、世界响应，也可多强调沿线国家需求强烈、中方有特长（高储蓄率和工程实力）、供求关系和客观规律使然、政府乐见提倡（但多数情况下并不主导，也不是政府资金）。

同时，应描述好关键案例。一些外方媒体不遗余力地抹黑某些中方融资建设的"一带一路"项目，歪曲真相，竭力讽刺挖苦，甚至挑动当地居民闹事；而我方有些人士似对这种博弈认识不够，宣传角度不得力，使得国际上往往听不到真实客观的故事。我方在项目工作中确实存在一些缺点和不足，但一些总体上十分正面的项目，在国际上因恶意描述，形成负面印象广为流传，对"一带一路"和国际减债带来压力。

此外，还要重视可变被动为主动的选项。经合组织（OECD）认为中国应加入巴黎俱乐部，以多边方式共同商定并应对高债务国的主权债务重组，而不是以不透明的、可能造成利益再分配的双边方式去应对。其实对中国来说，巴黎俱乐部能覆盖的债权并不多，在争取合理的贷款主体分类的基础上，我国可更为积极一些，否则易被动，上圈套，被怀疑我国多边主义主张是虚假的。另一压力是某些人要求中国提高债权安排的透明度，借此渲染我国"一带一路"项目融资暗箱操作，含有新殖民主义条件等。其实经初步的案例分析，我国债务安排虽有不完美之处，但总体正面，无不可见人之处。我国可借加大透明度之机，加强对"一带一路"的正面宣传，变被动为主动。

二、高债务的起因与区别解决方案[①]

第一，讨论一下当前"一带一路"投资所面临的背景。一是某些持"冷战"思维的人士散布了很多对中国表示怀疑和充满敌意的说法，主要是特朗普政府把中国当作敌对的主要竞争对手，使得西方对中国的投资保持怀疑的心态，出现了有意设置阻碍的一种状态。因此可以想象，中国的主权投资基金、公共股权投资基金以及国有企业在西方进行投资肯定不会那么顺利了，可能会面临一些困难。我们知道，中投公司（CIC）在这方面其实做了不少努力，建立了多个双边基金，取得了不错的成果。但是在这种大局面下，看来现在并不是投资西方的有利时机。二是针对高债务低收入国家，我方先提出缓债计划，后来演变成 G20 缓债计划，当前 G20 又提出了进行债务重组的统一原则框架，由此也会产生一些新的运作。三是 CIC 从成立起，大家就希望它能够实现投资多元化，能够更多关注发展中国家和新兴市场，更多进行另类投资。不过可以理解的是，CIC 在最开始成立时，由于人才结构、知识积累、经验积累等原因，对发展中国家和新兴市场了解比较少，实际上其投资总组合向这方面倾斜得还不够。因而现在应该说也是一个机会。

第二，区别看待高债务低收入国家的不同情况。某些舆论对"一带一路"提出了很多非议，大部分都是观念导向型的，并不

[①] 源自周小川 2020 年 11 月 25 日在 2020 年中投公司（CIC）国际咨询委员会年会上的发言。

是基于事实基础的。随着这次新冠肺炎疫情的暴发，债务可持续问题更加凸显，而这些债务中有很多与中国相关，因此对"一带一路"进行投资的信念和热情进一步受到影响。这当中的逻辑关系是，这些低收入国家如果存在高债务的话，即使财政好不容易有点钱，也不得不用于偿还其主权债务，因此也就拿不出钱来应对疫情。其实很难说这是必然出现的现象，因为即使不去还贷还债的话，这些国家也不见得就能拿得出钱来应付疫情。但是，不管事实如何，现在这种说法比较盛行。

我主张，要认真分析 G20 所提出的这 70 多个国家各自问题究竟出在哪儿，什么措施才能真正有效解决问题。仔细去看，这 70 多个国家中有很多是因为一些很特殊的原因而出了偿债问题。比如说，有些国家是战乱导致经济不行了，所以还不了债；一些国家本来主要依靠出售资源性产品，随着资源性产品价格下跌和国家收入下降，过去累积的债务就显得太高了，可能一时还不上了；也有一些国家可能实际上是因为有腐败问题，资金被挪用，影响了还本付息的能力；还有一些国家是经济体制、政策或者发展战略的方向搞错了，导致经济发展不起来。要特别指出的是，民粹主义的影响已经存在了很长一段时间，一方面可能造成借债过多，另一方面也可能使总体经济政策出现偏差。因此，上面所说的各种情况都应该具体问题具体分析，针对具体情况各自解决，不是靠 G20 的减债、缓债就肯定能解决的。当然，由于疫情的存在，缓债已经缓了，但缓债的时间还是有限的。要根本解决问题的话，还是应该针对各国具体情况具体分析、具体解决。对上述几种债务情况进行区别应对以后，这 70 多个国家中可能最后只剩下一小部分国家是可以通过对债务进行重新安排来加以帮助的。

除了这 70 多个高债务低收入国家以外，还有一部分实际上是中等收入国家，这些国家的债务问题可能也要加以考虑。实际上，G20公布的报告中也有将其纳入减缓债的考虑，因为它们的债务问题也相当严重，比如阿根廷。因此，在用词上，过去用的是HIPCs（高债穷国），或者是HILICs（高债务低收入国家），现在还需研究一部分需要一并纳入考虑的高负债中等收入国家。

第三，分析债务高企的可能原因。从肇因的角度来看，分为借方和贷方。从借方来说，肯定在宏观管理方面是有一定问题的，所以造成财务纪律松弛、财政薄弱、债务比例过重，特别是外债比例过重，总的来说，是存在着财务软约束，导致可能借得过多，否则也不至于疫情暴发还不到一年就挺不住了。当然还有一个原因是，有些国家政府的执政周期比较短或者政府的剩余执政时间不长了，所以存在一些短期观点，并不能真正从长期来作考虑。从短期来讲，自己只管借到钱，反正还款是后面人的问题。再有就是民粹主义倾向问题。从经济政策上来说，它可能的具体表现有：一是不当地控制价格。像公路、铁路、电网等基础设施，经济效益整体上应该是好的，对国民经济的发展也有贡献，但政府为了讨好老百姓以拉选票，对收费价格进行了不当控制，这样就降低了其还贷的能力。二是在债务已经很高的情况下，一些国家还是有一些好项目。按照中国的经验是可以多吸引外资、多吸引股权投资，通过让外方多占一点股权，使债务比重低一点。但是在实践中，股权投资涉及所有权，可能在政治层面上会有不同声音，老百姓也可能会觉得是不是把好东西让给外国人了，因而如果出于民粹考虑，为了照顾民众情绪，容易从一开始就不愿意吸引股权，而更多使用债权。在使用债权时，由于信用不够，往往就需要政府担保或者其他公共形式的担保或变相担保，从而导致公共债务高企。

从贷方角度来看，肯定也存在着管理不善的问题，比如了解借方信息不充分等。更主要的是多家贷款方未协调的问题。以中国为例，贷款方可能有 CIC、国家开发银行、中国进出口银行，还有工农中建等商业银行，各方可能都是各自独立进行尽调、贷款，中间并不存在一个特别有效的协调机制。另外，我们也注意到，往往是项目的承建企业或者设备出口企业觉得项目好，能带来收益，所以就动员或者游说中方金融机构进行贷款或投资，而中方金融机构自然希望对方出具主权担保或者其他形式的公共担保，这样一来也可能导致主权债务过高。此外，中方现在真正掌握资金多的机构还是银行，而银行并不擅长股权投资，主要还是做债务融资，也就是项目贷款、购债等。与此同时，监管部门也不鼓励这些银行类机构去做股权投资，对它们进行股权投资会在政策上有所限制，比如400%资本金占用等规定。

因此，无论从借方还是从贷方来看，都存在一定问题，容易导致债务融资比例过大，而在债务融资里面，借方有主权担保或者公共担保，也就是PPG的债务比例过高。因此，从这个角度来说，并不是谁在设置"债务陷阱"的问题。我们观察到有很多投资项目都是不错的，也是借方所在国家实际所需的，特别是有关基础设施建设和发展加工工业等项目，包括发展工业园区或者面向当地城镇化的，前景应该说不错，但是存在上面所说的债务超比例的问题。

第四，谈谈可能的解决方案之一——债转股。在这种情况下，都有哪些出路？会有什么样的机会和挑战？对那些在建将完工或者已在初步投产运行的项目和公司，一种出路就是把一部分过高的债权转为股权，减少债务。债转股有助于把项目建完、后续经营好，甚至投资后续可能的二期项目、配套项目，能确保融资者有积极性、责任感以及后续资金进入，从而把事情做得更好。同时，从借方来看，如果说原来出让部分股权会面临一些民粹主义压力，怕在国内政治上不受欢迎，那么现在既然面临着高债务且在偿还方面出现了困难，加上又有新冠肺炎疫情，民众考虑问题的角度也会发生改变，债转股可能会因此得到理解。另外，进行债转股还有其他好处，比如项目进行债转股后，其产出定价上就需遵从投资者意见而不会面对那么大的民粹主义压力。

从中国所投资项目的实践来看，由于银行类融资机构本身对于项目的股权投资以及后续管理兴趣不大，也不是其特长，所以债转股可能会演变成三方债转股或者四方债转股。所谓三方债转股，实际上是在银行类融资机构基础上，再引入像 CIC 之类的主权投资机构、公共股权投资机构，或者是私人股权投资机构，也可以是工程类或者设备类公司，由它们来接手这些在建甚至已建成项目公司的股权。可以银行类融资机构先去谈成债转股，然后将其股权转让给投资机构，或者三方也可以从一开始就一起谈，这样各方的长处和优势都可以得到发挥。所谓四方债转股，涉及借方政府在当中的角色。如果借方政府过去提供了主权担保或者某种形式的公共担保，也包括承诺以未来资源出口收入作为偿债的保证等，那么实行债转股，借方政府是有额外责任的，因为它从原来的担保中解脱了，但不能一走了之，它应该能积极地为项目或公司新的资本结构作一些有利的安排，也就是说，政府的角色从过去的担保方转变为要为新的股权安排提供一定的有利条件。

举例来说，斯里兰卡的汉班托塔港项目虽立项时存在一些问题，但后来的出路实际上就是这种性质，可以理解为三方或四方的债转股。从实践结果来看，债务降低了，同时项目得以顺利建成，并且还要继续经营好。因为中国的港口和海运公司在经营过程中尽量增加经汉班托塔港的任务和货物流量，包括增加转运等，这有利于提高此项目的投资回收能力和债务偿还能力。此外，项目还正在发展港口城以及港口加工区等，也就是发展相关的后续和配套。这必然还进一步需要资金，但只有确保了投资方有积极性，才易于吸引后续资金进入；否则，如果项目的发展与投资方利益关系不大或者没有关系，它们就不会上心。

现在我们再对所谓遭受"债务陷阱"的国家按国别梳理一下。首先扣除一些特例，如委内瑞拉、安格拉等，它们的问题主要是由油价下跌等原因造成的；其次，有部分国家实际上已作了债务重组，比如厄瓜多尔等；在剩下的国家中，其债务和中国关系比较大的，特别是中国官方债权所占比重超过或接近一半的，有老挝、刚果（布）、巴基斯坦、巴布亚新几内亚等，不像西方媒体说得那么多，中方也有积极性把事情进一步办好。

再从项目本身来看，总体上，涉及债务问题的项目多数都是所在国主动提出来的，是有需求的，而且很多都是经济效益好、对国民经济能起好作用的，在项目投资回报和债务偿还方面也都有一定潜力。只要把相关政策制定好，项目是可以建设好并有合理回报的。同时，需要以实际安排来说明那些说中国在 HILICs 中设置"债务陷阱"的言论，是不当宣传，是不符合实际的，更不是普遍现象。当然，这也说明，确有必要把各个项目究竟是好是坏、解决方案是否可行，对外说清楚。

第五，回到对 CIC 的建议。如果 CIC 把这些 HILICs 的项目捋一捋的话，就会发现，不少项目实际上都是在建的，有些项目还是快建完甚至已经建完了的，因为面临着高债务，所以财务上有一些困难，而疫情更加重了其财务困难。如果 CIC 要投资，这也是个机会。要不是因为新冠肺炎疫情、G20 缓债计划和债务重组框架，恐怕也没有这个机会。这种机会属于半路插进去的投资，相比绿地投资（也就是从零开始的投资）实际上是有优点的，因为项目找寻效率高、投资周期短，成功率大，而且实践中还有一些成功例子可作参考。

作为一家主权财富基金，CIC 的很多经营目标都是按照主权财富基金来衡量的。因此，如果 CIC 考虑这些项目，尽管各有各的风险和成本，但总体来讲好处是有的：一是可以实现 CIC 投资组合的多元化和合理化，使 CIC 更加符合战略投资的特性。二是能够为中国在积极参与 G20 减缓债中做好榜样、做出成效，也一定程度上解释或抵御了一些媒体关于中国制造"债务陷阱"的颇为敌意的宣传；同时也减少了 HILICs 的债务负担，增强了其抗击新冠肺炎疫情的能力。三是对"一带一路"是一个实质推动。推进"一带一路"是中国很重要的方针，也确实是世界上许多国家，特别是新兴市场和发展中国家所需要的，尤其是在基础设施互联互通等方面，许多国家都积极响应中国的"一带一路"政策。因而 CIC 在推动和落实"一带一路"政策方面充分发挥自身的作用，是非常重要的。四是能够推动融资模式的调整，尤其是调整股权投资和债务融资的比重。包括中国在内的新兴市场和发展中国家因为股权投资基础相对差一些，融资结构往往是债务融资多，股权投资少，所以也可借此探索扩大股权融资比例，为"一带一路"合作在融资结构、调整股债比例关系方面开创新的局面，这也符合亚太经合组织（APEC）提出的推进投资便利化的要求。

三、特别提款权（SDR）的作用[①]

关于 SDR 的作用，G30 最近的几个报告提出了不少重要问

[①] 源自周小川 2020 年 10 月 25 日在第二届外滩金融峰会闭门研讨会之万柳堂资管圆桌"新常态下的全球资产配置"中与美国前财长盖特纳对话时的发言。

题。G30 最近的讨论表明，面对疫情和拉丁美洲部分国家债务高企的问题，G30 希望国际货币基金组织发挥更大的作用。但是，每个国家的 SDR 都是有份额的，目前的规矩是各国所能接受的各种支持不能超过其份额的 3 倍，然而对于部分拉丁美洲的高债务国家来说，3 倍是根本不够用的，它们需要更多的钱。为此，G30 有人提出是否可以让一些没有使用 SDR 的国家将其 SDR 存在资金池里，然后借给债务高的国家，让这些高债务国家使用的数量、比例可更高一些。

这种想法的问题在于，池子里 SDR 有些对应的是实缴的钱，而有些是承诺的钱。将承诺的钱放在一个资金池里出借，这是否就相当于央行通过印钞票来缓解危机呢？这种做法就单个国家而言没什么问题，现在有大量的国家是通过印钞票来解救危机的。但就全球性机构而言，其央行功能和财政功能是有限的，这就提出了一个问题：未来的多边机构是否应该补充一部分全球性央行和财政的功能，使其有权在必要的时候为了稳定、为了解救危机以及提供流动性支持印一些 SDR 来用？

在全球性的央行功能方面，虽然有 BIS 沟通渠道的存在，但基本上不存在全球央行之间的协调行动。大国央行，尤其是美联储的货币政策外溢性很强，因此很多国家希望美联储考虑国际需要来制定政策。但美联储高官反复引用美联储章程和美国法律规定，都非常明确地表示美联储的功能只考虑美国经济利益。这是一个缺陷。

在全球性的财政资金池方面，当前的体系同样也面临着不足。可以举两个例子予以说明。

一个例子是关于国际碳排放税的。前两周 G30 发布了关于碳净零的报告，用的词是 "Net Zero"。这一报告首先号召各个国家（特别是大国）参加碳中和计划，这样全球就有可能达到碳中和。

但在会上也提到一个问题：一些碳排放是在国际领域中排放的，比如航空，飞机在天上飞时会有碳排放，欧盟希望这些飞机向欧盟交碳税，这遭到了其他非欧盟国家的反对。虽然碳确实是排在国际上，但为什么要交税给欧盟？是不是各国都应当收一点碳税呢？这就反映了缺乏全球性的财政收入池子的问题。各国并不是认为国际飞机和国际船舶不需要为碳减排交费，但问题在于这些费要交给谁。如果能够交给具有国际性财政功能的池子里，并且这些钱又用于国际性碳减排，这个问题就容易得到解决。

另一个例子是互联网平台公司的缴税问题。很多互联网平台公司都是国际性的。它们交税的难点一方面是不太容易分清在各个国家的具体营业量；另一方面则是收入很多都来自广告，因此难以测算销售额。在这种情况下，有人提出大型互联网公司应该向具有国际财政功能的池子交钱，钱也用于国际目的，由此可减少摩擦。

总而言之，疫情发生以来，大家感觉目前的"多边主义框架/多边机构框架"在货币和财政功能上有所欠缺，如果能在这方面推进的话，对未来会有好处。

议题八

金融稳定与公司治理

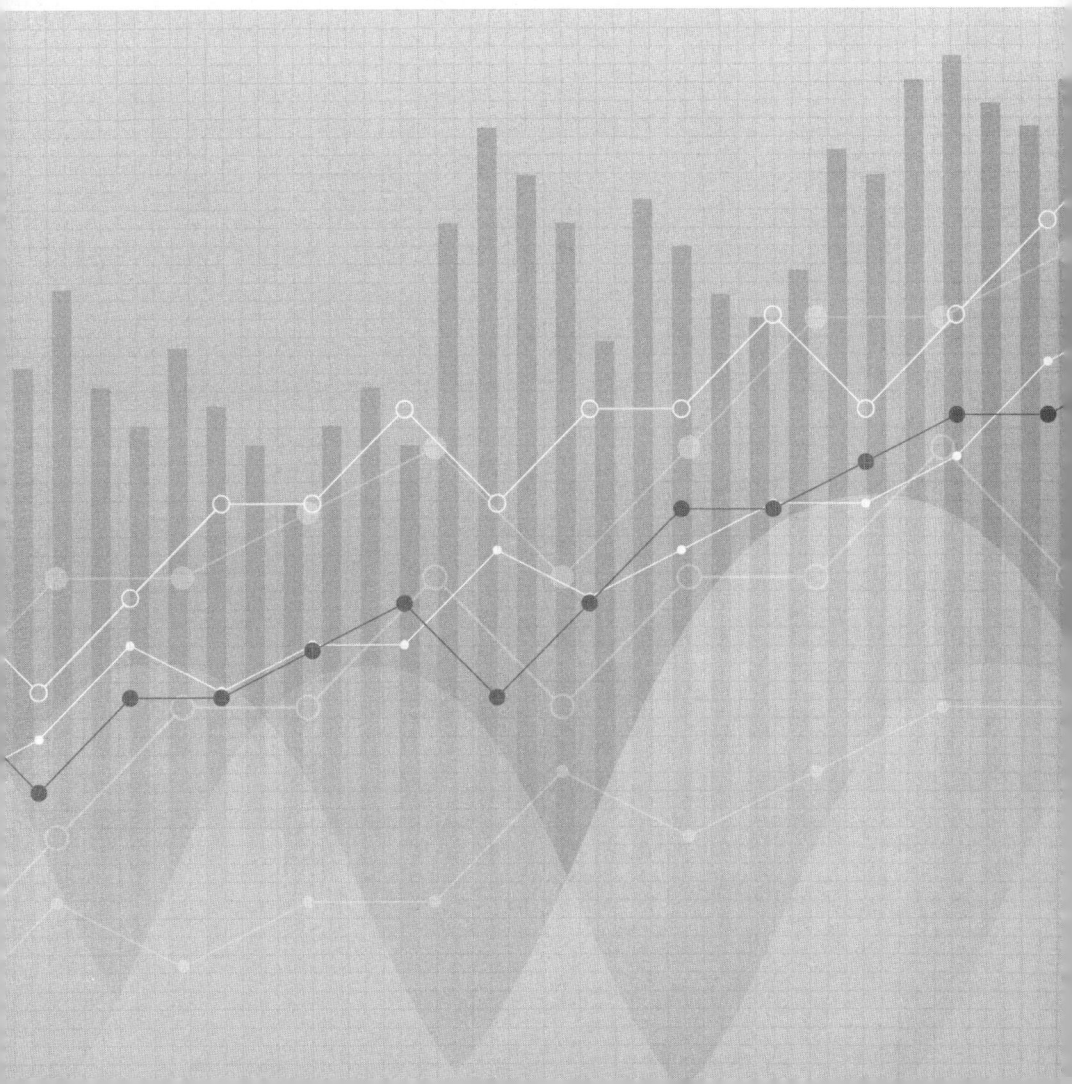

编者引言

经济运行的优劣，像是马拉松长跑，不在一时快慢，而在于耐力，即可持续性，特别是不能摔倒受伤而中断。经济运行中，绝大多数出险都会反映到财务上，从而成为金融风险，又使防范和化解金融风险成为经济可持续发展的关键。

近几年来，一系列大中型企业集团陷入危机，甚至被接管清盘。部分金融机构也因此曝出问题，在金融市场引发连锁反应，金融风险和金融稳定再次成为政策焦点议题。

一些问题企业的显著特点是"野蛮扩张"和高杠杆，同时，这一度在企业间形成了很坏的风气。一是靠向金融机构借款、发债等来加杠杆，一些企业还建立并利用自己控制的金融机构进行关联交易。二是违规挪用存款、信贷和保费作为资本金，再利用虚假资本金实现更高杠杆的扩张，扩张速度成天文数字。

对于可持续增长而言，公司治理至关重要。企业改革仍未结束，不管是实体经济、民营企业还是金融机构，都需仔细参考公司治理的最佳实践，通过企业改革，特别是以发展健全的公司治理结构为主的改革来完善机制建设。

——出现问题的企业在公司治理方面大都形同虚设，缺乏有效的制衡机制，导致公司财务基本处于失控状态，涉及经营层和股东的相互关系，以及从财务审计、风险、薪酬机制、高管人员提名到股东结构的制衡制度安排。

——对杠杆性融资是公司治理重大问题缺乏认识。国内过去有人认为涉及公司资本要通过董事会，而借贷属于日常经营决策，由管理层、总经理决定即可。《G20/OECD 公司治理原则》明确，新增债务，属于股东风险，需要董事会作出决议。

——公司治理是国有企业和民营企业的共性问题，非民有企业独有。虚假资本金的问题，一些国有企业也屡试不爽，如地方政府融资平台和城投公司往往利用债务资本作为资本金，形成不良榜样。

——问题金融机构公司治理形同虚设，导致决策失去制约、资产质量变差。主要表现为董事会走形式或基本不开，决策由一个人说了算，内部缺乏制衡机制等公司治理缺陷。

解决这些问题，金融监管、风险处置和理顺央地关系等方面的工作都还任重道远。

——金融监管体制改革仍在路上。前几轮监管体制改革尚未实质性解决利益冲突问题。监管部门仍承担行业主管角色和行业发展职能，地方金融监督管理局的建立也未剥离主管和发展职能。需要把发展主导权交给市场，真正做到"监管姓监"。

——金融风险处置中存在规则与制度问题，鲜有杀一儆百的效应，难以在维护社会稳定和防止道德风险之间作出更合理、更长期的权衡，致使逆向选择得不到有效抑制，甚至广为盛行。

——金融稳定问题还涉及央地职责和财力关系。地方金融监管和风险处置权责不统一，救助责任归属以及救助资金规则不清晰，给金融稳定造成隐患。

放眼全球，本议题还回顾探讨了应对危机实现金融稳定的若干方法论，读来引人入胜。

——反馈特性。在危机后 BIS 的讨论中，中国央行提出控制理论的反馈特性。这个思维后来演化为逆周期的宏观审慎政策工具，但尚缺乏反馈系统理论中更丰富的特性分析和稳定工具。

——连续函数法。经济金融的规则很多是二进制的0/1性质，非黑即白，也有个别例外环节设了少数台阶，但较少运用连续函数的规制。银行监管的核心原则是用风险加权资产来连续计算并监管银行的资本充足率，是充分必要的，但属于规则领域中的例外。从系统稳定性角度出发，连续函数方法更容易实现有效的反馈调节。

——递推法。人们的认识是不断变化的，需要动态校正，在数学模型里是递推（迭代），即隔一段时间采用递推的办法对以前的参数、权重进行校正，输出新一轮规则。这对国际规则也适用，多边达成全面共识不易，往往是妥协式共识，用递推法有助于解决共识难题。

——向量思维。传统的经济学在方法上比较注重单变量分析和直链逻辑关系，即由 A 产生 B，再由 B 产生 C。而金融稳定和金融危机往往变量很多、很复杂，向量分析和向量思维会更有效。

——条件概率分布。危机往往由小概率事件引发，虽然有尾部效应和肥尾分析，但技术上将其归结为小概率，难以描摹和解释真实世界。条件概率方法有助于表达和分析在什么条件下"黑天鹅"事件会演变为显著概率的事件。

国际金融危机十年小结中的
若干方法论[①]

从美国"两房"和雷曼兄弟事件算起,今年正好是国际金融危机爆发十年(如果从次贷危机算起,时间还更长一些),所以我想借此契机,讲一讲在这十年中,我们在经济分析、经济观察以及政策应对的方法论上有哪些需要思考的内容,特别是在哪些方面已有所推进,哪些方面还有待进一步研究深化。

第一个问题是关于反馈特性。

金融危机刚一爆发,金融界和政策界就开始结合其他学科的知识研究应对金融系统的稳定性问题。说到稳定性问题,大家知道,从2008年底开始,就有人逐步反思经济系统、金融系统和金融市场出现的顺周期问题,要求引入逆周期措施,最后形成的是最有代表性的宏观审慎政策框架。在宏观审慎政策框架逐步形成和出台以后,进一步针对全球系统重要性金融机构(G‑SIFIs)增加了逆周期调节的要求,接着在2015年G20峰会上又引入了总损失吸收能力(TLAC)措施。这些都是为了增强金融系统和金融市场的逆周期性。实际上,这些研究系统稳定性的做法,从一开始就借鉴了其他学科的知识和经验。其中一个学科是控制理论。控制理论直接研究系统的反馈特性,研究系统的稳定性,研

---

① 源自周小川2018年5月19日在"2018清华五道口全球金融论坛"上的主旨演讲。

究控制变量怎么确定，研究如何应对系统所产生的脉冲干扰和阶跃干扰等。这显然是直接相关联的。另一个学科是控制论（cybernetics）。控制论不仅研究控制理论的内容，更包含了通信（communications）是怎么产生的，同时扩展到人类、动物以及其他生物在这方面的响应机制，其中很大一部分内容就是研究反馈系统。再一个就是电子工程，这是对反馈系统特别注重的学科。

为什么我提这三个学科呢？因为在 2008 年第四季度讨论危机如何产生以及如何应对的过程中，在国际上最核心的一些讨论里大家都已经引用了这些知识。那个时候，中方在参与 BIS 和 IMF 的讨论时，明确提出两个观点：第一个观点认为，金融市场的一些活动、一些产品（包括一些比较冷门的衍生产品）脱离了实体经济，没有为实体经济服务，这些环节容易出现大起大落现象，进一步导致经济危机的产生；第二个观点认为，经济和金融市场系统中的正反馈特性过于突出，也就是说经济好的时候，股价、盈利、评级都朝好的方向发展，而一出问题时却又出现很多落井下石的现象，这是典型的正反馈特性。后来很多学者和官员也在这方面作了阐述，写了文章。所以，纠正经济和金融市场系统中过度的正反馈特性，应更多地引入负反馈环节，这被当作维护金融系统稳定的一个重要措施，并形成了共识。但这之后也有问题，很多人并不熟悉我刚才所说的那几个学科，他们对反馈环节这类词有些生疏，也不太了解什么是正反馈和负反馈。有的人觉得正的东西都是好的，就像正能量就是好的，负能量是不好的，所以是不是负反馈不好，正反馈就好。于是到了 2009 年，BIS 正式引入一种比较好懂的说法，就是顺周期性和逆周期性，最明显的是要求在金融系统中引入资本缓冲，减少对评级机构的过度依赖。这类措施都是建立在减少正反馈、增加负反馈特性的共识之上的。

引入宏观审慎政策框架和顺周期、逆周期的框架以后，许多事情都取得了进步，但也还有缺陷。比如，这个说法虽然比以前好懂，但是内容不够丰富；在分析问题、处理问题的方式上还可以进一步深化。在金融危机爆发十周年的今天，这些都可以继续研究和借鉴。比如在控制论和电子工程中，系统稳定性是更为复杂的议题，它们的分析和处理手段也更为全面。

其一，系统并不见得是单变量的系统，一个大系统可能由若干个子系统组成，每个子系统都可能有反馈环节，都可能有正反馈和负反馈。所以并非一定要从最终的大系统来建立负反馈环节进而取得稳定。每个子系统的稳定也是非常重要的。

其二，一个系统可能有多个反馈环（feedback loop），其中一些具有正反馈特性，另一些具有负反馈特性，最后加总起来什么特性，是需要观察和计算的。也就是说不止一个反馈环。金融系统好像不容易用这种思路想问题，所以最终达成的逆周期调节方式就比较过度地集中在某一个环上，即巴塞尔协议Ⅲ的资本缓冲。

其三，电子工程里对反馈环的分析还进一步扩展到反馈环的时间特性。如果是针对正弦波的话，就有相位特性、频率特性。一个反馈环在某一频率下可能是负反馈，有助于系统稳定，但是对于另外的频率段，由于相位移动却变成了正反馈。因此，并不见得一个负反馈环建立好了就一定有全频段的适应性。另外，从调节的角度看，如果不是针对正弦波，就需要考虑脉冲响应和阶跃响应，就要考虑系统响应的微分特性、积分特性以及调节的比例特性。微分特性就是响应快，稍微有点变化就要有响应，而且可以过度一点，以后再收回来。中国2008年11月初就出台了经济刺激计划，这是反应比较快的，具有比较强的微分特性。但是有的国家主张，行动早了得不到大家支持，还是多用一些积分特性，也就是随着危机不断加重，信号不断输入，等把这些加总起来后再作响应。这种积分式响应可能是牢靠一点，但也容易滞后。

其四，在系统调控过程中还可用到断路器（circuit breaker），也叫熔断机制。道理很简单，就像功率太大把保险丝烧了，主电源被切断了。但事实上，断路器不一定非要断主电源，可以把某个反馈环断掉，改变掉。也就是说，如果金融系统不稳定是由某些正反馈环引起的，应该把它们摘除，摘除以后可能就稳定了，或者先摘除一段时间，以后再续接上。大家都看到，本次金融危机期间，对于裸卖空就进行了阶段性的摘除，断了裸卖空以后，金融系统的稳定性得到了增强。

所以我认为，在本次国际金融危机的应对过程中，有很多问题的研究借鉴了不同学科、不同方法。这些都还可以继续深入研究和借鉴。

第二个问题，应该更多地考虑运用连续函数作为政策制定和政策响应的方法。

现在的规制，包括金融系统规则，有很多是二进制的 0/1 性质、黑白性质的，即非 0 即 1、非黑即白，个别例外环节分设了少数几个台阶，用不同台阶来对应不同的情况，但较少完全运用连续函数。当然，这里面也有计量的问题，如果是好计量的变量，可以用连续函数，比如巴塞尔协议 I 中最为关键的概念——资本充足率，要求银行资本金和风险加权资产相匹配，达到一定比例要求。

实际上在规则制定过程中，很多时候我们陷入了 0/1、黑/白或者台阶式的传统之中，同时为了确定究竟是 0 还是 1、是黑还是白，开了无数次会，消耗了极大的精力，最后才勉强达成某种妥协。应该说这是存在改进空间的。我举两个例子：

第一个例子就是全球系统重要性金融机构（G－SIFIs），最初是从银行入手的。金融危机后大家最不满意的就是用纳税人的钱去救了那些"大而不能倒"的机构。此外，这些机构如果在本国出了问题，所在国需要想办法解决或者救助，但是它们一旦跨了国界就变成国际问题，国际资产处置也更加困难，所以就更要防止这些全球系统重要性金融机构出问题，对它们要提出更高要求。于是就单划设了一个组别 G－SIFIs，该组别之外的就是非 G－SIFIs。G－SIFIs 组最后一名和非 G－SIFIs 组第一名之间就出现了所谓的"峭壁效应"（cliff effect），产生一系列问题，并引起了争执。我还记得，当初中国工商银行不愿意被划进 G－SIFIs 组，最后我国第一个入组的是中国银行。确实，一旦划进 G－SIFIs，资本要求更高，监管要求更严。不过，目前工农中建四大行都在 G－SIFIs 组里，还有一家保险公司也在里面。

为了解决这种"峭壁效应"，国际上进行了多轮讨论，寻找了多种办法，包括建立 D－SIFIs，就是国内系统重要性金融机构，由各国监管机构自己决定名单，巴塞尔银行监管委员会和金融稳定理事会并不参与。此外，为了更好地解决这个问题，也采用了打分板（scoreboard）技术，就是说有一些判断光靠计量还不行，还要靠专家的主观判断。总资产、总资本、盈利等是可量化的指标，但还有一些，比如国际活跃度、在国际上出了问题对其他国际金融市场的牵连程度（如果牵连程度小，即使银行自身很大，也不一定会划入 G－SIFIs）等，就使用了打分板方法。但事实上，如果考虑用连续函数的话，事情的处理会相对简单一些。比如，可以对每个 G－SIFIs 赋予一个系统重要性系数，可以是 1、0.9，也可以是 0.89、0.88，再依据此系数去对应监管要求，比如资本缓冲数量。而并不是说目前 30 多家 G－SIFIs 是最重要的，其后的那一家非 G－SIFIs 就不那么重要了。

小国可能不太关心此事，因为它们或许就只有一两家、两三家特别大的银行，其他的银行都特别小。但对于中国以及其他一些大型经济体而言，划分这个界限就有些难。中国的工农中建四大行是比较大，但其余的银行如国家开发银行、交通银行等，还有很多家股份制商业银行，大小不一样，但是比较连续，分台阶很难，所以用连续法比较好处理。

再举一个例子，巴塞尔协议III是本轮金融危机以后，银行体系乃至整个金融体系应对金融危机，防止下一轮金融危机出现的最重要的政策制定，也是金融稳定理事会、巴塞尔银行监管委员会（BCBS）以及最后提交 G20 正式同意的一个框架。虽然一些主要内容很早就确定了，但这个框架却迟迟没有最后落地，主要是还有一两项内容存在争议。哪些呢？比如执行时间表。执行时间表的快慢与经济复苏进程有关系，大家希望在经济复苏以后再执行更严格的标准。再有一个就是内部评级下限问题。巴塞尔协议II强调更多地运用银行内部评级模型对资产和贷款进行评级，减少对外部评级公司的依赖。但内部评级模型容易被人操控，就是在输入变量和输出变量之间，如果内部评级的分类风险加权系数偏离了标准法分类风险加权系数（即所谓的标准法），且偏离太多的话，会使输出变量的结果偏低而降低资本要求，最后是不利于金融稳定的。所以最后就讨论内部评级法模型的输出下限（output floor）。中国赞成 0.8，有人说 0.9，有人说 0.7，也有人说 0.6，争论了一两年都没定下来，到了去年底，讨论集中在 75% 和 70% 两个标准，最后定了 72.5%。外部人都觉得奇怪，巴塞尔协议III从 2011 年 G20 通过后为什么要拖到 2017 年才能最终落地，原因就是卡在这么一两个问题上。但这个争论确实也有道理，有的国家对住房贷款存在政府隐性担保，它同没有隐性担保的加权风险模型的输出就不一样；也有的国家坚持，各国主权债的风险评价也应不一样。如果把这些变量适当地函数化，同时采用连续函数的方法，解决分歧就会快得多，也能减少很多精力消耗。

从某种程度上看，金融监管以及监管指标讲究的是依法执政，所以很大程度参考了法律体系的思维。我的理解是，法律主要是说什么事能做、什么事不能做。至于在能做的范围里（可能是连续的）怎么做、怎么调节，一般不是法律的特长。法律讲求的是有边界，出了边界就不行，不能做，否则要受处罚。所以法律条文的制定，包括金融规则的制定，多数是 0 或 1、黑或白，少数是台阶式的，因为这样比较容易描述，而连续函数式是不那么容易描述的。但如果从调控和实现系统稳定性角度来看，应该说连续函数可能更容易实现有效的反馈调节。如前所述，如果使用连续函数，会有一些不可计量部分难以处理，但是在金融市场中，G－SIFIs 等多数内容还都是可计量的；对于少数不可计量的内容，仍然可采用专家打分法或加权专家意见法来测定。需要在全局上、在总体上采用打分法。总资产、总盈利这类好计量的指标就直接用数字，国际活跃度等不好计量的可采用打分法，把二者结合起来。

第三个问题是递推法。

不管采用"0/1 法"还是采用函数法，都要经得起时间的考验。人的认识是不断变化的，需要动态校正，在数学模型里用的是递推，也有人用"迭代"这个词，也就是隔一段时间采用递推的办法对以前的参数、权重进行校正，校正以后会产生新一轮结果。所以，第一轮 G－SIFIs 纳入了中国银行，第二轮有建设银行、工商银行，最后农业银行也都纳入了。这是动态发展，也是校正的结果。

顺便说一下，在应对金融危机和建立新规则的过程中，有很多是妥协式共识。真正的共识有时候是达不成的，就像当前我们众人关注的贸易问题，要想全面达成共识是不容易的，最后往往是妥协式共识。应对金融危机过程中一个重要的内容就是国际货币基金组织（IMF）第14轮份额审议，份额评审2010年就做完了，结果是中国等新兴市场国家份额要增加，中国份额要增到6.9%，发达国家特别是欧洲国家份额要适当降低一些，整个达成过程就是妥协式共识。其实在商谈过程中，谁都有谁的道理，光讲道理是说服不了别人的，最后大家都要寻求一种妥协的办法。但妥协式共识达成后，有的国家还不服气，特别是有些大国说要立法批准，结果一拖就拖了5~6年。直到两年前才真正解决第14轮份额审议问题。所以我们也提出一个办法，可以用递推法的思维来解决这个问题。比如不管现在的份额权重是否合理，可以用份额权重加权来进行投票和表决。如果说当前的权重不合理，还有下一轮权重修改机会，就是刚才所说的递推式校正的办法。在递推过程中大家也看到了，在第14轮份额评审之后马上就进入了第15轮份额评审，但到目前为止还没什么突出进展，看来也很难产生共识，这也是令IMF很头疼的一件事。因此，需要在这种妥协式共识的基础上采用一些新思维，运用一些更有综合性的数学方法加以解决。

第四个问题是向量思维。

目前，国际金融危机爆发已有十年，我也参加了一些总结性讨论，特别是针对危机如何产生，初始应对时哪些做得对、哪些做得不对等，这些讨论对我非常有启发。其中有一条，传统的经济学在方法上比较注重单变量的分析和直链逻辑关系，即由A产生B，再由B产生C。比如对于国际金融危机的产生，有人是从货币政策看，认为纳斯达克泡沫破裂以后，美国紧接着发生了"安然事件"（the Enron Incident）、"9·11事件"，导致美国货币政策很长一段时间保持宽松，后来虽然开始收紧，但已经太晚了，导致了金融危机。也有人是从住房抵押贷款（MBS）看，认为MBS机构都是一些小型的经纪机构，把MBS质量做得很差，只关心如何卖掉，而且卖掉后就"事不关己"了，这种道德风险造成了次贷危机。这些说法都只是强调了某一条逻辑因果路线，实际上金融危机的原因肯定很复杂，是多变量而非单变量能解释的，可能需要向量思维才能分析得更好。一般而言，我们进行模型分析时往往是比较综合性的，但模型应用的向量往往是把同一性质、同一关系的变量写成向量。比方说商品价格，虽然有商品1、商品2、商品3，但都是价格，而且形成机制也一样。这样用向量和矩阵表达更加方便简洁，但不是异质变量。因此，如果有可能，我们要更多地向异质型多变量的向量分析去发展。

第五个问题是条件概率分布。

我们现在所用的金融市场模型和经济学模型绝大多数都是描写静态平衡关系的，比如一般均衡、最优理论，但危机可能是由某些小概率事件引发的，因为小概率有可能变大，出现尾部效应和肥尾问题，但是从概率的角度又不容易看透其背后本质，因为把它归结为小概率，归到正态分布尾部去了。国际金融危机期间，我们在处理汇率问题时，对外描述时就采用了"条件概率"的表达法，即我们不把小概率当作未知的东西，而是强调在不同的条件下，小概率如何形成、如何变化，同时某些小概率会不会同别人"撞车"，"撞车"后会不会变成中概率甚至大概率。这种方法对于当前分析问题也是有意义的。谁都知道杠杆率高可能会出问题，但是全球也存在一些杠杆率高而没出问题的国家，所以杠杆率高一定要结合其他条件状况或者其他变量，它们在"撞车"或者共同作用下就会变得很危险。类似的例子很多，比如当前的资本外流，是不是由于美元加息、美债收益率提高和国际资本流动所致？最近，大家都关心阿根廷是不是会像以前一样再度出现"庇隆主义"。其问题是某一变量单独就决定，还是必须有几个因素共同作用才会导致？阿根廷下一步会怎么样？事实上，阿根廷很大的问题在于债务，在于资本外流，当然还包括内政问题。

总之，传统的思考模式和表达模式对于分析国际金融危机显得有所不足，同时在各种讨论中容易形成各说各话，最后不见得能形成共识，这给我们防止下一轮金融危机发生带来了困难。以上是一些我们从金融危机总结中可以思考的、可以改进的、可以充实提高的研究分析和制定政策的方法，它们使我们没有白白经历危机，让我们可以学到更多东西。

金融稳定、公司治理与金融监管

一、民营企业、金融机构与金融稳定[①]

最近有些民营企业尤其是大型企业，如华信系、明天系、安邦系等，出现较大的问题，对民营企业的信心和融资都产生影响。还有些企业正在收缩资产负债表、出售资产以改善财务状况，包括海航和其他中型企业等。一般而言，企业出现问题后，必须修复资产负债表进行自我挽救。当金融机构发现企业出现问题后，比如企业债券违约，会减少信贷和其他金融服务以规避风险，进而引发金融市场的连锁收缩。

——华信系：借贷巨额资金，在融资过程中快速扩张海外业务。华信的主营业务是能源贸易，可能是利用部分虚假销售快速增加销售额和周转量，很快成为世界 500 强公司。华信融资非常多，其从国家开发银行贷款几百亿元。在融资过程中扩大海外业务，包括收购一家捷克金融机构，以及其他几项投资等，涉及捷克及周边欧洲国家，扩张速度惊人。华信出现问题后，国家开发银行遭受了一定的信誉损失。华信收购金融机构尚没有造成非常大的影响，但若放任不管，以后可能出现大的问题。

---

① 源自周小川 2019 年 10 月 15 日在湖南金融学会举办的"公司治理与金融稳定"讲座上的发言。

——明天系：布局金融机构范围广、年限长，通过旗下金融机构融资并掩盖风险。明天系布局金融机构经营年限很长，在这个过程中，明天系资本外逃也好，收购兼并也好，都利用了金融机构提供的资金。明天系出现问题后，仍需要这些金融机构帮忙掩盖，防止风险暴露后一发不可收拾。为了不在短期内影响金融稳定，只能默许其继续融资、自融，不敢马上切断融资渠道。总之，明天系的问题比华信系严重若干倍，大一个数量级都有可能。

——安邦系：利用虚假资本金放大杠杆，实现快速扩张。安邦进入保险业时间不长，但扩张速度相当快。安邦收购了不少金融机构，包括收购信用社然后转成农商行，它曾是成都农商行的大股东。由于金融机构开展业务必须有强大的资本作支撑，安邦通过虚假增加资本金的方式快速扩大业务规模。一方面，就保险资金而言，保费收入可以用于合规的股权投资，因此，保费收入可以转为资本金，资本金再去放大杠杆，就可以借得更多。另一方面，农商行、城商行的存款，按照规定只能用于发放贷款。但是贷款通过中间环节，借助信托投资公司或其他渠道，也可以转为资本金，资本金再投资于保险公司，保险公司股本增加、偿付能力增强，这样又可以大幅度扩大保险业务。总的来看，安邦通过踩线或者过线的变相操作虚假增加资本金，得以快速膨胀。

——海航系：多元化发展及海外扩张，出现问题后缩减资产负债表、出售资产以弥补缺口。海航这家公司从表面上看航空运输业务做得还不错，但确实扩张得比较快，且多元化现象突出，涉及收购海外旅馆和其他行业资产等各个方面，杠杆率比较高。在出现问题以后，海航决定缩减资产负债表，通过出售资产、适当缩短战线以弥补缺口。从外部观察来看，这个思路应该是对的，但是无法确定在收缩过程中能否实现自救。这涉及资产、业务的购入和卖出价格，涉及出售的资产是否有一定盈利、可弥补已经存在的缺口，同时将杠杆率压降到正常水平。

金融机构和实体经济共生共荣，民营企业出现问题必然牵连金融机构。民营企业出现问题后，有部分金融机构也随之出现问题。出现问题的金融机构有两种。一种是被民营集团类公司控制的金融机构。深圳《财富》杂志曾经分析，中国有 28 家民营企业集团希望成为金融控股公司，目的是多元化发展和解决自身融资问题。而解决自身融资又有两种方式：合法途径以及以不合法、不合规的方式实现自融。另一种是公司治理方面存在缺陷的金融机构。比如董事会和股东大会等公司内部制衡机制基本上形同虚设等，由一两个人说了算。这类机构在信贷结构、金融产品和服务上会有明显的问题，比如信贷资金可能自己用了，或者给熟人用了，根本没进行翔实的风险分析。因此，除了民营企业的公司治理问题外，还要重视金融机构的治理改革问题。

金融机构出问题会引发收缩，产生的连锁反应比较严重。如果有一两家金融机构出了问题，在金融市场上对价格、数量产生影响，拆借市场、短期票据市场等就会出现紧张状态，进而引发那些过度依赖短期融资、滚动操作的其他中小型金融机构的问题暴露。

网贷（P2P）大规模崩塌也反映出公司治理方面的问题。P2P多数以互联网平台、高新科技平台的方式出现，既没有申请牌照，也没有资本金作支撑，缺乏抗风险能力。P2P 如果作为纯信息中介平台可能问题不大，但大多数都涉足金融业务，搞资金池。与 P2P 相联系的还有资金交易平台，有些平台的股东可能就是出问题的民营金融控股集团。这些机构的合规性、公司治理都出现比较大的问题。

要重视金融稳定的临界点。上述这些问题分开看可能不算特别大的问题，但是一起出现的时候，就是相当明显的金融稳定问题。金融稳定的临界点往往难以判断。比如，2008 年国际金融危机爆发，美国当局包括财政部、美联储等都清楚，太大的机构必须进行救助，不救会产生系统性风险，小的机构不能救，救助太多会产生道德风险，中型机构则要在救与不救之间作出判断。但是，哪个机构该救、哪个机构不该救，最后临界点就在雷曼兄弟。当时认为雷曼兄弟还不够大，不至于产生那么大的影响，但是雷曼兄弟倒闭导致了整个金融危机的爆发。因此，即使金融机构规模不太大，也要非常小心，要注意金融稳定的临界点。

二、完善公司治理促进金融稳定[①]

上述一系列大中型企业集团陷入危机，甚至被接管清盘，部分金融机构因此出现问题，导致金融风险明显上升，各种违约现象发生较多，甚至危及金融稳定。这些问题的出现有多种原因，但问题企业和金融机构在公司治理上的缺陷是导致金融风险加剧的重要原因。公司治理是企业改革的重要组成部分，要提高对企业改革的重视程度，明确企业改革仍未结束、公司治理任重道远。

——问题企业"野蛮扩张"，显著特点是高杠杆。一是靠向金融机构借款、发债等加杠杆，很多企业还利用自己控制的金融机构进行关联交易。二是利用虚假资本金。通过虚假的、违规的、变向的而非真实的资本金，实现了资本金快速扩张。虚假资本金再加上放大的杠杆，让一些企业的扩张速度很快就成为天文

---

① 源自周小川 2019 年 11 月 4 日在国家自然科学基金应急管理项目"防范和化解金融风险"课题交流会上的讲话。

数字。

关于挪用其他资金作为资本金，安邦系做得非常明显。其通过控制成都农商行等几家金融机构，把其他的资金包括存款资金、信贷资金设法转为资本金。此外，利用保险业保费可用于投资的特点，其将保费资金在集团内部交叉投资，最后也变成资本金。资本金增加以后继续加大杠杆，膨胀就进一步加快。

——问题企业在内部、外部审计等公司治理方面存在巨大缺陷。问题公司没有公司治理的基本架构，或者有但不发挥作用，没有正常决策程序，由少数人、家族中几个人或领头人说了算。财务上，没有内审机构，也没有正常的外部审计，各种会计科目随意挪用或乱用等。总之，问题企业公司治理与我国《公司法》及监管部门对上市公司和金融机构要求的公司治理原则和准则，以及国际实践、《G20/OECD 公司治理原则》均相去甚远。

——问题企业杠杆性融资也是涉及公司治理的重大问题。《G20/OECD 公司治理原则》明确，企业借贷是有可能影响股东利益的，需要董事会作出决议。但在国内，过去认为公司注资要通过董事会，而借款属于日常经营决策，由管理层、总经理决定即可。实际上，借款如果有风险，损失仍会由股东承担。因此，公司治理上非常明确：如果是循环使用的流动资金，特别是金融机构给予的循环融资额度，在额度之内授权管理层负责即可；而新增债务，属于股东风险，需要董事会作出决议。对此，问题企业往往没有做到，其在高杠杆融资时并没有执行正常的决策程序。

——大型企业插足金融类公司，由于缺乏公司治理上的良好实践和基本原则，一旦出问题将拖累金融机构和金融市场。大型企业插足金融类公司，目的之一是支持一定程度的自融，以及这些金融企业获得的融资能迅速变成虚假资本金，实现快速扩张。

这些企业一旦出现问题，必然拖垮一部分金融机构。同时由于金融市场的相互关联性，还会导致另一部分金融机构出现问题。比如，包商银行为明天系提供大量自融，同时自身大量使用拆借市场、同业票据融资，从而大量拖累同业金融机构。其在公司治理方面存在严重问题，受上层控股公司不正常干预和控制，没有建立正常的决策程序，控股股东或者实际控制人还通过各种渠道虚假注资稀释地方政府或其他企业股东的股份等。这样的金融机构容易受控股集团拖累而出现问题。

——部分金融机构由于自身公司治理缺陷而出现问题。部分金融机构并不属于某一控股集团，典型的像恒丰银行、锦州银行，出事往往是本身短期融资过多，大量依靠短期融资来维持资产负债表，既不合规也不可持续。同时，这些机构的不良资产规模较大，关系类贷款、自融类贷款规模相当惊人。金融机构如果资产质量好，只需稍微收缩资产规模，就能还上欠款，但如果资产质量不行，修复起来就很困难。为什么资产质量这么差？主要原因在于这些机构公司治理形同虚设，比如董事会基本不开会，决策由少数个人说了算，内部缺乏制衡机制等等，在金融市场的波动和交叉影响下，很容易出现问题。

——企业改革必须继续重视，而公司治理是企业改革的重要组成部分，必须进一步加强。中国历来强调企业改革。20 世纪八九十年代，所有改革中最受重视的是企业改革，有一个说法叫"企业改革是改革的出发点，企业改革也是改革的落脚点"。比如90 年代股份制改革，国有企业向公司化改革，通过发行上市转换为公众公司，金融系统的企业在公司化改革上也迈出了很大步伐。最近几年，有观点认为企业改革大部分路程已经走完了，企业也改得比较好了。但从暴露的问题看，企业改革的问题还很多。在中央提出国家治理体系和治理能力现代化的背景下，需要进一步深化企业改革，进一步加强公司治理，国民经济才能走向高质量发展的新路径。

——国有企业和民营企业有很多问题是共性的，包括公司治理方面的许多缺陷。国企也有不少高杠杆膨胀的做法，特别是依靠海外融资，通过高杠杆收购实现"以小吃大"。例如，中国化工集团收购农药和转基因企业瑞士先正达，所需资金规模高达近500亿美元。有些民企说，部分国企膨胀比民企厉害，民企的一些做法是观察国企怎么做、地方政府怎么做学来的。因此，国企和民企有些现象和问题是共性的，包括公司治理方面的许多缺陷。

——建立有效的制衡机制是改善公司治理的关键①。企业改革不能忽视机制建设，不管是实体经济、民营企业还是金融机构，都必须通过进一步的企业改革，特别是以发展健全的公司治理结构为主的改革来完善机制建设。既要避免内部制衡机制失调，也要防止外部制衡机制失灵。要进一步完善公司股权结构和所有者结构，夯实股权制衡基础，避免大股东干预或内部人控制；健全运作规则，强化制度约束，完善组织制衡机制；推进市场建设，完善市场机制的外部约束作用。《G20/OECD公司治理原则》内容较多且涉及很多细节，值得参考和研究。

同时，需要探索加强党的领导和强化制衡机制的关系。加强党的领导有助于完善公司治理，但不能把党的领导简单理解为党体系下的层级式制度，即按照一把手、二把手、三把手，二把手三把手要听一把手的传统。否则现代企业的公司治理可能失效，"三会一层"制衡机制可能失灵。

——公司治理监管是监管内容的一个重要方面，应该得到加

---

① 源自周小川2022年3月29日在相关座谈会上的发言。

强。一是在监管部门对上市公司、金融机构制定的公司治理相关规定之外，中国应该有更高层次的、配合《公司法》的公司治理原则，或者可以把《G20/OECD 公司治理原则》拿过来用。二是在金融机构监管特别是银行监管方面，巴塞尔协议Ⅲ明确提出了净稳定融资比例（NFSR）、杠杆率、资产质量、资本质量等概念，我国在这方面的执行力度不够。比如，有的金融机构资本质量存在重大的问题。一些中小型金融机构净稳定融资比例不够，资产负债表的负债方大量依靠短期不稳定的融资。三是对一些实体经济公司，在其高速膨胀、野蛮扩张过程中，存在监管不足或无人监管的问题。所以，要有企业改革、公司治理的基本原则，才能做得更好。

三、金融监管尚需进一步改进①

2017 年第五次全国金融工作会议后，我国通过监管体制改革，在中央层面改革建立了"一委一行两会一局"的金融监管格局，一定程度上化解了互联网金融、影子银行等领域的监管真空问题，完善了行为监管和宏观审慎管理。同时，组建地方金融监管局，负责监管"7＋4"行业机构，承担属地金融监管职责和属地风险处置责任。与此同时，一些长期存在的利益冲突问题仍需要通过进一步的监管体制改革来予以实质性解决。

——金融监管部门同时承担了行业主管以及市场发展的职责，不同目标带来诸多利益冲突。一是监管与发展不分。受传统计划经济思维影响，监管部门不仅是监管部门，而且是主管部门，甚至插手金融机构干部任命。二是监管不到位。包括对金融

①　源自周小川 2022 年 3 月 29 日在相关座谈会上的发言。

机构治理结构的监管不到位，对股东贷款、股东挪用资金、内部制衡机制建设等监管约束不足。三是存在监管腐败或监管俘获。习近平总书记在 2017 年全国金融工作会议讲话中提到"猫不捉老鼠"。一些金融监管部门与金融机构"猫鼠一家"，如包商银行背后原内蒙古银监局腐败窝案、部分农信社联社系统腐败案等。随着市场力量的壮大和市场机制的完善，监管部门目标的内在矛盾越来越突出。

监管部门从行业主管角度，容易在金融风险暴露后帮助"捂盖子"，可能通过救助掩盖监管缺陷。有的监管人员救助金融机构靠"四大法宝"：一是卖牌照，即发放新的牌照，要求新进入者多出资，或者吸收问题机构的损失。二是"一帮一、一对红"，即利用监管职能，要求好机构帮扶或合并落后的机构。三是哪怕都是坏的，也可以捆绑在一起，使危机不至于马上发生。四是扩大经营范围，给一些"有甜头"的业务许可。正是有这"四大法宝"，有的监管人员对处置风险信心满满。近年来，问题金融机构的损失金额越来越大，靠"四大法宝"就不够用了，监管部门的态度已有所改变。

——地方金融监管的权责利一致性仍有差距。2017 年第五次全国金融工作会议强调，金融管理主要是中央事权，地方政府要在坚持这一前提下，按照中央统一规则，强化属地风险处置责任。但自上一轮监管体制改革以来，业界及地方政府对如何划分地方金融监管责任仍有不少不同意见，当前的格局距离权、责、利一致性仍有不小的差距，还面临不少争议和挑战。

一是地方金融监管和风险处置权责不统一。随着金融科技的发展，一些金融机构突破地域限制、跨区域经营，使央地、注册地与风险发生地之间权责存在冲突。中央金融监管部门、注册地的地方金融监管局拥有监管权，而风险发生地的地方金融监管局承担风险处置的属地责任，权责不统一，风险早期发现和纠正有难度，更易造成地方以处置风险为借口，向中央讨价还价。金融监管和风险处置问题可能呈现央地博弈。

二是救助责任归属以及救助资金如何划分。金融风险爆发后，由谁来救，救助责任在央地之间合理划分是风险处置的前提。如2003年农信社改革时，原计划农信社归地方监管，当时银监会坚持由其监管，致使救助权责没有厘清。此外，一旦实施救助，就会涉及动用地方财政资金，所需救助金额可能超出当地政府的承受力①。如广东省湛江市在推进9家农信社改制过程中，发行了17.46亿元土地储备专项债券，给地方财政带来较大的压力。

三是地方金融监管起步时力量薄弱。一些地方金融监管部门人员编制、专业能力、监管手段不足，工作任务繁重与监管力量不足之间的矛盾，制约地方金融监管效能的提升。

——金融稳定要依靠金融监管体制的深度改革。相较而言，上一轮监管体制改革属于"小手术"，没有实质性解决一些利益冲突问题，包括金融监管与部门主管的目标冲突、监管权责纷争等。2018年发布的"三定"方案第四条对银保监会内设机构的规定显示，银保监会仍承担发展职能。证监会主要职责也包括研究和拟订证券期货市场的发展规划等发展职能。地方金融监督管理局建立在原地方政府金融办基础上，也没有完全剥离发展职能。此外，国内外监管经验尚待科学全面总结，监管机构改革结果也不完全符合市场经济运行规律。

随着金融形势变化，还需要深化金融监管体制改革，关键是

---

① 早期风险处置时，存款保险制度和相关行业保障基金尚未建立，化解风险资金来源较少，人民银行在维护金融稳定上发挥了积极作用，如大型国有银行改革、农信社改革、证券公司风险处置等。

要转变监管部门定位，进一步分离监管部门的发展职能，特别是对主要股指、主要景气总量指标的追求，把行业主管和发展主导权交给市场，做到"监管姓监"。从专业制衡的角度完善金融监管体制，优化金融监管权力配置，从根本上解决金融监管中定位不清、效能不高的问题，提高机构履职尽责能力和水平。加强金融监管权力监督，消除金融腐败的土壤。

四、解决好地方政府不当干预金融的风险[①]

——我国地方财政的约束机制不健全。从案例来看，美国地方政府可以破产，加州橙县、底特律等地面临财政问题时，不得不通过裁员、削减地方公职人员养老金、出售资产等方式应对，直至宣告破产。相比之下，我国地方政府有中央的隐性担保，约束机制不够硬。遇到财政困难时，地方政府往往寻求中央政府支持，地方党政主管写信检讨，同时恳请中央财力帮助解决，往往能奏效。

——受央地争权和财政关系的影响，地方政府为承担事权倾向于行政干预金融业务，使财政风险转化为金融风险。近年来，一些地方政府财力薄弱，但支出责任大，大量依靠地方债、融资平台、城投公司等进行融资。这既造成公共性业务、政策性业务和商业性业务之间界限不清，也使得财务安排不明，衍生出地方政府隐性债务风险和金融风险。部分金融机构出于对当前财政体制的"信仰"，助推地方政府变相举债，使相关风险进一步积累。

——要从根本上理顺央地财政关系，防范地方财政风险向金融领域传染。国际比较研究显示，不少大国实现财政联邦制式，

---

① 源自周小川 2022 年 3 月 29 日在相关座谈会上的发言。

地方政府事权和财政约束较为明晰，而苏联和东欧国家在经济转轨过程中普遍出现大量的损失和风险，财政负担沉重，向金融系统透支的现象大量发生。要系统总结国际经验，妥善处理各类金融机构历史包袱，避免其成为潜在金融风险的重要根源。立足我国国情，要加快推进央地财政关系改革，进一步使转移支付规则化，推动财力下沉，完善立法监督，提高规范化、法治化水平。

五、完善会计审计监管体系①

——改革开放以来，我国会计师事务所服务质量有所提升，但仍然存在严重不足。一是我国是转轨国家②，会计师事务所建设起步较晚，维护诚信和声誉的意识和传统不足。如正中珠江会计师事务所为康美药业伪造审计证据、制造虚假走访记录，深圳堂堂会计师事务所协助＊ST新亿虚构收入、参与修改重要合同。二是部分会计师事务所内部仍存在承包制、"旋转门"等问题，业务分部或合伙人各自为政、"分灶吃饭"，内部管理松散，谁做的业务谁赚钱，散伙再重构也不难。如利安达会计师事务所的内部考评机制未将审计质量纳入考核，导致不重视事务所品牌声誉，2012—2019年共受到证监会处罚7次。三是审计制度及程序执行不到位，复核制度流于形式，工作质量和专业性有待提升。如，立信会计师事务所连续三级复核未发现金亚科技、＊ST国药审计资料漏洞、工作底稿完整性欠缺等问题。

近年来，以康美药业、康得新为典型的上市公司财务造假及

---

① 源自周小川2022年3月29日在相关座谈会上的发言。
② 新兴经济体的第三方专业机构从无到有，声誉的价值低，服务质量不高。即使发达经济体，也不乏因第三方专业机构未尽职守而影响金融稳定的案例，如美国安然事件、欧洲帕玛拉特丑闻、2008年国际金融危机后对依赖评级机构的批判等。

审计失败案例较多，涉及金额巨大，严重损害投资者的信心。会计师事务所未能充分发挥风险识别和监督作用，也使企业经营及融资风险积累缺乏制衡力。提升会计师事务所的诚信和品牌价值势在必行。

——要扩大高水平对外开放，完善会计审计监管体系，持续提升会计师事务所服务质量。通过深化开放强化竞争，提升会计、审计工作的质量和透明度，倒逼国内加速采用国际化标准。完善会计审计监管体系，防止出具虚假报告的机构通过合并等方式变相逃避处罚，妥善解决对会计师事务所多头检查等问题，加强政策协调，形成监管合力，提升监管效能。

议题九

ESG 与普惠金融

编者引言

近年来，越来越多证据显示，人类社会正面临环境恶化、技术进步（超越法律、道德和认知）和贫富差距扩大（导致社会对立、民粹主义）并存等一系列重大而急迫的风险和挑战，这也是经济可持续增长的核心关切。为了应对这些挑战，ESG（环境、社会责任及公司治理）理念和 ESG 投资应运而生。

可以说，ESG 理念和早先的普惠金融概念一脉相承。值得关注的是，科技进步，尤其是数字技术与网络的发展为普惠金融赋予了新的含义，催生所谓"数字普惠金融"，与此同时，数字和网络这些新兴技术也对传统的普惠金融机构、普惠金融模式和更广义的金融系统构成冲击。

本议题的关注点是，ESG 和普惠金融所遵循的经济学和市场规律有哪些？这些规律是否因为数字和网络技术的普及而发生改变？从更宏观的视角看，技术的突飞猛进是否改变了与储蓄、投资有关的资源配置规律，以及生产与消费之间的一般均衡？更进一步，从信息系统底层架构出发，目前看来呼声很高的信息共有架构是否会成为未来的主流模式？

尽管环境、科技带来了很多变化，有些变化具有颠覆性，但 ESG、普惠金融，以及广义金融服务，遵循着一组经济学和市场规律，这些规律并不那么容易发生改变。

如何处理 ESG 和古典经济学企业目标函数（利润最大化）的

衔接？本议题认为，ESG 投资是市场自发的对"市场失效"现象的一种纠错机制，它试图鼓励企业尽可能把自身商业行为对环境、社会造成的外部性"内部化"，鼓励企业主动重新划定企业与市场的边界，并在新的边界内追求企业财务绩效。也就是说，ESG 更多地表现为约束条件，企业在满足 ESG 合规的条件下仍会追求利润最大化。

针对普惠金融服务以及数字普惠金融，本议题认为，利用新科技提供金融服务仍应遵守被广为认同的现行市场规则：

——金融机构的可持续性，特别是财务可持续性是基础。金融机构与实体经济是共生局面：好的实体经济为金融服务提供合理的回报；而金融机构也需不断提升财务可持续的能力，包括资本、资产负债表、金融工具、识别和吸收风险的能力等多项指标，服务于实体经济。

——金融机构的风控和监管仍然至关重要。一些对普惠金融有热情的数字科技机构可能存在忽悠（hype）的现象，也有一些机构打着普惠金融的"幌子"而实际看重其他一些目标，在风险识别、管理和控制方面出了差错，而监管也未跟上，从而导致了大量问题。

——切实有效的激励机制是关键，激励机制和社会责任需寻求一致性。有针对性（而非慷慨无度）的财政和结构性金融政策，及某些社会导向政策是必要的。激励不仅在于补贴，更在于机制。

——需减少扭曲，防止走偏，防范道德风险。由于存在资本市场融资和 IPO 的诱惑，受科技快速发展和高估值的影响，社会上产生了急功近利的做法。一些金融机构，包括一些民营的小型基层金融机构都受这种思潮的裹挟而走偏，酿成惨痛教训。

从微观和宏观平衡角度出发，应特别强调三大市场主体收支平衡和财务纪律,对过度消费信贷应敲响警钟。企业、个人(家庭)和政府,都应基本实现以收定支,这是市场经济正常运行的基本前提,也是基本规律。跨期消费应遵循多周期或跨期的收支平衡、量入为出原则。大幅度依靠透支型无指向经常性消费贷款来提升总需求,可能导致行为扭曲,并带来风险,同时也和 ESG 的可持续原则背道而驰。

从信息系统架构的角度出发,本议题提出了三种模式:

——信息公用模式:几乎所有重要信息,包括金融信息、客户信息都集中为公共信息,银企关系松散,类似"盎格鲁——撒克逊模式";

——信息私有模式:信息是局部的,在具体银行和具体企业之间分享,并不特别强调建设社会信用体系,银企关系紧密,类似过去日本和韩国的主银行制度;

——混合模式:信息公用模式和信息私有模式混合,即在两者之间取某一种平衡点。

在此基础上,需对科技进展作冷静分析,目前信息公用模式似乎风头更劲,但建设集中、公开、共享的信息系统并不能解决所有问题,部分信息以分散、私有、局部的方式收集和处理更有效率。需要考虑的因素有:

——解决数据与维护的激励机制。信息本身就有局部、私有的特征,信息收集者以一定的收集成本换取信息优势,若强迫信息公开共享,信息优势不复存在,信息收集也就失去了激励。同时,信息集中共享并不能保证信息的准确真实,要避免违背"激励相容原理"和"真实显示原理"。

——关注用超算去实现资源配置优化的可行性。"计算复杂性原理"证明,特大规模的资源配置优化计算是不可行的。即便是信息高度集中成为可能,共享成为可能,但若不能保证优化计算，在机制上也无法替代市场的资源配置优化功能。

——信息成本不会完全降为零。从信息处理流程看，除了收集、传递、维护以外，一旦有错也需纠正，这些工作都会转化为成本。此外，还涉及把非结构化数据转换为结构化数据，而信息成本关乎计划与市场的关系。

——关注信息的层级传导问题。像中国这样的大国，有中央政府、省级政府、市级政府、县级政府以及镇、村等各个层次体系，如何实现有效且不失真的传导，需仔细论证。

最后，算法的可解释性、隐私保护、公平非歧视，也是需被关切的重要问题。

ESG 生态体系及金融机构的角色

一、ESG 投资简介

ESG（环境、社会责任及公司治理）投资，也称负责任投资，是近 20 年全球投资领域出现的一股新潮流。2004 年，联合国全球契约组织（UN Global Compact）在一份报告中首次提出 ESG 的概念。2006 年，联合国邀请全球 100 家大型机构投资者共同成立了"负责任投资原则组织"（Principles for Responsible Investment，UN – PRI）。根据 UN – PRI 的定义，负责任投资就是"将 ESG 因素纳入投资决策及积极所有权（Active Ownership）的投资策略和实践"。自此，UN – PRI 成为推动全球 ESG 投资的领军机构。

截至 2021 年底，UN – PRI 的签约机构已增加到 3826 家，这些机构管理的资产规模（AUM）超过 121 万亿美元，其中 29 万亿美元来自资产所有者（Asset Owner）；全球 ESG 基金的资产管理规模也达到 2.7 万亿美元，约为 2020 年初的 3 倍。在中国，ESG 投资虽然起步较晚，但发展迅速。截至 2021 年底，签署 UN – PRI 的中国机构已达 83 家，其中超过一半的机构（51 家）是在 2020—2021 年加入的。截至 2022 年 4 月底，中国国内已有 159 只 ESG 主题的公募基金，其中 2021 年初以来新发行产品的数

量就超过了 2017—2020 年的总和；ESG 基金的资产管理规模达到
2269 亿元人民币，较 2020 年底增长了 20%。

广义地说，ESG 投资除包括股权投资（如绿色股票、ESG 基
金、ETF 及 PE/VC 等）外，还包括债权投资（如绿色债券、绿
色贷款、碳中和债券、转型债券、可持续发展债券、蓝色债券、
社会责任债券等）、社区投资项目、碳排放权及碳汇投资等。这
些领域的发展也非常迅速。根据有关统计，以绿色债券为例，全
球绿色债券的年度发行额已从 2012 年的 26 亿美元增长到 2020 年
的 2901 亿美元，涨幅超过 110 倍；中国 2015 年首次发行绿色债
券，到 2021 年，中国境内主体的绿色债券年度发行规模已超过
6000 亿元人民币，约为 2016 年发行量的 3 倍。此外，截至 2021
年末，中国的本外币绿色贷款余额已达 15.9 万亿元人民币，同比
增长 33%，存量规模居全球第一。

二、ESG 投资兴起的社会背景

ESG 投资的快速兴起有深刻的社会政治背景。过去 20 年来，
越来越多的证据显示，人类社会正面临一系列重大而急迫的风险
和挑战，推动一批富有社会责任感的机构投资者竭力寻找可行的
解决方案。

一是环境恶化。过去半个多世纪，全球经济快速发展给人类
社会带来了巨大福利，但也造成巨大的环境压力（如气候变化、
环境污染、水资源枯竭、生物多样性下降等）。尤其是气候变化
是真实而又急迫的风险，需要加快应对。这不只是政府的责任，
所有企业、金融机构和个人都要立即行动起来。2015 年，联合国
通过旨在减缓全球气候变暖的《巴黎协定》；2021 年，全球各国
在第 26 届联合国气候变化大会（COP26）上就于本世纪中期实现

碳中和的必要性和急迫性达成共识；包括中国、美国在内的约 140 个国家和地区已承诺实现碳中和的目标。这些都反映了全球对气候变化风险的高度关注，也成为近年来推动 ESG 投资的重要因素之一。

二是技术进步带来的挑战。过去半个多世纪，全球科技发展日新月异，在带来生产力大幅提升的同时，也带来很多社会问题。比如，人工智能导致大量就业岗位消失，技术安全、数据滥用、隐私泄露、算法洗脑、平台垄断、机器人操纵以及某些存在争议的生命科技等带来大量伦理挑战。科技进步的步伐有可能超越法律、道德以及人类认知前进的步伐，威胁社会稳定甚至人类社会的安全。面对这些挑战，2021 年底，联合国教科文组织（UNESCO）通过了首个关于人工智能（AI）伦理的全球协议《人工智能伦理建议书》，用于指导 193 个成员建设必需的法律框架，确保人工智能可以造福人类、个人、社会、环境和生态系统，同时防止危害。2022 年 3 月，中共中央办公厅、国务院办公厅联合发布《关于加强科技伦理治理的意见》，以防控科技伦理风险，推动科技向善。

三是贫富差距扩大。过去半个世纪以来，伴随全球经济的快速发展，也出现了贫富差距日益扩大的现象。2013 年，法国经济学家皮凯蒂出版《21 世纪资本论》，用大量历史数据证实了贫富差距扩大的事实、原因及发展趋势，引发全球关注。贫富差距扩大加剧了社会对立，导致民粹主义、分离主义、单边主义、排外情绪升温，极左极右思潮在各国兴起，威胁社会稳定。为解决这些问题，各国政府不得不加大二次分配的力度，大幅度扩大财政开支和福利支出。

在以上社会背景下，ESG 投资应运而生。一批富有社会责任感的机构投资者决定借助自身投资来影响投资标的（企业）的行为，激励标的企业在运营中尽可能改善自身在环境、社会责任及公司治理方面的表现，以应对日益严峻的气候变化、环境污染、贫富差距等挑战，降低技术快速变革可能带来的安全隐患、伦理冲突及社会矛盾。在制定投资决策时，这些投资者在进行传统的财务分析之外，还要评估投资标的的 ESG 表现，作为投资决策的重要参考指标。如果被投资企业在 ESG 方面表现欠佳，ESG 投资者会采取拒绝投资、减少投资、退出投资，或通过积极所有权策略要求被投资企业改善 ESG 实践等措施。

具体来说，在环境（E）方面，ESG 投资者要评估被投资企业在碳排放、环境污染、水资源利用、能源使用效率、可再生能源的利用、废料处理、土地使用、对生物多样性的影响等方面的表现；在社会责任（S）方面，ESG 投资者要评估被投资企业在人力资本管理、劳工标准、公平就业、员工健康、产品质量与安全、隐私与数据安全等方面的表现；在公司治理（G）方面，ESG 投资者要评估被投资企业在董事会结构和多样性、董事会独立性、管理层薪酬、税收及审计政策、关联方交易、腐败及贿赂，以及财务稳定性等方面的表现。

ESG 投资者的这些举措，有些是响应各国政府和监管机构的号召，有些与各国政府和监管机构的目标不谋而合，有些则是超出了监管机构要求的高度自律的行为，还有些试图通过 ESG 的自律机制尽可能减少政府干预的必要性。ESG 投资者试图使用自己的投资，通过"用脚投票"的市场机制来引导投资标的（企业）采取自律行为，激励企业承担更多的社会责任。可以说，ESG 投资是市场自发的对"市场失效"现象的一种纠错机制。它鼓励企业尽可能把自身商业行为对环境、社会造成的外部性"内部化"，鼓励企业主动重新划定企业与市场的边界，并在新的边界内追求利润最大化。

三、ESG 生态体系的构成

ESG 投资的快速发展，得益于全球 ESG 生态体系的形成和完善。在这一生态体系中，有四类主要的参与主体，包括投资者、企业、中介机构和监管机构。这四类机构相互支持、相互推动，使 ESG 投资与实践进入一个良性循环。

投资者是 ESG 投资的发起人和推动者，可分为资产委托机构（Asset Owner，如主权财富基金、退休基金、大学家族办公室、保险公司等）和资产受托机构（Asset Manager，如公募基金、私募股权基金、对冲基金等）它们主动将环境、社会责任和公司治理等因素纳入投资决策分析，对投资标的在这三个领域的表现进行评估，结合传统的利润最大化的财务目标，作出是否投资及投资多少的决策。ESG 投资者要么通过"用脚投票"的方式鼓励企业改善 ESG 实践，要么通过积极所有权的方式迫使企业改善 ESG 实践。需要指出的是，ESG 投资不是慈善行为，投资者仍需兼顾财务回报，利润最大化仍然是投资者的目标，只是不同投资者自设了不同的约束条件。

企业（包括上市公司和非上市公司）是 ESG 原则的实践者，也是被投资的标的。它们在经营中贯彻 ESG 原则和理念，其 ESG 实践的表现将被投资者评估，评估结果会影响投资者的投资决策，进而影响企业的融资能力和融资成本，对企业追求利润最大化的行为形成新增的约束条件。因此，毋庸讳言，相当一部分企业迫于投资者的压力而不得不改善 ESG 实践。

中介机构（包括信息中介和金融中介）提供 ESG 相关的信息披露、评级、指数编制、认证及融资等中介服务，它们帮助企业改善 ESG 实践、增强融资能力，也试图帮助投资者更准确地评估企业的 ESG 表现、实现其投资目标。

监管机构（包括政府监管部门及交易所等准监管机构）是 ESG 投资的助推者。它们对企业提出 ESG 信息披露要求、制定 ESG 相关的标准与规则，以及提供符合其政策目标的额外的激励措施。需要指出的是，监管机构虽然有可能强制企业进行 ESG 信息披露或强制企业在某些领域（主要是环境领域）达到监管标准，但并不强制投资者进行 ESG 投资。

总之，在这个生态体系中，投资者和企业是 ESG 投资与实践的主角。中介机构和监管机构则是配角，协助投资者进行 ESG 投资，帮助企业改善 ESG 实践。

四、金融机构在 ESG 投资中的角色

在 ESG 生态体系中，金融机构具有多重角色，它们既是投资者，又是中介机构，自身也是企业。这意味着，在推动 ESG 投资与实践中，金融机构既有特殊的地位和能力，也有重大的责任与压力。

首先，无论是资产委托机构还是资产受托机构，几乎所有 ESG 投资者都是金融机构，它们是推动 ESG 投资的原动力。因此，金融机构需要秉持负责任投资的理念，在制定投资决策时，加强对投资标的的 ESG 评估和尽职调查，用自身的投资倒逼标的企业改善 ESG 实践、承担更多的社会责任。

其次，金融机构（如券商、投行、商业银行等）在 ESG 相关的投融资活动中扮演着重要的金融中介角色。例如，券商和投行在绿色债券和绿色股票的发行中为发行机构提供咨询、承销、簿记、托管等服务；它们也可对二级市场的股票进行 ESG 研究和评级，既可以提供给买方客户作投资参考，也可以反馈给上市公司

以便其改善 ESG 实践；商业银行也可通过发行绿色债券进行融资，用于开展绿色贷款，为债权类投资者架设绿色融资的桥梁。因此，金融机构可以发挥自身特有的中介角色，在企业与投资者中积极宣传和普及 ESG 投资的理念和工具，减少信息不对称，帮助更多企业和投资者参与到 ESG 投融资及实践中来。

最后，作为企业，金融机构自身也需要改善 ESG 实践。例如，金融机构应努力减少自身的碳排放，尽早实现运营层面的碳中和；加大对员工及客户的健康、安全、隐私等各方面的关怀，摒弃唯利是图的业务模式；关注社区发展，参与社区建设，担负起更多的社会责任；完善公司治理机制，提升董事会成员的多样性和独立性，降低"委托人—代理人"风险，保护股东利益。当然，作为资本中介和交易中介，金融机构在绿色融资和负责任投资方面的参与度也是评估其 ESG 表现的重要因素。因此，作为企业，金融机构的 ESG 实践不仅涉及自身的运营，也涉及其资产的绿色水准以及对其客户的 ESG 实践的影响，可见其责任重大。

中国普惠金融发展的历史与挑战[①]

很高兴有机会参加"中国普惠金融国际论坛"。普惠金融这个主题非常重要，党和国家历来高度重视，尤其当前正处于扶贫攻坚战阶段，这个议题更具有特别现实的意义。由于普惠金融是个非常多维或多角度的主题，因此我今天只能选择从某一个研究角度来谈一谈，希望对会议有所贡献。

一、关于中国推进普惠金融的成效

应该说，中国在普惠金融领域取得了不少成绩。从国际比较上看，根据世界银行每三年开展一次的全球普惠金融调查最新数据，中国大多数核心指标均高于国际平均水平。中国的账户普及率、数字支付普及率、借记卡拥有率等指标显著高于世界平均水平。储蓄参与率、信用卡拥有率、应急资金来源拥有率等指标略高于世界平均水平。中国的借贷获得率（包含正规的和非正规的借贷，如亲友拆借）、金融机构贷款获得率（不含信用卡）等指标略低于世界平均水平。中国的城市和农村各项指标差距不大，大部分指标的城乡差距小于世界平均的城乡差距。可以说，中国的很多成绩超过了国际上很多人的想象。

---

① 源自周小川 2019 年 10 月 12 日在中国普惠金融国际论坛上的主旨演讲。

（一）值得认真总结农信社改革进程并总结经验和接受教训

推进农信社改革的背景和基础是在亚洲金融风波期间，中国的农村金融出现了很大困难，当时农村基金会大面积地垮塌。在此情况下，如何设计、推进、执行农信社改革成为急需解决的一大难题。2003年的农信社改革试点强调了农信社的健康，强调农信社和"三农"之间是共生关系，是相互促进而非"零和游戏"。同时，改革也强调在每一步推进阶段上，都力求设立最好的激励机制，确保改革能往前走。

在亚洲金融风波之后的一段时间内，在"三农"融资逐渐走弱的情况下，中国通过2003年起的农信社改革，使得支农力度大幅改善，支持农民进城务工、开办中小企业和小微企业等多方面取得了成绩，很多指标得到了改善。

（二）国内相关部门合作推出了普惠金融指标体系

国际金融危机期间，在国务院支持下，人民银行、原银监会与其他部门一起合作，推出了普惠金融指标体系。该指标体系是多维的，包括开户情况、存款情况、贷款情况、支付便利性、应急资金等各个方面。这个指标体系也是世界银行及其他一些国际组织积极倡导推动的。

这个指标体系有很大用途，因为对绝大多数搞小微金融、普惠金融的人和机构来说，视野开阔往往很重要，它首先应该知道其他国家做得如何，这有助于进行比较考量，如薄弱环节在哪里，在哪方面还有较大提升空间等。同时，中国作为这么大的一个国家，各省份通过指标体系的衡量也能找出自己的弱点和提高的空间。因此，这个工作应该说是有一些可供大家参考的经验的。

从当前情况来看，该指标体系仍旧有一些不足的地方，如各个指标统计数据的口径不完全一致，各方对这一指标体系的关注度仍有不足。这方面还有进一步的潜力可以挖。

（三）增加数字普惠金融指标并与绿色金融相结合

G20 高度重视普惠金融工作，将其列入了专门议题。2016 年国家主席习近平主持 G20 杭州峰会时，又将普惠金融提升到了新的高度，增加了数字普惠金融领域的新指标，形成《G20 普惠金融指标体系》（升级版）；同时，把普惠金融和绿色金融作了一定程度的结合，让人们意识到，绿色发展实际也有普惠的内容，非绿色的往往最后会危及普惠。此事的意义不可小觑。

二、关于普惠金融的可持续性问题

虽然中国在普惠金融领域取得了很大成绩，但中国在普惠金融发展上也有教训，其中重要的一点，就是可持续性问题，尤其是在农村金融问题上，经历了三个值得深刻总结的过程：

一是早期主要强调的农村金融合作制。合作制本身是没有问题的，它肯定是值得探索的一种模式。但后来由合作制改为农村合作社，就产生了一定问题：农村合作社体制下的金融合作可以不要资本金，这样实际上削弱了其风险承担能力，导致在经济发生变化时产生很大的脆弱性，以后就出现了生存上的一些问题，最终实际上没能继续生存发展下去。

二是亚洲金融危机期间的农村基金会。当时农村基金会出的问题比较大，无论是财务健康性、抵御风险能力还是公司治理等方面，都有一定的畸形性，导致出现大面积垮塌。后来国家采取了关闭和救助的办法，人民银行也为此借了不少资金给地方政府进行拯救。

三是近几年的P2P网贷。应该说，P2P网贷行业的发展还是有一些愿望良好的新生因素，有些P2P的动机也是为了搞普惠金融，但总体上因为违背了财务健康、可持续性和有效监管等方面的基本规则，还是大面积出现问题，值得深刻总结。此外，在看到新型科技产业从事普惠金融积极性的同时，我们也要注意，它们也可能存在hype的现象，也就是忽悠得比较厉害，不那么客观和脚踏实地，往往只讲好的一面，不充分重视风险和脆弱性的方面。这样会有一定的问题，也有很多可以吸取的经验教训。

与此同时，放眼国际可以发现，普惠金融的发展受民粹主义的影响很大。当前全球经济面临许多问题，其中有一个问题是全球民粹主义上升，在一些国家，特别是拉丁美洲的一些国家，很多政策制定带有强烈的民粹主义色彩，主要是一些政治家追求短期收益和选票支持，做法主要是以给好处为主，不强调可持续性（当然，有些也不见得都是政治家本身的问题，还有一些问题出在其经济政策顾问团队的错误理解和误导上）。因此，一些具有民粹主义色彩的政策往往可能过一段时间就站不住脚了。对此，中国有很明确的观点：究竟是授人以鱼，还是授人以渔，就是只给短期好处，还是去教会其提高生产力的方法？只有提高生产力，特别是供给侧的生产力，普惠金融才能够做到可持续。此外，需求侧也需要不少普惠金融，但也要防止在一些国家"信用卡危机"里所出现的过度消费信贷问题。当然这也要具体区分和判别。

三、关于数字和网络技术对普惠金融的影响

随着数字经济的发展，数字技术与网络的发展对普惠金融的

影响相当巨大，普惠金融受到冲击：从过去往往强调基层网点扎根基层、服务基层，在基层或者有金融机构网点，或者有小型金融机构，转变到现在更多地依靠数字技术和电子网络。这个转变应该说已经很明显，各方也都给予了高度重视。

与此同时，这一转变也具有不确定性。比如，有一些人认为，如果可以更多地依靠数字和网络技术，许多从事普惠金融的小型机构可能更多地希望依靠公共征信系统。但这又会带来另一个疑问：假使公共征信系统真能够提供令大家满意的丰富信息，那现在这么多中小型金融机构是否都有存在的必要？这二者之间是有些矛盾的。当然，也可能出现混合性的局面，一方面仍然需要扎根基层的网点和金融机构，另一方面又可能有相当一部分普惠金融业务（无论是信贷、保险还是支付）将来会更多地变成网上、线上操作，与其是否扎根基层好像关系并不那么大。这两方面关系最后怎样呈现，可能还要在演进中逐步探索。应该说，这也是很具有挑战性的议题。

尽管科技带来了很多变化，有些变化甚至具有颠覆性，但也应看到，金融服务，包括普惠金融，有着自己的一些规律，而且这些规律并不那么容易由于新科技的出现就发生改变。这里简单说几点：

一是金融机构的可持续性，特别是财务可持续性是基础。金融机构与实体经济应该是共生的局面，有了好的实体经济就有了更多的金融服务需求，同时也能保证金融服务合理的回报。另外，如果金融机构没有强健的财务，没有不断提升的服务能力和抗风险能力，自身不可持续，其金融服务质量就无法持续保证，往往容易服务一段时间就出问题了，最终也会影响实体经济的发展。这种事情在现实中我们遇到不少。

过去，基层金融机构和实体经济是共生关系，这个看法不太被接受，因为多数人多少都有一些零和思维。比如，在某个农村，有几个人是从事信用社工作的，收入会比较高一点；其他人是种地的，收入相对低些。人们往往倾向于认为，如果让从事信用社工作的人多让出点利益，农民就会富一些，这就是所谓的零和思想。而共生思想就是让金融支持农户进行发展，但同时信用社也必须有合理的财务回报，价格要合理化，要反映风险，使得信用社财务上能够健康，还能不断地在资本上略有积累，才能够与实体经济共同不断地向前发展。

二是金融服务历来以信息为基础，对客户信息依赖程度非常之高。正如前面提及的，现在有些机构可能觉得，客户信息的收集不应该由其负责，而应主要依靠公共基础设施建设，依靠征信系统，甚至依靠一些大机构统一提供信息。这个想法确实有一定问题。很多涉及普惠金融、基层金融、小微金融、"三农"金融等的服务，可能还是需要用到这些服务自己独特的、专门的基层信息，公共基础设施建设提供的统一信息可能无法覆盖金融服务对象运作的实质和所有的信息盲点。

三是金融机构的风控和监管仍然是至关重要的环节。我们注意到，有一些对普惠金融很有热情的机构（当然也有一些机构是打着普惠金融的"幌子"而实际看重的是其他一些目标）往往是对风险的识别和管理出了差错，加上监管也没有太跟上，导致出了不少问题。如果要想降低此类风险，除了金融机构加强自身的风控建设以及监管加以改进外，还应该提供更为广泛的保障，特别是在改进财务制度、加强会计准则执行、改善风险评估体系等方面做得更多更好。不能认为这些都应该是大型金融机构才有实力干的事，而小型金融机构做不到、做不好。

四是要把激励机制和社会责任二者相平衡，并结合得更好。这其实和农信社改革也有一定关联。在实践中，人们往往强调机构的社会责任，这样的大方向显然是对的，但激励机制如果设计得不合理，不仅会影响普惠金融的财务可持续性，也无法引导金融机构沿着正确的方向发挥积极性，甚至弄得不好的话，还会鼓励一些"冒牌"的活动。因此，设计好激励机制十分重要。

四、当前面临的若干挑战

当前面临的挑战有很多，这里仅挑几个重点的方面说说。

第一，要健全金融基础设施。金融基础设施主要是面向包括中小金融机构在内的各类金融服务机构提供更健康、可靠、可信的公共服务。当然，一些基础设施也可以采用 PPP 形式，即由公共部门如财政部、央行或监管部门主导，同时也可以吸引私人部门参加。基础设施并不限于征信，而是一系列设施，包括交易平台、资产登记托管机构、交易记录库、支付清算系统等。

第二，专注于普惠金融的机构要想办法弄清自己的信息优势是什么。金融服务是建立在信息基础之上的。国际贸易领域有一个比较优势理论，金融机构要从事普惠金融服务，也需要回答这个问题，即自己的信息优势是什么。只有在潜在优势的方面做得比别人好、更有效率，也更安全、更可靠，才可能建立自己的业务优势和竞争力。

第三，考虑如何降低风险。在这方面中国做得还是不够的。当然，即使在 20 世纪 90 年代中期中国财政收入占 GDP 的比例只有 11% 左右的时候，我们还是想出一些其他办法，来给出非常明确和有力的政策支持，进而降低各类风险。这在一些发达或比较富裕的国家也往往很难办到。如果希望普惠金融面能做得更广、价格更合理，可能还需要更好地发展各种对冲风险的保险和走向绿色发展。比如，在"三农"方面的"农产品期货＋保险（针对种植养殖业的气候灾害、病虫害等的险种）"，就能形成以有收获期价格、有保险的农业订单为基础的信贷机制。这种做法可能也是中国更为迫切需要的，因为我们的土地是集体所有的，宅基地制度改革还在试点之中，相比其他国家，中国的农民在抵押品方面遇到的困难更多。

第四，要防止走偏。由于存在着 IPO 和资本市场融资的诱惑，加上受科技快速发展和高估值的影响，社会上产生了很多急功近利的做法。我们看到，一些金融机构，包括一些民营的小型基层金融机构都受这种思潮的影响，在一些事情上作出了错误的选择，同时也吸取到惨痛的教训。因此，如何防止走偏也是需要提请大家注意的。

总之，搞好普惠金融，要注意把相关概念更加清晰化，确保普惠金融实现可持续发展，并使得所主张的政策、所作出的努力能够真正起到脚踏实地的作用。特别是，希望看到有更多各种从事普惠金融的机构，无论是传统的农信社、农商行以及城市中小型商业银行等社区类金融机构，还是新型的以科技为基础的、不限于地域的、不见得完全为社区和基层服务的金融机构，能够对银企关系乃至更为广泛的金融与实体经济的关系作出更深刻的研究，从而使中小型普惠金融机构真正能有更明确的发展方向和发展空间。

中国普惠金融的实践、体会及展望^①

　　非常高兴能与多国央行及监管机构、国际组织、业界和学界
的同事与朋友们共同探讨亚洲普惠金融生态建设与数字化发展。
本世纪以来，各国政府越来越重视普惠金融在服务实体经济、扶
贫和保护弱势群体上的重要作用。过去十年中，G20 领导人峰会
提出了多个重要的全球普惠金融发展倡议，亚洲国家在这方面也
积累了很多有益的经验。在新冠肺炎疫情冲击全球经济的背景
下，世界多国精准施策，通过特殊信贷支持、薪酬保护等安排，
向小微企业提供优惠贷款、保障就业；数字普惠金融则在提供快
速、无接触金融服务上发挥了关键作用。

　　改革开放以来，中小微企业是推动中国经济快速发展、促
进市场繁荣和社会稳定的重要力量。到 2019 年，中国的中小微
企业法人和个体工商户占市场主体的 90% 以上，贡献了 80% 以
上的就业、70% 以上的专利发明权、超过 60% 的 GDP 和 50% 以
上的税收。不过，和世界其他国家的情况一样，中国的小微企业
一直面临融资难和融资贵的问题。这一方面源于小微企业自身经
营风险高、竞争力不强和资信不足的普遍特征，另一方面则与包
括营商环境、金融基础设施在内的整个金融生态密切相关。

　　多年来，中国通过持续的制度变革推动普惠金融生态的改

　　① 源自周小川 2020 年 7 月 2 日在博鳌亚洲论坛亚洲普惠金融生态建设与数字化发展圆
桌会上的演讲。

善，花大力气改革农村信用社，增强服务农村小微企业和农户的能力，逐步建立起大中小型金融机构都参与进来的多元化、广覆盖的普惠金融机构体系。同时，加大金融基础设施建设，鼓励通过技术创新推动数字普惠金融发展，加强国际交流合作。2015年，中国制定了首个国家级普惠金融发展五年规划。

我想重点谈谈从中国普惠金融的实践和发展进程中得出的体会。普惠金融是近年来的用词，但类似和相关的实践与探索，一直在不同词汇概念下走了多年。和全球一样，中国也特别重视这一领域，既取得了不少成绩，也面临众多的挑战，既有若干经验，也有不少教训。认真回顾与归纳是很有必要的，不少人都发表了见解和文章。我也借此补充谈几点体会：

一是全社会应强化、深化普惠金融认识，推动普惠金融实践。首先是建立清晰的概念，包括目标、组织形态、工具、效绩度量和政策支持。特别需要提高对金融服务业与非金融实业相互关系的认识，建立服务、共存、共赢的生态关系。统计和指标体系的建立和充实十分重要，不仅用于业绩评估，更有助于从跨国比较、跨地区比较中认识自己的优缺点，看清发展与改进的空间。同样，对发展路径和经验教训的客观分析、总结也是特别有益的。

二是扎根并面向基层的机构及组织形式应该财务健康、可持续、实力不断增强、脚踏实地。大家知道，这包括资本、资产负债表、金融工具、识别和吸收风险的能力等多项指标，也需要有吸引和稳定人才的机制。健康、有活力的机构才会有量大面广、优质、可持续的金融服务。

三是要为普惠金融提供切实有效的激励机制。有针对性的（并非慷慨无度的）财政和结构性金融政策，及某些社会导向政策是必要的。要使普惠金融业务的吸引力与所谓的"高、大、上"业务相比不处于劣势。所谓激励，重点不在于补贴，而在于机制，如对小型机构有利的存款保险机制，吸收气候与病疫风险的保险产品和定价机制等。

四是建立并保持简捷、有效的公司治理。显然，公司治理是保证普惠金融机构健康、可持续的基础。多数发展中国家不可能主要依赖公共财力去投资普惠金融机构，吸收多样化的社会资本是必然选择，由此也带来多元利益和复杂的业务动机。需要不断探索、改进机构的自身治理和内控，辅之以适度有效的监管和社会（或社区）监督。已经有大量的机构失败的实例，是与公司治理失效相关的。

五是不断改进对普惠金融的监管与指标体系。虽然对普惠金融机构和/或业务的监管原则并非不同于一般金融监管的原则，但应特别关注其有特点的业务模式、健康性和风险。特别要识别扎根基层、面向普惠的数据，并为激励机制提供依据。普惠金融带来的监管复杂性是不可回避的，包括对待大中型金融机构的普惠业务成分。

六是减少扭曲，防范道德风险。发展中国家及转轨经济体中原本存在多种初始扭曲及进程中扭曲，必须通过改革开放，特别是价格合理化、发展金融市场业务等措施尽快校正这些扭曲。扭曲制造套利机会，如套利大于正规业务利益，多数机构难以抵御诱惑，监管也力不从心。社会政策有时口头上很正确，但却在扩大扭曲或开启逆向选择的窗口。

下面，我再简单谈谈科技创新与中国数字普惠金融发展。大家知道，金融业一直是信息科技运用的前沿行业，可以说金融技术本身就是一种信息技术。中国一直积极推动金融业数字化，鼓励数字技术赋能普惠金融。2016 年，G20 杭州峰会明确了数字普惠金融的发展方向，中国的商业银行等传统金融机构加速推进数字化转型，金融科技企业更是把普惠金融服务作为重要的业务突破口。过去，传统的普惠金融业务往往把焦点放在小微企业和居民个人获得贷款的难易度和成本上；现在，数字普惠金融不仅大大延伸了金融服务的半径，而且大大拓展了金融服务的类别，从账户开立、支付、存款、理财到贷款、保险甚至期货交易，基本金融需求和升级的金融需求全部涵盖，而且几乎可以足不出户通过移动终端完成。我们知道，世界银行在编制全球普惠金融指标时就十分重视多类别的普惠金融服务，而不是一味地强调对小微企业和居民的贷款。

当前，在疫情加大社交疏离的情况下，数字普惠金融更是体现出了强大优势：帮助克服信息不对称，为小微企业纾困；无需线下分支机构，零距离接触长尾客户，提供低价、便捷的服务；运用大数据、云计算等技术生成个人信用信息，减少对不动产等传统抵押物的依赖，降低金融机构信用管理成本。预计后疫情时代，用户会更加认同无接触式金融服务，金融数字化转型可能会进一步加速。

为推动数字普惠金融发展，各国需要进一步完善支付体系、征信系统、反洗钱系统和金融服务技术标准等金融基础设施建设。各国和各地区更要重视解决"数字鸿沟"问题，防止边远山区、受教育水平较低的人群或老年人由于无法接触或有效使用互联网等新技术而成为信息弱势群体，被排斥在数字普惠金融服务之外。这个问题在疫情下尤其不容忽视。此外，发展数字普惠金融还要重视数据安全和隐私保护，需要在普惠性与安全性和隐私保护之间找到平衡。

ESG 与消费金融的经济分析^①

今天我想讲的题目是 ESG 与消费金融的经济分析，注重并强调个人金融的 ESG 理念。

在新冠肺炎疫情的背景下，大家非常关心疫情之后经济和金融的发展。其中一个议题就是 ESG，ESG 和经济的高质量发展以及金融的可持续发展都有密切的联系。大多数经济学家目前对 ESG 比较了解，同时也有深入的研究，ESG 涉及企业和投融资方面的行为，还有治理方面的理念和考虑。它可以分为两大方面：一个方面是企业自身的 ESG，也就是企业的经营要有 ESG 的理念，有 ESG 的考核和相关的管理；另外一个重要的方面，就是金融界在各类融资的活动上，特别是对投资的支持和贷款的支持方面，如何体现 ESG。

国家主席习近平在联大会议上提出了中国不再新建境外的煤电项目，这表明了对环境问题的高度关心。随着 ESG 的普及，在词汇上，有了 ESG 的理念、概念、标准、管理、风控，同时也有一些 ESG 方面专门的论坛，ESG 已经变成了一个很重要的议题。其中有一个关切：ESG 提出以后和古典经济学怎么衔接？如果说企业是为了追求 ESG 最大化的话，那么和以前典型的企业目标函数对企业行为的描述会不会产生冲突？我个人觉得其实这是可以

---

① 源自周小川 2021 年 9 月 25 日在第六届复旦首席经济学家论坛上的主旨演讲。

融合的。就是说，我们不应把 ESG 当作目标函数，而是把 ESG 作为一种约束条件，也就是企业的经营和销售应该服从 ESG 的约束条件，要达到 ESG 合规，但是并不是去追求 ESG 最大化。否则的话，可能确实和商业主体利益的目标安排会出现差别，甚至会有一定的冲突。这也就是说，企业的目标函数还应是过去传统上的目标函数，即企业要追求利润，这作为目标函数还是不变的；但要 ESG 达标，即受到 ESG 标准的约束。

一、个人 ESG 和个人金融 ESG

在企业行为受 ESG 约束的同时，个人行为实际上也有 ESG 的问题，不管叫不叫 ESG，但都需要考虑个人 ESG。因为社会经济对个人也有一些要求，同时我们现在有大量的为个体服务的"个人金融服务"，其中个贷是最主要的。也就是说对企业有 ESG，对个人也有 ESG。

对个人而言，从环境（E）的角度来讲，不能乱扔垃圾，要认真执行垃圾分类；公共设施里的草地如果写着不让随便踩，就不能随便去踩；至于住宅，如果条件允许安装太阳能光伏屋顶，那么应该去安装，从而充分利用清洁、可再生能源……这些都是对环境的关注。

从社会责任（S）的角度来讲，不应该参与"黄赌毒"；在疫情期间，该戴口罩的地方就应该戴口罩，该打疫苗就应该打疫苗；有一些涉及社会利益的规则，比如说应该遵守交通规则不得酒驾，又比如号召大家关注公益等，再比如有钱人不应该炫富……这些例子都涉及个人和社会的关系。最近也有一些新的内容，我还没来得及研究，但是大家可能也注意到了，比如最近说，青少年不要过于沉迷电游，不要过度追星，不要因为追星做了很多目的性不强的昂贵消费。

对于治理（G）而言，其实个人也是存在治理的。从广义的概念来讲，首先个人的治理应该是做对个人、家庭、社区、社会有益的事情，也就是要负责任。从财务治理上来讲，应该以收定支，也就是要量入为出，不要过度负债，不要去追求一夜暴富；涉及有关的投资市场和投资产品，要对自己有风险管理；对一些有投资者资质管理的，应该考虑自己如何去符合这种资质，而不是绕道而行；不应该加过高的杠杆，不仅风险比较大，也不够负责；应该对自己的健康养老负责，该参保的参保，该买保险的买保险，这涉及个人的风险管理问题……这些都关系到个人的治理。

当然现在普遍说的 ESG 是针对企业的。如果说到个人的话，是不是要用 ESG 这个名称呢？大家也可以另起名称，但是意思是明确的，也就是企业有 ESG，个人也有 ESG。

接下来就说说对个人的金融服务，特别是个贷，即消费贷款要考虑 ESG。现在消费贷款是大家非常关注的、争议也比较多的一个领域，也是和新兴科技关联比较紧密的一个领域。

从环境（E）的角度来讲，金融界要支持个人（或家庭）消费者使用节能产品、环保产品，鼓励他们绿色出行。还有一个提法叫"绿色城镇化"，"绿色城镇化"是从供给方面讲的。而从消费者角度来讲，也存在着如何选择、如何管理自身需求的问题，以实现低排放、低污染、少垃圾、维护其他物种的生存及生物多样性等目标。符合这些要求的金融服务也可以算作绿色金融的一个组成部分。

从社会责任（S）的角度来讲，首先，金融机构和各类支付平台不应该为"黄赌毒"提供个人支付服务，而现实中有一些支付平台和个别的金融机构实际上对跨境赌博和毒品交易给予了支付方面的便利，当然它们会假装不知道交易的实质内容。从实际观察来讲，特别是那些新兴机构，比较急于把交易量做大，把交易笔数做大，同时要获取交易的手续费，追求做大额交易，如果经不起诱惑，就可能在个人金融旗号下为（跨境）赌博、毒品交易提供支付服务。

其次，金融机构应该谨慎考虑，不过多地为奢侈型消费提供融资。我很多年以前参加过一个会议，听到一种讨论：大牌信用卡在考虑广告的时候，传统上在足球比赛上做很多广告，但是是否应该在高尔夫赛事上投广告，是否应该在 F1 赛事上投广告，那时候就有不同意见，认为这些赛事可能不够大众化，是奢侈化赛事，同时也要考虑是不是对环境友好。这些都是需要考虑到的社会影响。

最后，做个人金融服务，要遵守反洗钱和反恐怖融资规则。除了一般意义上的反洗钱、反恐怖融资以外，最近有些地方出现了个人出借自己的账户，出借自己的卡号，实际上被洗钱所利用的情况。对这些情况的处理，其实金融机构可以有所作为。一些对社会不利，对个人治理也不利的融资做了以后，紧接着会产生一系列的后续影响。

说到 G，也就是关于个人的治理。首先我们看美国的次贷危机，有两个方面的问题：金融机构，特别是房地产销售机构和房贷机构通过促销，给一些没有收入保障、超过未来收入期望值的个人和家庭放贷去买大房子，同时给予低利率，甚至是零利率；也有一些金融机构为个人高杠杆炒股提供融资。归纳而言，就是个人金融服务应支持个人财务上大体平衡，以收定支，量力而行，量入为出，而不是提供影响个人财务健康性的融资，包括欺诈性融资和使用钓鱼性补贴。当然也有一些个贷融资是看到消费者有"啃老"的潜力，或者家庭里有其他的资产可以变现，但是这类融资所助长的消费，可能不利于个人财务方面的治理。同时，出了问题以后，会导致暴力催收。暴力催收本身是不合法的，但是雇主有可能实际上就是发放个人消费信贷的放贷人。

目前从 ESG 的观察角度来看，个贷领域里实际上是乱象丛生，前一阶段有大量的 P2P 网站陷入危机，后来基本上都关闭了。其中也不乏有一些是打着金融科技、互联网、大数据的旗号乱做的。总之，个人金融服务也有 ESG 的问题。

二、收支平衡、财务纪律与时间区间

社会主义市场经济里的三大主体，也就是企业、个人（或者家庭），再加上政府，都应该基本实现收支平衡，这是市场经济正常运行的基本前提，也是市场经济的规律，还是三大主体自身治理的基本财务纪律。也就是说，总体来讲都应该是以收定支、量入而出，收支上大体平衡，同时要防止预算软约束、盲目乱花钱、盲目加杠杆，防止欺诈，并遵守反洗钱、反恐怖融资等规则。

下面说一下财务平衡的时间段，也就是究竟在什么时间段内收支应大体平衡。财务周期确实是多种多样的，也与人类自己制定的日历有关系，有些平衡是日平衡，有些是周平衡，有些是月平衡，有些是季平衡，有些是年度平衡，甚至更长一点。投资的平衡，从投到收的平衡可能周期比较长。另外还有一些跨期的消费，例如住房方面，周期也比较长。

比如说吃饭，要吸取能量，然后好进行活动，那么平衡实际上就只有几个小时，上顿吃了，下一顿几个小时以后还需要再吃。发薪水主要是以月为周期，每个月发薪水，按月看经常性消费是否平衡。也有一些国家是按周发薪水的，实际上也是帮助雇员对收支平衡进行治理。从股票市场投资来说，上市公司按季度进行信息披露。但是最常用的财务周期还是按年；GDP 按年统计，各个不同产业部门业绩、企业的财报、个人交所得税等，都是按年度来考核的。年度是一个大的基准，所以大家也经常说：把一年以内的平衡当作经常项目，年度以上的归结为资本项目。

但是就消费而言，消费效用的有效期可能是连续的，既有每日的平衡，也有每年的平衡，还有更长时间的平衡问题。以住房为例，如果一套住房是 30 年使用期，也就是 360 个月，实际上每个月的消费量大概是它价格的 1/360，消费了第一个月以后，还有 359 个月的价值存在。如果用租房或者分期付款的方式，从真正月消费使用的量和月收入的比例来讲，并不违反收支平衡的原则。又比如车贷，一般考虑使用三到五年；还有某些耐用消费品，可以按照使用期限进行分期付款。同时物权还要抵押给放贷人，从这个角度来讲，消费和抵押正好相对应了。人们把住房这种不容易藏匿的财产叫"不动产"，车和其他（比如手机、电脑）就是可以动的财产，不过现在很多技术跟踪性越来越强，目前又可以对动产，甚至金融凭据进行抵押融资。总之，对跨期的消费做分期付款是一种财务合理的业务，并不违反收支平衡、量入而出这个原则。

另外还有一个大的跨期项目就是助学贷款，或者是教育贷款。除了青少年的教育贷款以外，职业教育也可以贷款。有关的融资可以看作一种人力资源投资，未来有回报，同时也有风险。人力资源投资也像其他投资一样，在未来会有收益。作为一种金融产品而言，这是完全正当的。但与此同时，投资都要讲成本，比如投资建一条路或者其他投资，肯定要有成本控制。教育投资、助学投资也要有成本控制：比如该交学费的，就直接划拨；既然是为了教育，就不能用于奢侈性消费，要设有限额，各方面都是有控制的。

目前全球非常重视收入分配效应，前几年法国的皮凯蒂写了《21世纪资本论》，中国最近也在讨论收入分配：一次分配、二次分配、三次分配等。要看到，除了国家税收方面所体现的收入再分配政策以外，住房贷款是非常重要的一个有收入再分配功能的金融业务。往往富裕的人可能是全款买房，同时存款比较多。大家往往说80%的存款是20%的人存的，这些存款可以支持中低收入者贷款买房，更广泛地实现了居者有其屋，这实际上有非常好的收入再分配的作用，很值得研究。同时这个业务风险比较小，因为有抵押品，而且抵押品也做了各种各样的保险。当然如果金融业务做得不合适，也有可能把有一些很好的产品给做歪了，本来是向中低收入倾斜的，结果向富人倾斜了，作了抵押品再融资等便于炒股的高杠杆融资。总之，对金融企业来讲，除了对企业的融资要讲ESG以外，对个人的融资也应该提倡不能助长个人财务失衡，不能盲目追求交易量或者交易收入，也要有ESG的考虑。

三、个人金融产品和信用卡

我们看一下，金融业历史上积累的上述几种个人金融业务，还是很有价值的。科技在不断发展，人们可能会有一种倾向，认为科技发展了，老的东西没用了、过时了，而是去追求时尚、追求新业务。其实还是要作经济分析，要冷静地观察。很多传统的业务是探索多年的结果，还是很有用也有潜力的，当然还应结合科技不断改善。特别是个人金融业务，在个人收支平衡、抵押与风险管理、制定价格与回报这几个方面，需要权衡，要有选择，不能单纯只追求某一个方面。

有哪几种传统个人金融业务呢？一个是住房抵押贷款；一个是车贷；一个是用于分期付款的耐用消费品贷款；再一个是前文所述教育贷款（美国叫学生贷款，国内叫助学贷款）。此外，还有一种有身份证就可以提供的临时贷款，按身份证可以自动建一个账户。当然前提是身份证要牢靠（被伪造的可能性比较小），过去日本就实行过拿身份证就可以从机器上办贷款，我记得是5万日元，利率29%（年利率），后来日本议会认为29%的利率太高了，降到了20%。这个贷款金额有限，是普惠性的，有临时应急的功能。

我们要区分一下，个人消费贷款中也有一小部分实际上是经营性贷款，或者是个体经营性贷款，要用类似于微型企业的规律去判别，而不适用于消费贷款的规律。目前由于疫情要求保持社会距离，某些服务业关门歇业，也出现越来越多的所谓 freelance 职业者。从金融业的角度出发，对于小商户的贷款，首先他们自己要有一定的资本，之后可以有一定的配套贷款，实际上就是首先依靠自己，对自己的个人资本负有责任，配套贷款跟着个人资本走，所以风险也不会太高。目前有种说法，似乎只要注册近乎零资本的小微企业，就应贷到款，这是不对的。现在还有一个情况大家很重视，就是如有科技或创意，用较少的个人资本也可以创业。就创业而言，总体来讲，依靠消费贷款或者一些循环性的贷款，其实并不合适。创业应该申请风险投资，还是要和创业的融资机构打交道。也就是说，个体经营性贷款跟消费性贷款要区别开来，因为它们所面临的问题不一样。

如果上述这几种传统消费贷款都做好了，以后我们还在多大程度上依赖无指向的、透支型的经常性个人消费贷款？从宏观经济分析的角度来讲，如果前面这些项目都做得好的话，那么透支型的个人消费贷款在经济上不一定能起太好的作用，在经济整体发展过程中的重要性也不见得很大。

再说一说信用卡。人们说信用卡过去给持卡人做了很多贷款，新兴的支付公司和新兴的小型金融企业就会说，既然信用卡可以这么做，我们为什么不可以这么做？首先大家可以回顾一下信用卡诞生的历史。卡分为信用卡（credit card）和借记卡（debit card）。信用卡起步比较早，发展迅速，后来借记卡数量也大幅增加，比重大幅上升。信用卡从设计角度看，最开始是为了事后付款（pay later）。事后是多长时间？25 天。25 天如果没有开出支票，或者是用其他方式把所花的钱给付上，就确实给消费者放了贷款，利息（利率18.5%）是有点惩罚性的。所以信用卡从设计上其实是为了提供一种支付便利（facility）。当然，既然有这样一种业务，就可能会有一些个体经营者将其用作经营性贷款，在多家银行开多张卡，转来转去，或者有一些利用循环额度搞个人经营。不过总体来讲，用于个体经营还是占的比例比较小，同时这么做的成本也比较高。

后来有了借记卡，也就是花自己的钱，中间不存在贷款。大家要注意，借记卡后来能发展起来，有很多是技术上的原因。在远程通信和数据网络条件不成熟、不够发达的情况下，在线的实时付款借记进账户，实际上是做不到的。因此，早期所能提供的支付便利只好选择事后付款，其信用风险控制实际上是借助信用卡组织的授权中心，而这个授权中心所获取的数据和数据处理的量并不大，就看卡号是否正规合适，是否进黑名单。万一有一些损失（也会有一定概率的损失），收费要能覆盖损失。后来数据网络越来越健全，借记卡才可能流行，也就是说在用借记卡支付的时候，金额当场从银行账户里扣减，持卡人不可能出现透支。至于商户，并不见得马上就得到了进账，还要经过一些电子传输和清算，商户才真正得到了钱。

也就是说，不要把信用卡理解成为消费贷款所创造的产品，其起源是为了支付便利，特别是零售支付便利，因技术限制选择了事后付款和垫付贷款。因此，发卡行对此垫付要有一定的风控，也强调消费者要有财务平衡，对事后付款要有自律（当然这个为辅）。卡组织、发卡行以及涉及卡的这些机构，有时候也会觉得小额零售支付业务经济收益不够多，也会希望做大金额的支付业务，所以我们在历史上也发现过信用卡被用于非法支付，因此大银行的内部风控需要更紧，同时也在不断地和各种欺诈作斗争。总之，我们观察信用卡的发展历程就会发现，当前存在的说法，即银行卡既然可以办个贷，新兴的金融科技公司为什么不可以，实际上是值得质疑的。

四、宏观经济平衡的需要和资源配置

再往下说，宏观上是否需要鼓励透支型消费也要认真权衡。宏观上，如果要扩大消费在 GDP 支出中的比重，应首先注重那些有存款、存款过多的人群扩大消费支出，包括通过养老金、医保等改革减少过量预防性储蓄。如果在调控经济上缺乏手段，或者宏观经济分析不够透彻，有时候也会变相或盲目过度地用信贷去支持个人经常性透支，也就是无指向消费信贷。包括有些地方对P2P 网贷曾经手放得很松，原因之一是经济有时候会不景气。经济不景气有各种各样的原因，疫情以来会有总需求不足的情况，经济危机也会冲击总需求，因此调控者想拉动总需求，一个办法是加大基础设施投资，另外一个办法就是扩大消费。若要扩大住房、汽车、耐用消费品，包括教育消费，已经有一些很好的金融产品去应对，当然还应该再进一步改进和发展这类相关产品。但是，是否需要大幅度地依靠导致消费者透支的无指向的经常性消费贷款来提升总需求呢？这里有个判断问题，如果调控经济的手段不多，缺招数，应设法提高宏观调控的分析水平、能力和工具箱运用。如果过度依赖这种无指向、经常性消费的金融支持，可能导致新的宏观失衡并带来风险。同时，从 ESG 的角度来看，也不见得合适，涉及不可持续的问题，还会造成其他一些社会问题。

从全社会资源配置的角度，首先，要看一个经济体到底有多少的储蓄，这些储蓄应去支持什么，或者说如何配置是最好的。大家都知道，从宏观经济学原理来看，储蓄等于投资，应该通过投资来创造新的生产能力，发挥新的供给潜力。若是需要支持消费，那么支持什么样的消费，会不会使得债务比例关系出现异常？比如说，中国现在个人和家庭债务占 GDP 比重上升非常快，这会导致什么样的问题？要考虑储蓄的资源配置问题，以及它和经济一般均衡之间的关系，要优化资源配置。如果通过认真优化来计算配置的话，可能最终给经常性透支消费这种无指向贷款的配置不会很多。当然大家也可以从双循环的角度来看，这些贷款有可能通过循环，又变成企业的利润。但是还要增加一条，就是 ESG 的考虑。

五、金融科技、大数据与隐私保护

在大数据时代金融科技发展的情况下，特别是随着大数据的积累，大数据会有很多潜能，会在很多方面发挥用途。但是，是不是一定会在无指向性经常性个贷方面发挥重大作用，作用的机理是什么，还是需要冷静判断。

在数据处理方面，有关个贷的大数据的处理究竟是什么机理？涉及算法的可解释性问题，这也是目前大家关心比较多的。

因为金融具有普惠性，具有准公共性，所以对于使用黑箱算法，也就是在不能解释模型的具体机理的情况下，这些算法在多大程度上可以使用，是有不同看法的。

还有一个问题目前讨论得比较多，就是不管用什么做法，要避免偏见，避免歧视，特别是对少数民族、女性、穷人群体、移民的歧视，这也是所谓美式"政治正确"的一个组成部分。其中还包括，即便有一些个人犯过一些错，在个人财务上出现过一些问题，也不应该作出过分的处理。美国曾经有一个案例，后来通过了立法，年轻人如果发生过信用卡拖欠（中国有时候不太区分拖欠和违约），不允许使用征信报告信息作为个人入学或找工作方面的参考。

新近出来的法律问题则是个人隐私保护。在个人隐私保护的相关法律出台后，已在运行中的大数据及某些助贷算法会面临很大的挑战。目前，有关消费者，特别是消费金融方面的大数据中，有相当一部分是不应该保存或使用的，是应该删除的，这使得个人隐私保护合规方面将会出现很多新的细则。为此，脱敏处理、安全隐私算法、联邦学习、MPC 等备受关注，尚需密切观察。如果避免了将规律落实到个人，可能对个人金融用处不大；而如果仅用于寻找一般性规律，也要防止落入黑箱算法。

总之，如何使用大数据？大数据应该在哪些方面发挥作用？是否可以依赖黑箱算法？其中也包括有一些人说是利用人工智能，但其实多数不是人工智能，而只是相关分析，甚至只是一种打分的做法（打分在可加性上有很多问题）。金融科技的这些新内容，在多大程度上、在什么方式上能够运用在个人信贷方面，需要更加深入地研究和分析。

最后，小结一下。从 ESG 分析的角度来看，从经济学对金融业务的分析来讲，除了比较成熟的若干种个人消费以外，当前是否真到了应该大幅扩展透支型消费的阶段？是否符合 ESG 理念？这些尚需冷静分析与思考，甚至是逆潮流的思考。

这里，我们扩展了 ESG 概念，将 ESG 扩展到个人。这就意味着，对个人金融未来的模式，应该如何选择，以便使金融业务模式更稳健、更加可持续，也有利于整个社会实现 ESG。

信息科技的发展与基层银行的前景[①]

2021 年 8 月 17 日，习近平总书记主持召开中央财经委员会第 10 次会议时强调，共同富裕是社会主义的本质要求，要坚持以人民为中心的发展思想，在高质量发展中促进共同富裕。这引起了全社会对共同富裕和收入分配问题的高度关注和热烈讨论。本届学术年会以"金融助力共同富裕和高质量发展"为主题，恰逢其时。我今天主要想从经济和金融的角度，与大家就"信息科技的发展与基层银行的前景"这个问题进行讨论，因为基层银行应该服务于共同富裕和高质量发展。

一、信息科技发展给基层银行带来新挑战

大家都知道，信息科技发展非常快，特别是互联网、大数据、云计算、人工智能等，推动很多 FinTech 公司和 BigTech 公司成长，为金融服务特别是银行服务创造了新渠道，也带来新挑战。与此同时，基层银行，主要是立足社区、村镇的小银行，当然也包括一些大银行相对独立的基层网点，在为国民经济服务的空间和方式以及自身生存发展方面都面临新局面和新挑战。

银行业在某种程度上可看作信息科技的应用行业，其账户管

---

① 源自周小川 2021 年 12 月 11 日在"2021 中国金融学会学术年会"上的主旨演讲。

理、客户管理、支付体系、贷款决策及定价等，都是依靠 IT 技术支撑的信息处理过程。银行的用户界面（过去是网点）、支付手段等，现在都发生了很大变化。银行业面临信息科技发展带来的挑战，这是必然的。

过去在大中小银行并存的情况下，小银行一方面是为基层、为社区服务，另一方面其在生存逻辑上自我认为，大中银行地盘很大、客户很多，只要分出"一杯羹"，小型机构就有很大生存发展空间。而且，地方政府也有动力支持本地区小银行发展。同时，小银行也想模仿大银行，经常是大银行做什么，它也想做什么，包括跨区经营、注重大户等。不过，随着信息科技的发展，市场新增了金融服务供给方，也是新的竞争者；还有非银行金融机构也来参与竞争。因此，随着服务供给方增多，情况发生了变化，即便是大银行做不过来的业务，也不见得就能落到小银行身上，因为这还要取决于小银行的本事和优势，特别是信息方面的优势。

银行业既然是信息服务业，就必然要建立信息系统，包括硬件系统以及基础软件和应用软件。过去银行应用软件可以自己开发，也可以外购，小银行限于自身科技力量，外购情况更多。随着金融科技的发展，尤其是在一些新领域，比如互联网业务、客户管理、云计算等方面，软件开发商开始从按照银行需求制作软件，慢慢变成了自己有能力开发更先进、更全面的软件，成为提供全系统集成服务的供应商。紧接着，软件开发商可以实现 SaaS（软件即服务），即银行的主要服务流程都可以由购置软件来实现。一些 FinTech 公司和 BigTech 公司也自认为能力很强，完全可以提供更先进的金融服务，包括提供应用软件、系统集成服务乃至 SaaS。还有的 FinTech 公司或 BigTech 公司认为，由银行自身提出需求并寻求应用软件的外部定制，显然还不如直接由它们设计并全套提供。

如果银行主要流程都被信息系统所替代，小银行真正有优势的方面就不多了，可能仅剩下牌照和享有存款保险等少数优势。事实上，如果是全网获客及客户管理，小银行比不过 FinTech 公司和 BigTech 公司；如果银行贷款主要依靠征信系统提供的信息，或者靠平台的助贷、导贷，小银行在大数据和征信方面也比不过信息科技公司；如果理财主要依靠投顾，也是信息科技公司更有优势。现在银行牌照管理比较严格，没有牌照便无法享有存款保险，但如果随着这些比较优势不断发生改变，牌照未来可能也不是大障碍。此外，科技公司目前市场估值比较好，资本补充以及人才吸引不会有大问题。

二、信息时代基层银行仍大有作为的空间

基层银行怎么应对，如何发掘自身价值，这是个问题。基层银行如果客户管理靠互联网、贷款靠征信、理财靠投顾、吸存从大银行分一部分、业务靠购买应用软件，而不是面向基层寻找自身优势，不在基层争取客户，或者还想着按过去思路从大银行手中分"一杯羹"，就可能走上一条丧失自身优势的道路，而且未来地方政府也可能不再像过去那样对本地小银行发展提供巨大支持。近些年大家已经在市场上观察到了这些现象。2012 年温州金融出问题后，大家都在探讨未来的发展模式，其中台州的发展经验是立足基层、面向基层、更多获取基层信息和业务，发展得不错。

当然，也有一部分人认为还是要走互联网道路：客户和业务要全网去获取，不分地域和界限；贷款主要依靠征信来判断，或者依靠科技公司助贷。贷款决策和定价究竟多大程度上应该依靠

大数据和征信系统，是个问题。国际金融危机爆发后，金融稳定理事会（FSB）和巴塞尔银行监管委员会（BCBS）都明确提出，银行不能过度依靠外部评级，外部评级具有顺周期性，也会产生明显的责任推诿（即在银行内部合规和风险控制方面，只要有外部评级或者征信评价就可以免责，即使业务质量出了问题，业务员、主管及各个层级的管理人员都不用负责，因为他们有外部评级作为依据）。很可能这种互联网模式并不适用于小银行，因为大银行和信息科技公司更有条件便捷地全网管理客户和访问征信系统，在数据和资料方面也比小银行有更加全面和深厚的积累。此外，上述责任推诿机制也容易使小银行迷失。

此外，近几年大量 P2P 网贷出问题，现在已经清理得差不多了，但代价非常大。从中应该可以学到很多东西。比如，不要轻易贬低银行业这么多年发展所积累起来的业务经验和传统。不可否认，我们需要注意科技发展可能带来新技术和新模式，甚至会有破坏性的创新，但也不能轻易就下结论和给出认定。从科技的角度来讲，任何一种创新和新技术刚出现时都可能会令人激动，人们也可能倾向于相信它们的无比效力，但也可能会宣传过度而名不副实。从 P2P 网贷的发展历程可看出，有些盲动的鼓吹事后被否定了。P2P 网贷所宣传的一个主要机理是：过去老百姓有钱都存在银行并由银行来决定贷给谁；未来随着互联网的发展，获取数据的便捷度和透明度会不断提高，就不再需要银行去做这件事了，存款人有钱，可以跳过银行，自己通过信息系统寻找贷款对象。这种宣传误导性很强：一方面，贷款业务所需信息量比较大，且信息处理也较复杂，需要丰富且严格的财务分析，进行同行业企业之间的比较，还需要分析整个行业特征，甚至宏观和国际等各类因素，这不是少数几个爱好者坐在家里就能解决的；另一方面，即便这些爱好者可能了解少数几个企业，但是如果不将其放在行业和经济大局中去考察，也往往得不出正确判断。

总之，在面临当前各种挑战和总结过去经验教训的情况下，我们有必要深入研究和思考银行业，特别是小银行，为国民经济服务以及自身生存发展的机遇和空间。

三、基层银行的比较优势在于扎根基层

经济学特别是国际贸易反复强调发挥比较优势。一个国家或者一个企业，要想发展，要想扩大市场、具有竞争力，就要考虑自己的比较优势究竟在哪里。要充分发挥比较优势，而不能依靠弱势参与市场竞争，弄不好会鸡蛋碰石头。那么，基层银行的比较优势又在哪里？要弄清这点，我们先试着看看大银行和信息科技公司的优势在哪里。

首先看大银行的优势。大银行有牌照，资本充足率较高，客户面大，存款基础比较强大，有自己的 IT 开发队伍，有存款保险机制，等等。但与此同时，目前大银行估值相对较低，有些还在净值之下；大银行业务开展受到各类限制，不能像金融科技公司那样提供跨界多元化服务；银行网点将来会面临很大冲击。在一些西方国家，有些大银行要把网点转为综合性网点（不只从事商业银行业务），但这可能还需要监管上给予支持。

再看信息科技公司的优势。科技公司可以吸引人才和筹集资本，特别是现在科技类公司估值比较高，有条件通过资本市场等各种方式筹集较多资本；从客户管理和吸收存款的潜力看，科技公司有新的方式，特别是在全网客户方面有潜在优势。另外，随着支付体系的发展，信息科技公司越发具备了获取客户、扩大客户和管理客户的条件；多数 FinTech 公司和 BigTech 公司还没有银行牌照，但未来会有希望。对它们而言，因为没有牌照，暂时还

享受不到存款保险，这是一个弱势。由于银行业的信息处理属性，FinTech 公司和 BigTech 公司凭借强大的 IT 技术，通过系统构建、软件开发和 SaaS 推广，已在很大程度上掌握金融服务的技能。而且 IT 服务于金融各业不受分业经营的限制，优势就显得更为明显。

比较之下，小银行在资本、估值、客户、支付系统、跨业和 IT 队伍上，都处于弱势。目前小银行的优势之一是拥有牌照并参加了存款保险。如果小银行用弱势去竞争，前景堪忧。因此，基层银行更应当扎根基层，加强与基层客户的联络，发挥掌握基层客户信息的比较优势，着重服务好基层。这个空间还是很大的，这也是事关经济全局的一件事。这涉及集中型计划经济在效率和竞争力方面与市场经济的比较。从信息理论来看，分散的信息在基层就可以处理且更有效率，并实现供求平衡。也就是说，市场经济的原则是，能在微观层面解决的信息处理和供求平衡，就不必上传到更为集中的层面。尽管现在有大数据，有更强的数据处理能力，但是并不能改变信息效率的基本规律，基层银行深入基层还是有很多信息优势的。虽然说放贷可从征信系统获取一定信息，但实践中的放贷要对企业竞争力和财务健康性作出判断，很大程度上要审视企业资产负债表、损益表和现金流量表。另外，企业究竟在行业中处于什么地位、前景如何，以及企业在面临各种收购兼并、同业竞争等方面的优势如何，目前还不能只依赖替代性数据及其信息处理去作判断。此外，各种利益主体在数据上也存在很多博弈，越是依靠信息处理作出判断，就越会有人在数据上、信息处理上博弈，就可能出现信息造假，比如销售上跑流量，物流方面跑运量，交易上跑交易额和对敲，网络赌博有跑分平台，舆论上则雇水军、大 V 甚至内参记者，各种价格操纵现象也频繁出现。对这类现象要有清醒认识。

从我国一些办得很好的基层银行的经验可看出，基层银行大有可为，它们有基层信息和服务上的优势，对基层客户有第一手的观察，还可能构建银企命运共同体。如果抓住了自己的潜在优势，基层银行就有为国民经济服务以及自身生存发展的空间。但如果用自己的弱势到市场打拼，就令人担忧。

从长远来看，信息科技会进一步动态发展，现在还不能完全看清楚，希望大家关注这些趋势，研究这个题目，包括以下几个主要方面：第一，要高度重视信息科技发展的挑战，以及它对银行组织结构、业务发展空间和银行监管所提出的挑战。第二，小银行扎根基层仍有重要的比较优势，仍大有可为。当然，这和银行传统思路已有所不同，需要作一些扭转。第三，基层银行要重视比较优势的规律，不要拿自身弱势当作发展引擎。第四，可以试着先从银行体系结构演变，包括银行网点未来功能入手进行研究，一定程度上这也可扩展到其他类型金融机构，因为道理是相通的。第五，在整体研究方法上，过去主要是从业务和在国民经济中的角色出发，未来可能更多地转向以信息体系与结构为基础进行分析、论证，从而指导金融机构各项相关选择和发展战略，使其更加适用于新时代，适用于共同富裕和高质量发展的需要。

信息系统架构和金融模式[①]

2018年底召开的中央经济工作会议，结合当前国内外形势，从党中央、国务院到经济社会各个方面，都对金融工作提出了一系列更高要求。对此，我们应充分认识到在"我国发展仍处于并将长期处于重要战略机遇期"以及"世界面临百年未有之大变局"的大环境下，做好金融工作的紧迫性、重要性、艰巨性，而这项工作又必须从一点一滴的研究工作做起。

方法论上，选择一个好的研究分析角度，对于研究工作至关重要。从经济学视角看，经济体制历来有不同的研究角度。尤其是从传统集中型计划经济到社会主义市场经济转轨的过程中，信息系统架构是一个非常重要的研究分析角度。这个架构不是结构，而是体系架构、层次架构的概念。从信息系统架构角度来看，经济体制改革和转轨具有必然性。

信息系统架构与金融模式有着非常密切的关系。第一，金融系统很大程度上可视为信息处理行业，因为日常处理的资产实际上90%是计算机里的账户信息，都属于信息的处理。第二，金融的许多工作，包括跟客户的关系，也主要是信息关系。第三，金融服务大量是信息服务，金融交易和定价大量都建立在信息系统基础上。

---

① 源自周小川2018年12月28日在"2018中国金融学会学术年会"上的主旨演讲。

结合当前信息技术的快速发展，要想搞好金融服务，将会面临很多新的可能性。在这种情况下，我们应如何构建新的信息系统？我们有哪几种选择？这些选择分别对应着金融服务选择什么样的模式？未来金融机构和客户之间的关系究竟向哪个方向演变？

一、两种极端模式

鉴于金融服务品种非常多且不同服务品种对信息系统的要求略有差别，本文主要从银行和企业（主要是贷款，或者与贷款类似的金融服务）关系这个切入点，将信息系统架构和金融服务分为两种极端的模式，即信息公用模式和信息私有模式。

（一）信息公用模式

第一种极端的模式下，几乎所有重要的信息，包括金融信息、客户信息都可以变成公共信息，在逻辑上都是共用的，也是集中的。银行开展业务的时候，像企业业务，所需要的信息除账户信息在银行自己的计算机系统里以外，其他的有关信息几乎都可以通过互联网或者其他网络形式在公共信息资源中找到。换言之，银行没有必要拥有一套自己的信息系统，或者即便有，也是从公共系统复制来的。如果想了解企业实际情况，银行可以去查征信系统，并对征信系统的信息进行某种加工；也可以通过公共机构实现这一过程，如请公共评级机构作评级。与此同时，出于强制性要求或者信息交换要求，银行所做的业务必须上传到公共信息系统。在这种极端模式下，没有多少是银行自己私有的信息，或者说它有别人没有的独有信息。

从银企关系看，银行和企业之间的关系是松散的。即便银行对企业存在贷款、支付结算等业务关系，这些业务也随时都可以被其他银行或机构所替代，没有特别之处。因此，银企关系是松散的，或者说是保持距离的，既不存在企业控制银行，也不存在银行对企业有控制力。银行和企业之间的业务关系也服从市场的选择，即同样一个业务，企业在不同银行之间"跳槽"经常发生。

从信息系统建设的角度来看，这种模式强调建立公用信息系统。可利用大数据、云存储等手段，使信息存储和传递的效率大大提高，信息变成公用信息的成本也随之降低。遵循这个发展方向，信息系统建设还需要作一些强制性的规定，如需要上传的信息必须上传，需要共享的信息必须共享。

从金融机构的角度来看，不论大银行的分支机构，或是小银行，抑或是社区银行，再或者是平台性机构，本质上对金融机构属性没有什么特殊的要求。只要有存款，各类金融机构的业务并无特色之分。在这种情况下，强调农信社、社区银行等基层金融服务机构，也没有什么太明显的必要性。这是因为银行做业务并不依靠身在基层与否，或是对基层客户有什么更多的了解。反而是企业处于主导的地位，可以选择由哪家银行或金融机构提供金融服务。

与此同时，这种模式带来的问题需要我们认真研究。

首先，企业救助问题。一旦企业出现问题或是发生困难，银行没有义务去救助。相反地，因担心其他机构与该企业有类似的业务关系，银行会抓紧想办法防止自己的信贷资产出问题，该收的就收。这反映到实践中，每当企业有可能破产、清盘时，与其有业务关系的银行或机构之间会出现争相抢资产的现象。

其次，信息基础问题。在这种模式下，征信系统具有非常高的系统重要性。但由此也产生一个问题，即信息基础真实性问题。对于多数大型企业，同时也是上市公司，本身信息披露要求较高。其特点是不但建立会计准则，并严格执行会计准则，而且在会计信息非常清晰的情况下，还有外部审计来把关。对于很多中小企业，甚至微型企业，信息的真实性和基础，特别是会计的基础相对薄弱，还需要进一步加强建设。在这种基础上，进行信息共享或是信息公用，可能会引发更多的衍生问题。

最后，信息处理问题。从理论上，既然都是公共信息，多家银行对信息的加工能力和判别能力，也许还不如评级公司。只要评级公司足够强有力且公正，完全可以依靠评级公司的评级，银行系统在定价方面也自然没有什么特殊性。

（二）信息私有模式

第二种极端的模式是，强调信息是局部的，许多信息是在具体银行和具体企业之间分享。这些信息多数并不上传到公用信息系统，因此信息的特点是私有的，不是公用信息。一家银行对一家企业有更多的具体了解，这使得银行在选择客户上具有信息优势，无论在是否做金融业务还是怎么定价等方面都更有优势。

从银企关系看，银行和企业之间的关系更加紧密。对此，也有人用"关系型"来描述，但实际上还是有所区别的。由于在这种情况下往往银行对企业是有一定控制力的，因此这种关系甚至会被称为"控制导向型"。

从信息系统建设方面看，这种模式并不特别强调建设社会信用体系。公共信息建设和完善也是有成本的。如信息真实性的问题如何甄别？信息一旦出错如何处理？在实践中，公共信息，包括互联网上信息的错误，想改是不易的。这有点类似区块链，到处都有，不是改一个点就可以解决问题。

从金融机构看，农信社、社区银行等基层金融服务机构就拥有相对优势。因为基层机构对基层企业有更多接触、更多了解以及拥有更多信息，而且这些信息并未计划进行分享。在银行和企业之间，银行显得更为主导一些。在这种模式下，一旦企业出了问题，银行一般首先倾向于救企业，而非抢资产。

二、第三种模式的提出

如果我们将这个问题置于更长周期的研究框架下，会发现早在二三十年前，金融系统曾对此进行过讨论。简要回顾这段历史，有助于在前面两种极端模式的基础上，提出第三种模式。

（一）再论模式之争

20世纪80~90年代，虽然没有受到如今的信息技术的冲击，但也出现了"盎格鲁—撒克逊模式"与"日韩模式"和"莱茵河模式"之争。

在国际上，与信息私有模式类似的，主要是日本和韩国的主银行制度以及德国和荷兰的"莱茵河模式"。"日韩模式"和"莱茵河模式"的共同特点在于，银行会掌握企业的一些特有信息。因为企业经常使用的账户以及绝大多数日常项目的支付都在同一家银行，甚至有时候还会请银行帮助做内部的财务管理和财务分析，所以银行从企业账户收支中自然掌握了该企业绝大多数经济活动。还有一种主持银行模式，银行的主导程度会更深，甚至会掌握一些企业的特殊非财务信息，如小微企业电表、水表等信息，但这种模式不是主要的。

另外一种模式也叫"盎格鲁—撒克逊模式"。其特点是企业在若干家银行多头开立经常使用的账户，以躲避银行掌握更多信息。任何一家银行都不掌握该企业全面的账户使用情况，自然对该企业资金流、现金流无法形成综合性的看法。

20世纪90年代后期，中国尝试推行主办银行制，即对企业账户开立有开户管理的要求。但是，主办银行制的实际执行受到了很多冲击。其中一个原因，是当时中国很多领导都在企业工作过，很多都是工程师出身，对企业情有独钟。在20世纪90年代亚洲金融风波期间，特别是在债转股过程中，虽然债权转成理论上更有控制力的股权，但银行对企业的控制力未如预期。

（二）第三种模式：混合模式

第三种模式，是信息公用模式和信息私有模式的混合，又称混合模式，即实际执行过程中往往是在两者之间取某一种平衡点。

在现实中，相比两种极端模式，混合模式可能更为常见。一方面，大型公众公司更偏向于信息公用模式。大型的企业，特别是上市公司，其融资主要依靠股权融资和发债。无论是股票市场还是债券市场，信息基本上是透明且公开的，公众可以查阅，更类似于公用信息系统这种信息体系架构。另一方面，小型的、社区的、局部的企业更倾向于信息私有模式，即与银行之间关系比较紧密，一些特殊的信息并不与外界共享。从信息体系架构看，此类企业如果完全依靠公用系统，至少面临三个问题。第一，是不是最经济的选择？第二，是不是有必要？按照市场经济的逻辑，能够局部解决的就局部解决，用不着集中到最上层去解决。所有小的东西是否有必要都上传？数据真实性、可靠性、应用性如何？第三，这个体系是否健康？在不同的商业周期，特别是在经济增长下滑的情况下，这个体系是否健康？由于对企业信息不太掌握，对其健康状况也不太了解，银行往往倾向于短期贷款、流动资金贷款等。一旦企业发生问题，银行会首先按照监管部门的规定，要求先还款，再考虑是否续贷。所以，在实际情况中，此类企业往往另寻他法，最终导致信息体系架构偏向于信息私有模式。

同样的问题不仅出现于银行业，也存在于其他金融行业。以证券交易为例。在西方发展股票市场的早期，交易所不可能直接面对客户，中间会有券商。券商为客户服务，券商作为一个单个的投资者，代表客户进入交易所。交易所能看得见券商，券商能看得见客户，券商和客户之间关系是比较紧密的。在我国，证券系统建立得比较晚，20 世纪 80 年代末 90 年代初开始建立，先有交易所，随后成立了证监会。不同于西方的是，我国在建立股票交易所的时候，信息技术已相对发达，大体上可以满足交易所直接面对投资客户和投资账户。再加上我国基本上是从零开始，券商数量和规模极为有限，在交易所和客户中间起的作用也相对较小。这就形成了我国独有的一个局面，有利也有弊。有利的是，从交易所监管的角度看，可拥有更多信息，能发现有没有内部信息、价格操纵等现象。不利的是，券商和客户之间的联系较少，关系不太紧密。在这种情况下，出了问题怎么解决？质押贷款业务也由此产生，某种意义上可视为券商为提高与客户联系紧密度的一个产物。此外，在推进沪港通和深港通过程中，双方交易所在看法上就出现过很多分歧，一定程度上与双方信息体系架构不同有关。

三、理性客观看待信息技术的发展

信息产业的快速发展以及可能造成的冲击是需要引起我们高度重视的，但与此同时，我们应当理性客观看待信息技术的发展，认识到信息技术并不能解决所有的问题。

（一）信息技术的发展可能带来的冲击

一方面，像大数据、云存储、云计算以及人工智能等信息技术的发展，会带来信息技术成本的大幅降低、运算能力的显著提升以及存储量大幅增加，而且是指数型增加。另一方面，信息公用化和信息共享的发展方向似乎更占上风，渐有主流之势。对此，我们应该有一种危机感，这些信息技术的快速发展很可能对金融架构乃至经济体制造成冲击甚至是改变。

首先，传统金融领域的信息分析和加工都可以被信息技术取代。过去征信系统主要是由一些大中银行协议构成的系统，并在彼此之间共享，其他小贷公司、P2P公司是访问不了的。但是现在要求都可以访问，无论是否收费。可以预见的是，伴随信息公用化和信息共享的发展，如大型的社会经济信息体系、强有力的全覆盖的征信系统等的建立，任何人都可以访问这些系统，而且所有信息分析和加工又都依靠处理共享信息，等发展到一定阶段时，传统金融领域的信息分析和加工都可以被人工智能所取代。更扩大一点，不光是银行和企业之间的贷款关系，甚至保险以及其他各项金融服务，都可以被信息技术所取代。

其次，出现"脱媒"倾向，甚至传统金融中介可能会消失。从理论上看，既然成本降低了，数据也共享了，逻辑上都已经集中了，那么自然就产生了一系列的问题：商业银行业务甚至商业银行存在的必要性是什么？如果银行业务由央行一家干，没有商业银行做中介是不是也可以？如果有商业银行，就需要有各种传导机制，出现像货币政策传导等问题。对此，金融稳定理事会也提出了"脱媒"的讨论。为什么会有"脱媒"？这跟信息系统、科技的演变和架构变化是有关系的。再进一步看，如果数字货币能够成功，数字货币究竟是央行一家来做，还是央行通过商业银行来做？商业银行在中间究竟起什么作用？

最后，对经济体制的冲击。如果机器能够替代人，不仅金融架构会出现明显的转变，甚至还会影响到经济体制。如果集中化达到一定程度，是否可以不需要市场经济？因为市场经济的特征是局部信息就在局部进行，微观能解决的事就在微观就地解决。如果一切信息公用化，像宏观的信息、行业的信息、经济周期的信息等都可以通过信息处理共享来解决，市场经济也不一定有所谓的优势，甚至还有人开始探讨恢复到中央计划经济是否可行。当然，这些都属于理论上的演绎探讨，实际上绝非如此简单。

（二）信息技术并不能解决所有的问题

第一，信息技术本身并不能完全解决激励机制的问题。一方面，一部分信息本身就有局部、私有的特征，信息收集者以一定的收集成本换取信息优势，如果强迫信息公开共享，信息优势不复存在，信息收集也就失去了激励；另一方面，信息真实性核查作为"公共物品"存在搭便车问题，信息集中共享并不能保证信息的准确真实，从而违背激励相容和"真实显示原理"。

第二，信息技术不能完全实现资源配置优化的问题。从20世纪30年代开始，就有一些经济学家论证这个问题。最后通过"计算复杂性原理"证明，特大规模的资源配置优化是不可行的。即便是信息高度集中成为可能，共享成为可能，但如果不能进行优化计算，说明在机制上解决不了资源配置的优化问题，那么最终仍需要向市场经济改革转轨。

第三，信息技术不能将成本完全降为零。尽管信息技术使信息处理、传递、存储的成本大幅降低了，但并不能降低到零。因为从信息处理流程看，除了收集、传递以外，还需要把很多非结构化数据变成结构化数据，一旦出错也需要纠正，这些大量工作都会转化为成本。

第四，信息技术不能解决层级传导问题。像中国这样的大国，有中央政府、省级政府、市级政府、县级政府以及镇、村等各个层次体系，一层一层靠什么来实现有效的传导，这也是需要考虑的问题。

（三）正反两个案例

2012 年，温州发生了区域性的、在该区域具有系统性的金融风波。表面上看，是源于个别企业经营出了问题，企业家"跑路"，由于存在大量的"互保联保"，一片一片企业相继出现问题。但是从根源上，仍可归结于银企关系错位。在中国改革开放快速发展的过程中，大量的民营企业，特别是中小企业，原始积累不够，没有多少资本金，借贷杠杆历来处于偏高的水平。在这种情况下，银行不太敢给这些企业做信用贷款。特别是长期以来，我们强调要么有抵押，要么有担保。为了帮助企业，地方政府不断发展企业之间的"互保联保"，当然也有一些是企业自发的。"互保联保"造成一个负面效应就是，如果个别企业出了问题，违约就容易从单个风险变为局部性，甚至系统性风险。多家银行涉及这些企业的贷款，都想最早处理自己的问题，甚至是抢资产、封存资产，弄出很多矛盾。最终，经过众多商业银行努力，历经好几年，现在基本上扭转过来了。经过此次风波以后，温州总结教训，正在发展新的银企关系，特别是强调发展服务于基层的银行体系，即基层社区银行。

在这方面，临近温州的台州有很多经验值得推广，特别是台州的城市商业银行和小型金融机构。之所以发展得好，是因为基层银行对企业有特别的了解，对企业有特别的信息。别人不肯贷的它们肯贷，别人不肯干的它们肯干，它们能够更好地为基层、为中小企业服务。但与此同时，也存在一些困难。比如，有些信息在征信系统查不到或者不好用，还有些业务需要借助小贷公司和 P2P 平台去做。

四、未来演变方向

近年来，在信息技术快速发展的情况下，主流的声音是向信息共享、公共信息方向呼吁。一提到金融服务，特别是中小企业、小微企业金融服务的时候，往往都在呼吁运用好大数据，运用好人工智能，建立更好的征信系统以及发展改革委、人民银行共同牵头的社会信用体系等。实际上，如果这些信息系统里什么信息都能查到，小型金融机构存在的意义也就不大了，因为大型商业银行和分支机构完全可以取而代之。这也引发更深层次思考，我们究竟是否想就此建立这样一种关系？是否希望银行和企业之间彼此不了解也不密切，没有特别的了解，更没有特别的信任，出了问题就在网上寻求帮助，谁愿意帮就帮？

正如前文所述，建设集中、公开、共享的信息系统并不能解决所有的问题，一部分信息以分散、私有、局部的方式收集和处理更有效率。我们在应对当前经济形势时，需要理清思路，把握好方向。如果想把金融工作做得更好，需要"三段式"——两个极端模式，中间还有一些混合模式。关键在于具体每种模式占多大的分量，这值得我们进一步深入研究。小微企业如果所有信息高度透明、可靠性强，全部上传共享，是不是发展方向？大型企业和上市公司按照公司法、上市公司信息披露原则以及会计审计的所有要求，通过债券市场、资本市场进行融资，是否完全可行？中间有点混合，我们可以参考过去"莱茵河模式"或者"日韩模式"的一些做法。比如，一家企业可以与一家银行的关系紧密，但如果这家银行承受不了全部贷款，可以牵头做银团贷款。再如，如果这家主银行做不了一些金融服务业务，像某些咨询业务、某些国别的金融业务、某些投行或保险业务等，企业往往是在主银行或看家银行知道的情况下去找别的银行或机构寻求服务。换言之，这种混合模式的特点是在有竞争性选择的同时，企业与其经常使用的账户收支和开立该账户的银行的关系是最紧密的，银行对企业财务也是最了解的。

与此同时，我们应当认识到，银行对企业有一定的控制力并不一定是坏事，银行也希望企业办好，希望企业财务健康，并能够帮助企业健康。再加上现在的经济波动是经常性的，行业转换与行业间的结构变化，特别是供给侧结构的演变比较剧烈，企业遇到困难需要转型或是重组供应链，此类状况也会经常发生。在这种情形下，究竟是选择紧密的银企关系，还是完全松散的关系，这是一个值得我们仔细研究的命题。

议题十

宏观经济健康与金融改革

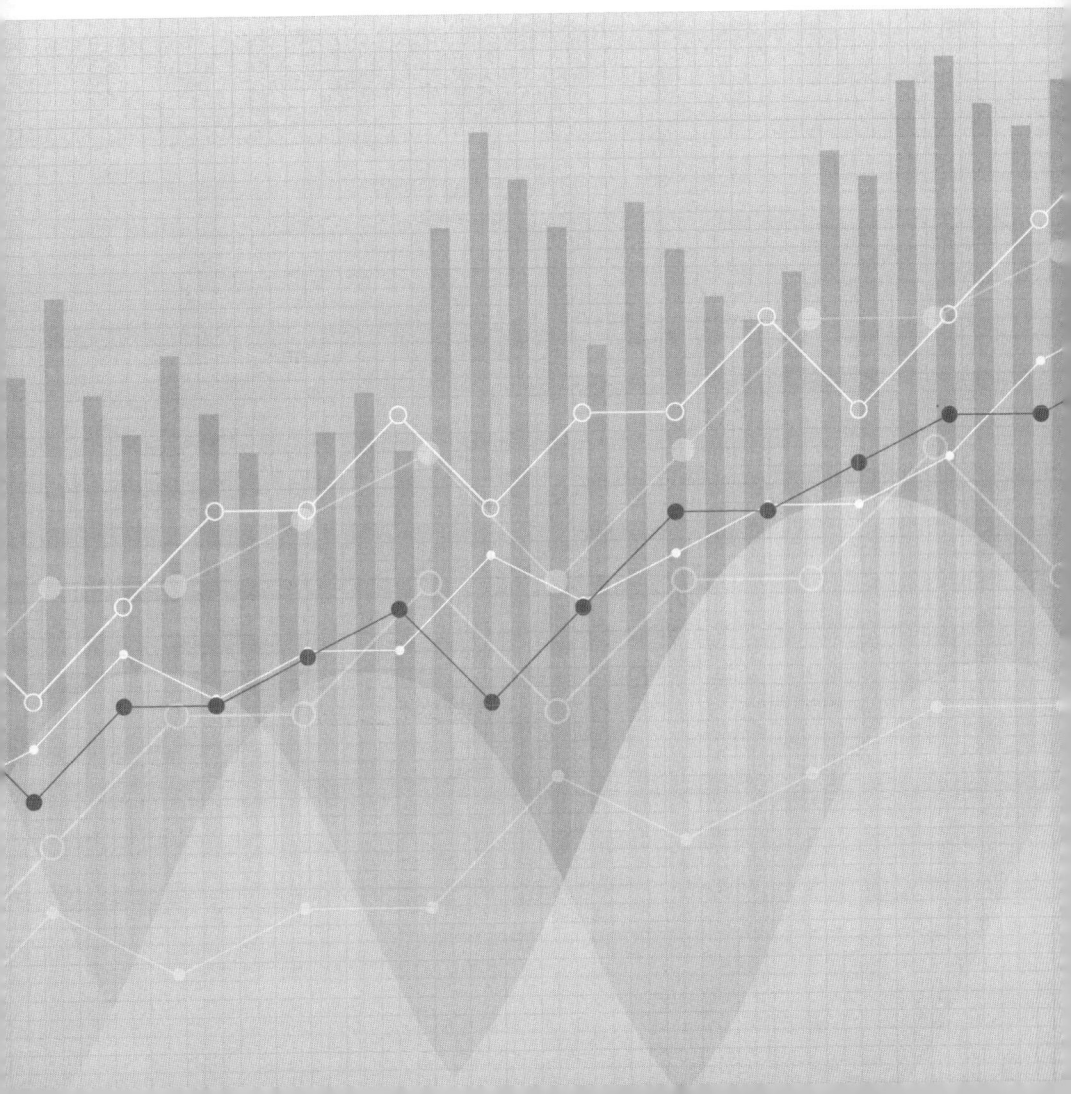

编者引言

从 1980 年以来的"大稳健"时代，延续到 2008—2009 年金融危机之后，在连续多年财政赤字高企及大力度量化宽松的背景下，美国经济走出危机低谷耗时多年，"消失的通胀"一直是主流经济学热议的题目——一些中央银行家倾向于认为，这应归功于货币政策引导通胀预期的完美成功；另一些人则推出现代货币理论（MMT 理论）加以解释，并断言通胀不会因财政赤字和量化宽松再度回归，这也正好迎合了 2020 年美国大选的某种需要。虽然多数央行对此不屑一顾，但仍会感到它对货币政策制定产生某种压力。对此，周小川 2021 年先后在博鳌亚洲论坛经济学家圆桌会晚餐会和三十人小组（G30）全会上指出，"人们的目光高度关注世界第一大经济体宏观掌舵者美联储的举动，以及出自美国的 MMT 理论（现代货币理论）的讨论，即通过大量印钞票支持赤字财政或许不会有副作用。中国有个说法，叫'天上掉馅饼'，意思是指一种梦幻"，"我们可能并不确切清楚，这些年的量化宽松政策会产生什么样的后果。不过如果采取无限的量化宽松政策，一定会产生这样或那样的后果，有些可能与通货膨胀度量有关"。

细想一下，如果大规模、长时间的财政赤字和量化宽松终将产生某种后果，可能会有几种表现：一是传统统计定义上观察到的物价指数上涨，生活成本上升；二是资产价格普遍上涨，出现泡沫，并使得储蓄、投资的回报率下降；三是公共品（相当一部分不在消费物价统计之中）变得更昂贵，亦使生活成本上升，或可能挤压其他开支；四是广义通胀在上述三者间游荡，此起彼伏，挥之不去，像是按下葫芦浮起瓢。本议题恰好讨论了如何观察和分析资产价格的通胀效应和公共品的通胀效应。倾向性的结果是，对通胀的度量存在系统性低估；以劳动付出或净收入为口径的通胀预期与现行预期不一致，导致货币政策可能易出现偏差；量化宽松政策对通胀的影响长期被忽视，也是突出问题。

针对人民币国际化和资本市场，本议题也在全球视野下进行了深入分析和展望。

经过过往努力，沪港通、深港通、债券通等试点突破；人民币克服"波动恐惧"；人民币加入 SDR；代理行、清算行和人民币跨境支付系统（CIPS）等基础设施，为人民币国际化打下了坚实基础。面向未来，人民币国际化不进则退。

——需考虑危机和应急情形。新冠肺炎疫情、2008 年国际金融危机，以及亚洲金融风波显示，在危机时，全球储备货币具有"特权"，印钞票管用，可购买商品和还债，货币互换和债务融资更加便捷。同时，在一个百分之百的国际盘子里，美元、欧元、法郎、英镑是互补关系，在极端情况下，国际货币可以对我们割"韭菜"，在这个意义上，人民币需"自强"。

——做好利弊分析，全面考虑好处和义务。在中央银行资产负债表上，印的钞票、吸收的准备金或者银行系统存款都在负债方，负债方需履行相应义务，允许资产方有较高自由使用权，也就是说，人民币国际化需承诺其购买力。

——全面评估外汇管制。应认识到，当走向开放型经济，涉及资本管制的经济活动体量庞大，包括经济体的贸易、非贸易和资本流动，资本管制很难如想象那样有效。

——准确理解资本项目可兑换，可兑换并不意味着百分之百自由。反洗钱、反恐怖融资、反毒品等，都可管控。此外，即便是在正常情况下推进了资本项目可兑换，仍可在特殊条件下有资本流动的应急管理。

展望未来，本议题提出，开放债券市场是人民币国际化的必要条件，也是检验人民币国际化成果的重要方面。应通过市场机构创新来开拓外部增量市场，统筹做好互联互通的制度安排，同时解决国际监管认证和标准化建设（国际证券识别码、全球法人识别编码）等基础问题。

针对全球资本市场，本议题提出要冷静思考，不可盲从。第一，特朗普政府将股票指数作为政绩衡量标准，反复宣传，其不当干预会影响宏观政策的稳健性和可持续性，造成资本市场的泡沫。第二，新冠肺炎疫情暴发和宏观刺激政策实施以来，综合股指不再扮演经济晴雨表，而较多与流动性过剩程度相关。第三，机器交易、程序交易、高频交易这些基于短期趋势的交易走向主流，ETF 大为发展，投资者更少去关注个股基本面。第四，AI 投顾盛行，可获取的大数据绝大多数来自近期，不足以提供足够的知识用于对长期波动规律的深度学习，因此 AI 投顾也明显导向短期高频。而历史上股市泡沫的逐步积累和最终破灭例子较少。这些问题都存在明显的"正反馈"特性，影响系统稳定性。

货币与通胀度量

一、通货膨胀可能趋于系统性低估

——密切关注通胀、资产泡沫的走势和 QE 的影响①。伴随着一些国家物价指数的上升和资产价格屡创新高，人们愈加关注未来的通胀走势，关注阶段性低利率、零利率及 QE 延续过长时间以及可能出现的负面后果。人们关注资产市场价格高企，与实际经济景气状况有所背离；关注住房、公共或准公共设施服务的价格走高，对通胀的度量也形成挑战。与此同时，全球初级产品价格呈现异动，海运价格冲高。在这种情况下，人们的目光高度关注世界第一大经济体宏观掌舵者美联储的举动，以及出自美国的 MMT 理论（现代货币理论）的讨论，即通过大量印钞票支持赤字财政或许不会有副作用。中国有个说法，叫"天上掉馅饼"，意思是指一种梦幻。会不会"天上掉馅饼"，人们将要亲身经历和观察这一重要且事关全球经济的宏观经济现象。

——通货膨胀可能趋于系统性低估②。一是住房支出在消费篮子中的权重越来越高，可能会因住房价格而低估或低报通货膨胀。二是养老金支出在消费篮子中的权重也在变高。大多数国家

---

① 源自周小川 2021 年 9 月 15 日在博鳌亚洲论坛经济学家圆桌会晚宴上的演讲。
② 源自周小川 2021 年 12 月 3 日在 G30（三十人小组）全会上的讲话（中文译稿）。

现在采用的是预筹积累制的养老金体系。未来我们可能会从现收现付制更多地转向预筹积累制。当资产价格变得越高，那么需要向积累制养老基金支付的金额可能越高。这意味着向养老基金的支付或者个人养老金支出在消费篮子中的权重也会更高。三是在传统的公共产品上支出更多。过去多年，教育、医疗等公共产品消费量很大，它们变得越来越贵，公私合营体系也越来越多。因此，这三个结果结合在一起表明，可能趋于系统性低估通货膨胀。

——要对量化宽松政策的影响及通货膨胀度量进行深入研究①。我们可能并不确切地清楚，这些年的量化宽松政策会产生什么样的后果。不过如果采取无限的量化宽松政策，一定会产生这样或那样的后果，有些可能与通货膨胀度量有关。许多国家的通胀率表面上看可以容忍，但还是会导致部分支出价格更高。在中国，房价上涨，一些地方养老金体系面临严重赤字，人们在教育和育儿等传统公共服务方面支出越来越多。世界上很多国家也是如此，特别是资产价格通胀是一个全球现象。因此，应该对这个问题进行更深入的研究。

二、拓展通货膨胀的概念与度量②

（一）通货膨胀的概念与度量

近几年主要发达经济体的经历与实践显示，低通货膨胀率对中央银行货币政策操作和理论框架提出了挑战，在一定程度上动

---

① 源自周小川 2021 年 12 月 3 日在 G30（三十人小组）全会上的讲话（中文译稿）。
② 源自周小川 2020 年 11 月 28 日在"2020 中国金融学会学术年会"上的主旨演讲。

摇了通货膨胀目标制的理论基础。传统货币银行学的一个基本规律是，过量（超过 GDP 增速）的货币扩张会带来通货膨胀①，但近年来这一规律似乎正在失效，形成对基本知识的重大挑战。从逻辑上看，可能有三个环节出现差错：一是货币的概念和范畴可能变了；二是从货币到通胀的映射关系出现问题；三是通胀的概念、范畴和度量出了问题。在此，讨论一下上述第三个问题，当前低通胀率是否存在概念上和度量上的疑问？这涉及我们应对低通胀的对策有没有问题。多年来，通胀率的度量在传统轨道上不断改进，技术上应该说是科学的，但以它来评价货币政策的有效性还有进一步讨论的余地。

——现行概念和度量上的通胀率是最终要观测的目标变量，还是一种中间变量测度？在观察社会经济动态变化过程中，我们经常采用对中间变量进行测度的方法，但中间变量并不是最终所关心的内容和度量目标。就通胀而言，也有好几种指标［物价指数有消费者物价指数（CPI）、投资品物价指数和 GDP 平减指数，均指向最终产品与服务。生产者价格指数（PPI）则包含中间投入品］，用于不同的分析场合。在美国总统竞选辩论中，经常出现一个词"cost of living"（生活成本）。这和广义通胀有些相近，也许正是人们最终关心的。我认为它包含两方面的内容：一是特定的收入能购买到什么样的生活水准，这既包括特定篮子的物价指数，也包括篮子有什么重大变化；二是通过工作赚取特定收入的代价，是十分艰辛、疲惫，还是较为从容、轻松甚至愉快？这种综合又有模糊性的概念在影响着人们对未来的预期，对未来是乐观还是悲观。总体而言，通胀既是央行观察经济金融状况的终极变量，也常是一个中间变量。央行关注通胀的目的，可能是关

---

① 这里的通货膨胀是综合价格型通货膨胀，也就是以价格指数为代表的指标。

心提高居民福祉的程度，促进经济体系稳定运行的程度，改善公众对经济系统未来稳定预期的程度。通胀是要度量的变量之一，而货币政策肯定应考虑通胀指标背后的体验。

——从测度的角度来看，我们平常利用通胀率这个指标究竟想知道什么？按上述"生活成本"的理解，可能主要有这么几项：第一，经物价校正后的实际收入究竟怎么样？究竟增加了多少？实际收入是名义收入扣减通胀影响才能得出的。第二，用可比的同等收入能购买到什么样的生活水平？是否日子过得比以前更好？一种是跟上一年纵比，一般来说一年期间的支出结构变化比较小，较容易扣减通胀。另一种是跟更久一点的过去相比，比如，是否比上一代人活得更好。比较的跨期越长，难度就越大，因为支出结构发生了巨大的变化，不仅涉及货物与服务，可能还涉及更多内容。第三，换取同等实际收入的劳动付出的强度，是更辛劳、疲惫，还是更为从容、轻松？这可以表达为劳动付出与效用的关系。这里说的付出，指的是劳动者在一定的生产力条件、效率条件下，付出多大努力获得特定量的收入，简化来讲也可以用劳动时间来衡量。同时，它给劳动者/家庭带来的效用究竟如何？人们现在的支出能力确实比以前强了，但如果天天加班加点，上下班交通很艰难、耗时很久，周末也较少休息，这样的话付出会较大。因此，付出与效用之比也是关心的内容，也需要借助通胀来进行观察，但显然不限于通胀这一项。

总体而言，通胀在概念上是一种最终变量，但有时其度量的是一种中间变量，和我们的最终关切不完全吻合。跨年度的通胀度量表面上看是可信的，没什么技术上的问题，但细想一下，也存在某些挑战。比较多年度或跨代的生活成本，篮子结构已有重大变化，度量的可比性会面临挑战。此外，传统的居住价格能否有效反映居住成本，也是人们反复质疑的。

（二）传统通货膨胀度量面临的不足和挑战

——通胀度量较少包含资产价格带来的失真，特别是长周期比较的失真。通胀在针对短期经济现象方面，如月环比、年度同比等指标还是很不错的。不过，从长期看，当前通胀度量问题中一个突出的瑕疵是，对投资、资产的价格度量覆盖比较少，权重比较低。按照过去的概念体系，与消费者有关系的主要是消费者价格指数（CPI），消费者似乎不太关心投资，投资主要与企业和企业家有关系，资产贵了，与 CPI 的关系不密切，但实际上资产贵了一定会影响今后生活。例如，在美国，货币刺激已经将债券和股票价格推至如此高的水平，以至于未来的回报率必然会更低。人们必须增加储蓄才能实现自己的目标，消费支出会变得更少。即使人们现在不存钱，低回报率也最终会造成损失。养老基金的钱将不足以履行养老金支付义务。为了弥补差额，官员们将不得不提高税收或削减养老金领取者的福利。任何一种行动都会使人们变得更穷，从而压低消费者支出和经济增长。

对于住房，过去的概念是购房算作投资，价格变化不计入 CPI；后来则是租房可计入，但在篮子中的权重偏小；再后来，人们主张把自住房用类比租金来计量，但是住房权重仍相对比较小。当全球人口上升到 70 亿，城镇化成为多数人生活、工作的必然选择，城市可用地变得很稀缺且价格高昂，通胀度量再也不能无视或者低估住房的因素。总之，通胀在长期度量上存在问题，特别是资产价格如何反映到生活质量、支出结构上。此外，还有长期投资回报应折现计入当期通胀的问题。

——以什么收入作为计算通胀的支出篮子问题。目前，CPI 的支出篮子是家庭可支配收入。首先粗略定义一下收入：厂商和个体经营者的毛收入指销售收入；扣除投入品成本后为税费前净收入，简称净收入，它与 GDP 中的附加价值相对应；受雇劳动者的劳动应得在交所得税、社保费、医疗保险等（不论是预扣、企业代缴还是个人/家庭缴纳）后，形成个人/家庭可支配收入。其实，家庭/个人生活水平及质量有相当一部分来自不可自行支配的收入，包括通过交税而享用的公共服务、预筹积累的养老金、强制性保费等。如果这些不可支配收入所对应的项目变得价格更昂贵了，是否也应纳入通胀？这部分开支在毛收入中的比重已不可忽视。因此，我们可否试测一下，以税费前净收入为篮子的、更为综合的物价指数及相应的通胀，也许更能反映"生活成本"。

从货币政策角度看，过去从资金供求关系分析物价指数的变动，后来则更多关注通胀目标制对通胀预期的锚定作用。预期稳定了，通胀就能够稳定下来。这个预期也包括对未来的住房、养老、医疗、子女教育等昂贵程度的预估。很多年轻一代可支配收入不多，感觉未来生活压力大，这种预期不是现行通胀度量能反映出来的。另外，政府所收的税费中，约80%以公共服务形式提供给了公众，包括教育、医疗卫生、养老、安全、市政、环保等。公众直接或间接获取的这些公共服务的量与质均与价格变动有关，从而在概念上是有通胀或通缩的。这些意味着，以劳动付出或净收入为口径的通胀预期会与现行可支配收入口径的通胀预期不一致，也给货币政策出了难题。

还有一个难题是，人们是否能感知或测度自己的税费前净收入？知道净收入才能更好感知这一口径的通胀，并产生预期。因为许多未拿到手的收入是预扣或企业代缴的，有些不透明。一般来说，人们其实不太容易知道自己的净收入是多少。尽管不好计算，但人们常常作横向对比，即平均来讲，与同等教育水平、技能水平、工作强度的人相比，如果干其他工作可能的收入水平是多少。

总之，收入的测度以及按什么收入来定义支出篮子并计算物价水平，会影响人们的通胀感知和预期，家庭可支配收入的篮子小了些，而篮子以外内容的价格上涨得较多。

——劳动付出的度量对通胀感知的影响问题。前面提到了人们想测度的一个指标是通过工作换取特定收入的辛劳程度，或者说获得特定消费效用的劳动付出。经济学里狭义的效用函数大约是指一定量的支出所能换取到的消费满足度。广义一点可以是一定量的劳动付出所换取的消费满足度，再广义一点还可包括少劳动、多休闲换取的综合满意度。应该说，"效用"没有令人信服的确切定义，已有人证明"效用"无法定量测度，只可排序。但付出与效用之比的概念显然与通胀有关联。要从产生效用的广义物价和劳动付出所换取的收入两个方面（或者两者之比）来了解生活水平的通胀效应，即用更多的劳动付出换取同样的消费效用意味着通胀。

还有一种付出，是受教育、技能培训和学习，它在一定程度上是为了竞争工作岗位。随着横向竞争的加剧及自动化、机器人、人工智能的发展，人们必须对自己进行教育投资才能有竞争力。这增大了劳动付出和人们支出结构中的投资组成部分。

另外，我们目前经济学里的物价指数和通胀概念还难以应对"休闲"。如果出门休假，则交通、旅馆等支出均通过价格加以反映，并形成效用，也有通胀测度；而如果在家养神、听音乐（不是新买的）、看本书（从图书馆借的）、与家人聊天，即便很具满足感却难以计价进入效用，也没有通胀计量。不知未来能否有一个创新型经济模型来应对这一难题。大致上，休闲和劳动时长是此消彼长的（互补的）。如果用更多的劳动付出换取更少的消费效用，这在概念引申上应该是一种通胀。尽管现行通胀统计及分析未把这种概念和关系纳入其中，但仍可提示我们去关注最终想测度的是什么，如何解释某些人群感觉生活艰难、满意度不高的现象，以及这对货币政策的含义。

——基准、可比性和参照系对通胀度量的影响。物价指数中各消费组成部分都有其权重，权重是可测度并及时调整的，这在数理上支持了跨一个年度纵向比较的可比性。跨多个年度的比较则是多个跨一年比较的积分（累积）。但这种数理上的科学性并不等同于人们的通胀感知及预期的效果。当消费结构出现很大变化时，处理基准和权重的方法论受到挑战；科技快速发展带来的性价比变化有可能高估通缩的程度；再加上上述跨期纵比的科学性与人们常会横比的选择不一致，这就带来了争议之处。

度量通胀及物价指数实际上意在比较，因而涉及可比性；作较长时间的比较，涉及选用的基准是纵比还是横比。这不仅涉及概念和方法是否科学、准确，即可比性问题，还需要考虑多数人的选择倾向，因为他们选用的比较方式形成了对通胀的感知及对未来的通胀预期。比如，计算机的处理器速度、内存大小等，如果从性价比衡量，生活水平从纵向比较应该是大幅提高的，从长期看会有明显的负值通胀。但多数人实际上是平行比较的，即横比，看同事、周围的人使用的计算机性能，如果自己的计算机比同事的性能低，就会感觉生活水平差了一些，而不是完全靠纵向对比。

简而言之，通胀及其测度问题面临若干挑战。过去看似很成熟的通胀度量，现在看来并不理想。当前的度量显然存在着忽视投资品价格和资产价格等问题。不少国家的货币政策面临着不能有效达到通胀目标的问题，无论使用的是标题通胀（headline inflation）还是名义通胀（nominal inflation）。近期美联储货币政策目标转向了平均通胀目标。如果按过去的度量方法得出的通胀很低，而资产价格上升得比较多，会出现不可忽略的结果，货币政策的设计和响应难以坚称与己无关。总之，需要明确要达到的目标，以及如何对目标进行测度。这可能需要更广义的通胀概念，而如何对通胀进行测度，值得进一步深入研究。

人民币可兑换与国际化

一、人民币国际化面临的机遇和需做的准备①

在当今全球大变局的背景下，大家高度关注人民币的前景。我想就人民币可自由使用和国际化所面临的机遇及需要做的准备，简要谈谈自己的看法。

（一）人民币国际化的有利因素

从短期来看，当前确实出现了一些有利于人民币发挥国际作用的积极因素，特别是新冠肺炎疫情暴发以来，各国在疫情管理、经济增长等方面出现了差异。同时，由于美国推行大幅量化宽松政策，财政赤字和资产价格高企，美元指数呈现下行状态，对美元地位的质疑声音又开始出现。对于人民币的前景，首先要说的是，它并不主要取决于人民币币值或人民币指数近期和短期的走势。因为在浮动汇率制下，人民币对美元汇率必然会有波动，人民币走强的时候，希望购买人民币资产的人自然就会多些，因此短期的走势不是最关键的因素。

从长期来看，真正对未来人民币国际化有利的因素主要有：

---

① 源自周小川 2020 年 10 月 21 日在金融街论坛"金融合作与变革"平行论坛上的讲话。

第一，我国继续坚持对外开放，下决心发展高水平的开放型经济。即使在近些年保护主义大行其道的情况下，中国仍非常明确地坚持走实体经济对外开放的道路。习近平总书记在深圳经济特区建立40周年庆祝大会上的讲话又强调了中国要率先建设更高水平开放型经济新体制。当前，我们正在推进很多新举措和新试点，包括19个自贸区试点、海南自贸港建设及上海临港新片区建设等，都表明中国要推进更大程度的开放。而货币的开放性是为实体经济的开放服务的，只要实体经济下定决心实现高水平的开放型经济，那么货币在这种情况下的配合是必然的趋势。

第二，金融市场建设近年来逐步突破了各种各样的障碍和保护主义的做法，取得了很大进展。比如，股票市场推出了沪港通、深港通以及债券通，债券市场和衍生品市场也更加国际化。这些突破都是货币可自由使用和人民币国际化的重要内容。

在人民币汇率方面，我们也突破了一些心理障碍。比如，过去提到人民币可自由使用，因为涉及资本项目可兑换和减少外汇管制，人们就会产生一些担忧。再比如，前几年人民币汇率"破7"的问题。虽然从数字上来讲这一数值并不重要，但因为各方对"破7"的影响看法不一，互相不能说服，于是"7"就变相成了人民币汇率的底线和心理关口，面临着需要突破这一心理障碍的问题。事实上，纵观人民币对美元汇率的变动，从20世纪80年代开始到现在，经历了多个所谓的"整数关"，当时可能略有震动，但实际并无大碍。从这两年的情况看，人民币汇率已经在7附近上下波动，那种怕人民币汇率跌破7就会一泻千里的担心基本上消除了。同时，汇率问题也涉及外汇储备，过去人们也担心外汇储备会不会跌破3万亿美元的整数关口。2017年初，外汇储备就跌破3万亿美元到了2.998万亿美元，但后面又慢慢增加到3万亿美元以上。所以一些过度的担忧，特别是心理上的障碍，我们都突破了。

这些都是好的迹象，但不可否认的是，推动人民币国际化还有不少工作需要去做，特别是在统筹管制和开放方面，还有很长的路要走。从我们过去的习惯上来讲，总是希望把不同方面的好处都抓到手，但后来实践证明有些东西是无法结合的。在人民币方面，有一种想法是，既希望搞好外汇管制，又希望人民币能够国际化。对此，可能还需要进一步理清思路，做好必要的准备工作。

（二）加强对人民币国际化有关问题的利弊分析

这里我想着重谈一下研究方面需要做好的工作：今后两三年或者三五年范围内我们可能需要下更大的决心，大幅度提高人民币可自由使用程度，进一步减少对资本项目的管制。这既涉及研究方式、思维方式、政策体系变革，也要考虑出现其他情况时的应急准备。在此背景之下，有一些政策研究分析、政策设计方面的问题，需要经济金融学界和业界予以关注和研究。

1. 人民币国际化的利弊分析。在考虑推进人民币国际化、人民币可自由使用和进一步资本项目可兑换的过程中，一个主要的权衡要点就是进行利弊分析。究竟有哪些好处，哪些坏处？哪些可以相结合？哪些只能取舍？在这个分析过程中，其实我们会看到，我们在思维上会带有系统性偏向的痕迹，这是因为我们多数人过去所习读的教材主要是政治经济学和关于计划经济的教材，比较偏向于控制导向型，倾向于控制经济的运行，怕失控，而对市场和价格（汇率也是价格）存在着某种不信任，甚至有恐惧感。这种思维实际上对决策是会有影响的，所以分析研究应该在这方面进一步深入。

从 2008 年国际金融危机和本轮疫情的应对过程和举措上，大家也可以看到，如果人民币成为能被国际上普遍接受的货币，对中国还是有很多好处的。除了通常有的好处外，在危机应对方面也有好处。比如，危机来临时，国际化的人民币会带来更加便捷的货币互换和债务融资；再比如，最近国际上非常关心的疫情导致对高负债的发展中穷国的缓减债问题，涉及用什么币种结算，究竟是从自己口袋里掏出来的"真金白银"，还是印钞机印的"国际货币"？这也取决于货币的国际化程度。

2. 资本管制的利弊分析。一些人认为，资本流动，特别是在当前国际经济秩序下，对发展中国家、对中国可能不十分有利，甚至会造成冲击，因此政策制定者在最后决定保留哪些管控措施时，总会在这方面有一些讨论和争论。但我们需要体会到，影响资本流动的因素，除了币值本身外，可能更重要的一个因素就是信心。信心越强，不正常的流动反而越少。

同时，我们也要认真评估当前的资本管制，特别是外汇管控的效果。人们往往倾向于认定，既然制度规定了有管控，那么就应该是管得住的，管不住的只是个别现象。但是实际情况并不这么简单，实践中也有很多反面的案例。当中国逐步走向更高水平开放型经济的时候，涉及资本管制的经济活动体量十分庞大，包括贸易和非贸易资本流动（非贸易的难以通过海关管控）、"一带一路"的对外投资，加上6000万海外华人的侨汇、跨境旅游的收支等，都涉及跨境资本流动和外汇管制。因此，在这样一种开放度之下，外汇管制的效果究竟如何是需要进行认真评估的。

此外，关于进一步推进资本项目可兑换，一部分人会简单地认为就是百分之百的自由化。这其实是概念混淆了，资本项目可兑换并不意味着百分之百的完全自由。从全球来讲，现在有反洗钱、反恐怖融资要求，很多金融交易和跨境汇款都要受到管理和限制；有一些项目本身是受管控的，比如毒品交易；美国对国际上其他国家进行长臂管辖，对其要制裁的事或国家也要管控；等等。此外，即便在正常情况下推进了资本项目可兑换，各国还需要备有应急管理。国际货币基金组织（IMF）对应急状况下的资本流动有很多政策规定。在上一轮国际金融危机以后，IMF 对全球资本流动的观点有了新的校正。所以在作利弊比较时，不要把推进资本项目可兑换说成是百分之百的自由化，实际上仍然存在很多按现行体制和规定可以进行管理的内容。当然，也存在一些有疑问的方面需要认真加以研究，比如短期投资性产品和个别衍生品交易，如果人民币可自由使用程度大幅度提高，究竟应该设计成什么样？哪些要有管理？哪些可以不管理？

（三）逐步解决好改革并轨方面的问题

前面两个研究的问题都是各国在推进本币国际化时需要面对的共性题目，下面我再说一下两个具有中国特色的内容。

一是先试点、再推广并跃上新台阶。中国作为世界第二大经济体、第一大贸易国，是拥有 14 亿人口的大国，与经济总量不高、人口只有几十万到几百万的小国不同。在面临抉择时，小国选择迈向东或者迈向西，往往比较容易决定；而中国则需要依靠试点、分步推进、逐步取得经验后再予以推广扩大。根据之前的经验，中国看准了走对外开放、发展开放型经济的道路，于是接下来就是分析走到哪个步骤可以跨过哪个大台阶的阶段。在试点之前作很多铺垫和准备，然后开展试点并根据试点总结可复制、可推广的经验，并最终跨上新的台阶。中国在这条道路上已走了很久，从改革开放初期建设 4 个经济特区、建设 14 个经济开发区到现在 19 个自贸区、海南自贸港、上海临港新片区等，都是如此。这是有中国特色的内容，在国际经验上也是不多见的。

二是着力解决并轨问题。在改革向前迈一大台阶的时候，往往会面临一些实际问题需要研究和解决。我国过去曾经存在的双轨问题就是个典型。1994 年汇改之前，有一些商品既可以用兑换券买到，也可以用人民币购买，但二者价格是不一样的。在改革进程迈过这一步时，需要合并这两种渠道、两种价格，于是就产生了问题：该怎么合并？合并过程中哪些问题需要解决？涉及体制、机制、价格、利益的情况怎么处理？如果存在既得利益需要进行调整，该怎么调整？等等。

那么当前在人民币国际化过程中存不存在双轨的问题呢？应该说还是有一些的，其中最主要的是在股票市场上。我们的股票市场上有 A 股、B 股、H 股，其中部分股票既在 A 股市场交易也在 H 股市场交易，但各种价格之间存在差异；还有一些红筹股，不同的"壳"可能实际套的资产内容是一样的，但价格却是不同的。当然，也有一些专家指出，在不同市场有不一样的价格，是有其合理性的，因为不同市场的投资者可能因为具有不同的风险偏好和市场预期，看法并不能完全同一。但这种解释并不充分。如果同股不同权产品的价格有较大差异，用这种解释还可以理解；但如果同股同权的产品出现比较明显的价差，仅用投资者差异就不能完全解释得通了，可能主要还是因为货币不可兑换，致使不同市场间没有套利机制。将来迈大步跨上新台阶时，必须把这一类问题解决掉。

除了股票市场，金融衍生品市场等其他市场也存在价格不一致的情况，可能也与过去我们跟国际市场没有完全接轨时所采取的管理制度和国际市场不一样有关。比如 NAFMII 的衍生产品主协议和 ISDA 衍生产品交易主协议最早制定的时候就不一样，出现了产品差异，因此到交易时就需要涉及并轨的问题。

简单作一个总结。首先，要看清人民币的发展方向，并抱有信心；其次，要着力加强研究，特别是针对共性问题和中国特色的问题进行政策分析和设计，从而使我们能在充满机遇又面临不少挑战的情况下实现高水平的开放型经济。

二、新形势下的人民币可兑换与国际化[①]

——这些年来，我们在推动人民币国际化方面做了很多努力，为未来打下了很好的基础。第一，在大方向上，我们这些年一直推动多边主义、贸易自由化、投资便利化、高水平对外开放等，反对保护主义。第二，我们开展了很多试点，在试点过程中有许多突破，比如沪港通、深港通、债券通等，为人民币国际化扫清了很多障碍。第三，我们过去存在控制导向的心理，也有一些害怕的点，存在一些心理障碍，这些坎慢慢都迈过去了，形成了好的局面。第四，人民币正式加入国际货币基金组织特别提款权（SDR）货币篮子，是对人民币可自由使用的初步肯定。但是，在人民币可自由使用这件事情上，是不进则退的。最近讲到双重汇率，一旦离岸汇率和在岸汇率相差超过两个百分点，就认为是双重汇率、操纵汇率，就可能取消 SDR 资格。因此，人民币加入 SDR 既是一个进展，也是一个不进则退的考验。第五，我们在基础设施和便利化方面作了不少推进，包括代理行、人民币清算行和人民币跨境支付系统（CIPS）等。此外，人民币被境外主体接受，其就会有人民币头寸，要在国内市场有可以投资的地方，并不是存在银行就行。所以，一定要推动人民币债券市场发

---

① 源自周小川 2020 年 10 月 24 日在第二届外滩峰会"新形势下的人民币国际化与国际货币体系改革"专题研讨会上的发言。

展，这属于基础设施的范畴。

——人民币国际化不进则退，在已经取得这些进步的基础上，未来需要大幅度地提高人民币可自由使用的程度，或者说人民币可兑换的程度，对此不能回避。受计划经济遗留下来的传统和国际金融危机等事件影响，现在有一种想法，就是我们能不能回避可兑换，把人民币的使用推广到境外去，我们不说自由使用和可兑换这件事。这实际上不太可行。人民币出去以后，人家能拿人民币做什么？如果不允许自由可兑换，人民币出现离岸价格，就容易出现双重汇率。目前人民币在国际支付中的占比为2%左右。如果想提高占比，人民币需要用途广泛，并与其他可兑换货币作对比。如果其他货币可以广泛使用，而人民币受到各种限制，那么人民币在国际支付中的占比可能徘徊在个位数水平。因此，人民币国际化回避可兑换恐怕不行，也不符合我们实现高水平对外开放的目标。人民币国际化这件事不进则退。只要制度建设上没有走到那一步，制定规则和法律法规没有达到那一步，人民币国际化随时可能退回来。

——关于人民币国际化、国际货币体系改革的优缺点等问题，有几点需要注意。第一，多数人谈论这个问题都是说在正常经济贸易情况下，货币可兑换和不可兑换的优点。较少有人说到在应急的时候会怎么样。比如，这次新冠肺炎疫情，2008年次贷危机导致国际金融危机，20多年前亚洲金融风波都是应急的时候。如果是全球储备货币，那么印钞票管用，可以购买商品，可以还债。如果不是储备货币，不是可兑换货币，那印钞票是行不通的。这是一个要考量的差别。第二，国际货币是不是互补的关系。人民币国际化往上走不一定是我们这一阵努力取得的效果，也许是美元这一阵正好走弱。美国搞制裁会损害美元的形象，这样人民币显得强了。在一个百分之百的盘子里，美元、欧元、法郎、英镑是互补的关系。资本市场用的词是"割韭菜"，谁强大谁就可以"割韭菜"。需要明白在极端情况下，国际货币有朝一日是可以割我们"韭菜"的。人民币要是自己不强，就会面临这个问题。第三，对人民币国际化的优缺点要全面考虑。人民币国际化要承诺它的购买力。在中央银行资产负债表上，印的钞票、吸收的准备金或者银行系统存款都在负债方，资产方可以购买国债，甚至买一点股票都可以。我们在负债方印人民币，境外主体持有人民币到中国要买石油、煤炭、手机可以，但是买金融资产这个行、那个不行。如果我们锁定对方购买力，那他们为什么要持有人民币？人民币作为境外主体的资产，相当于我们的负债，负债方要履行相应的义务。这一点想清楚，对人民币国际化的优缺点会考虑得更全面一些。

——开放债券市场是人民币国际化的必要条件之一，也是检验人民币国际化成果的重要方面。第一，债券市场这几年开放是可圈可点的，值得充分肯定，债券市场开放在通道、产品等方面具有多样性。未来，债券市场在促进人民币国际化方面有比较大的发展空间。第二，如何通过市场机构主动创新来开拓对外开放的增量市场。市场本身知道哪些需要、哪些适合。市场机构门类众多，承受能力和风险管控能力、规模有较大差异。提供这样一个机制安排，推动市场主动寻找方向、开拓对外开放的增量市场是非常重要的。第三，统筹做好互联互通的制度安排。现在开放金融市场除了沪港通、深港通、债券通的模式以外，还有合格境外机构投资者（QFII）、人民币合格境外机构投资者（RQFII）等诸多类型。如何向境外机构提供一站式便利化管理，这是需要进一步研究和探讨的问题。第四，国际监管认证问题。如果没有监管认证，监管机构参与衍生品业务，会有比较大的问题。第五，标准化建设问题。我们正在推动债券的国际证券识别码相关工作，有了国际证券识别码，境外机构才能购买具备识别码的债券产品，这对债券市场是至关重要的技术安排。此外，推动全球法人识别编码（LEI）在跨境领域的应用，也是债券市场开放很重要的基础性工作。

资本市场发展与国际金融中心建设

一、关于上海国际金融中心建设研究议题的建议[①]

建设上海国际金融中心，是中国政府高瞻远瞩、审时度势提出的一项具有全局意义的重大战略决策。当前，中国特色社会主义已经进入新时代，中国已经成为全球第二大经济体，并更加深入地参与全球治理。金融作为现代经济的核心，正日益成为国家重要的核心竞争力。打造更具全球金融资源配置能力和国际影响力的上海国际金融中心，是我国现代化建设和全面深化改革开放的需要，对于建设更加稳健的金融体系、推动经济高质量发展具有积极意义。

近年来，上海以金融市场体系建设为核心，以金融改革开放和创新为重点，围绕上海国际金融中心竞争力的提升，做了大量富有成效的工作，在全球金融中心的排名显著上升。当前，正是2020年上海基本建成国际金融中心的关键时期，作为专家咨询委员会的召集人，我和部分委员进行了交流，初步梳理了7个议题，认为下一步需要继续深入研究。第一个议题是，建好上海国际金融中心，要逐步提高人民币资本项目可兑换的程度。第二个是，

[①] 源自周小川 2019 年 6 月 13 日在上海国际金融中心专家咨询委员会上的讲话。

建好上海国际金融中心，要更多采用国际规则，尤其是会计准则等。第三个是，要促进国际企业，特别是亚洲企业到上海资本市场上市或挂牌交易。第四个是，要参照国际证监会组织发布的证券监管规则，提高证券市场的监管水平。第五个是，在法律制度方面，要探索建立能够灵活演进的制度体系，以适应资本市场创新发展较快的情况。第六个是，要按照公司法和公司治理原则，特别是 G20 和 OECD 发布的公司治理原则，改善上市公司的公司治理。第七个是，要让上海金融市场，尤其是资本市场能够更为顺畅地获取全球信息，尤其是金融信息。

二、既要学习美国资本市场经验，又要独立思考问题①

中国资本市场（特别是股票市场）作为一个后发市场，过去一直是以美国为样板，尽量引进知识和技术，不断向美国学习，从而提高中国的市场建设和效率。同时，中国市场早期因为不成熟，有很多不成熟且有缺点的特征，需要引进新的实践。王岐山先生在 2008 年底时曾经讲过，在 2008 年国际金融危机之前，中国资本市场发展都以美国为榜样，但后来发现美国这位老师出了问题，爆发了次贷危机，所以中国有些东西需要重新考虑。

如今，一方面，中国仍然非常重视学习美国资本市场经验，包括市场组织、市场参与者和监管等方面。但另一方面，最近中国也开始产生一些疑问，这些疑问值得进一步研究，以便更好地在资本市场发展中吸取有益的经验，排除潜在的风险。

---

① 源自周小川 2020 年 10 月 25 日在第二届外滩金融峰会闭门研讨会之万柳堂资管圆桌"新常态下的全球资产配置"中与美国前财长盖特纳对话时的发言。

第一个疑问是，过去认为美国市场的综合型股票指数能比较准确地反映经济基本面，但疫情发生以来，美国经济受到冲击之后大幅下滑，但股票指数却上涨得十分厉害，这不合常理。希望中国的股票市场、股票综合指数能够更加与中国整体经济基本面相对应。

第二个疑问是，中国在改革开放过程中一直在尽量减少行政力量对市场的干预，但是近来美国领导人反复评论股市，同时干预美联储的政策和人选，让人感觉到不舒服。作为世界第一大国，美国行为的"传染性"还是很强的。在很多国家，政府领导人不一定是经济、金融方面的专家，既然美国领导人以股票指数来衡量政绩，就很容易出现传染，其他国家领导人是不是也要考虑将股票指数作为政绩的主要衡量尺度呢？这使得大家比较担忧。

第三个疑问是，美国股票市场交易越来越机器化和高频化，这一特征会不会给市场带来风险？2001年纳斯达克泡沫破裂的原因之一是程序交易，现在机器、程序和人工智能的高频交易占的分量越来越大，会不会给股票市场带来风险？同时，机器学习和快速交易绝大多数是建立在技术趋势和大数据分析的基础上，而长期性、小样本的资产泡沫破裂等的数据较少，可供机器学习的也就很少，因而绝大多数大数据适合于短期趋势分析，那么这种机器化高频交易是否会更多地带来脱离基本面的问题？我们需要关注其潜在的风险问题。

第四个疑问是，ETF的交易是不是越多越好？美国发展了ETF，中国也很积极地在跟随发展ETF。据说美国ETF交易在股市交易中基本接近一半，市场上多数投资者都在做ETF交易。如此一来，股市在区别公司层面基本面差别上的能力减弱了，很容易变成和财政政策、货币政策松紧的博弈。所以ETF交易比重越来越大是不是好事？这值得思考。

第五个疑问是，数字经济发展对既有的估值方法的挑战。BigTech 公司估值出现了新的规律，和过去的市盈率（PE Ratio）不再一样了。一方面，这些企业的估值很高；另一方面，估值依据和过去的认知不一样。这种情况一方面可以解释目前股市出现的某些现象，但另一方面也带来了一个问题，即这种估值和定价是不是科学的、可持续的，是不是未来的趋势？

总的来说，中国将继续以美国成熟资本市场为榜样，学习引进先进经验，但对于一些需要大家共同讨论的新问题，中方也需要独立思考，在这一前提下研究加强中美资本市场之间的发展交流与互相合作。

三、进一步发展股权资本市场需要更多的独立思考[①]

中金论坛历来重视实质性的讨论，而不讲求形式。今天我也借此机会就进一步发展股权资本市场这样一个题目和大家作一个交流。

（一）进一步发展股权资本市场需要有独立思考

党的十九届五中全会明确提出了中国资本市场改革的任务，其中包括要全面实行股票发行注册制、建立常态化退市机制以及提高直接融资比重等，这些都直接针对股权资本市场的发展。中国股权资本市场已经走过了 30 年的发展历程。在市场创设阶段和发展早期，我们像许多其他发展中国家一样，主要学习和借鉴发达国家，特别是美国股权资本市场的成熟经验和做法，因为美国

_____

① 源自周小川 2020 年 11 月 5 日在"2020 中金论坛"上的演讲。

是世界第一大经济体，同时其直接融资高度发达。但发展到今天，我们已经积累了自己的一些经验，同时也看到美国资本市场目前面临一些新挑战，出现了一些不太令人满意的新现象。这些新挑战和新现象使大家有所质疑。

在这种情况下，我们提出要进一步加强研究和分析工作，对有些事情要有独立思考、独立判断，在此基础上更好地吸收有益的国际实践和做法，确保中国资本市场能够走上稳健、健康的可持续发展道路。

（二）最近出现的几个新现象和新挑战

第一，特朗普政府直接间接干预股票指数。最近几年来，特朗普政府在很多场合发表的讲话都把股票指数当作其政绩的衡量标准之一，并反复地进行宣传。同时，为了股票指数的上涨，特朗普政府还对美联储的货币政策等进行了口头干预。这同过去是不一样的。以前的主流观点强调，股票指数应该比较客观地反映经济的表现，而不应该受到行政干预。同时，股票指数也是众多上市公司微观表现、财务表现的总体反映，而不是政绩的衡量标准。但是，美国最近这几年的做法具有较大的传染性。或者说，世界第一大经济体、最发达的金融市场的这种做法，很可能会对其他国家产生影响，其他国家有可能会跟随效仿。随之而来的可能会有不当的干预，进而影响宏观政策的稳健性和可持续性，容易造成资本市场的泡沫。

第二，新冠肺炎疫情带来的挑战。世界各国处理疫情的方式不同，其中美国控制得不太好，传染病例、死亡病例很多，对经济的冲击也相当显著。然而在这种情况下，美国主要股指总体上还在上扬，处在高位。这和我们的预期显然产生了差距，因为通常普遍认为，综合股指应当是经济的晴雨表，应该反映宏观经济的基本面和走势。同时，人们感到美国的几大综合股指越来越像与宏观经济政策进行博弈的一个指数，给财政政策、货币政策施加了压力。这个压力究竟合不合理？当然，这可能取决于多方面因素。

第三，股票的机器交易越来越多。在美国和西方一些国家的股权资本市场上，越来越多的交易由机器完成；同时，机器不断地提高交易频率，产生了很多高频交易。总体来讲，机器交易是基于对短期趋势的判断而进行的快速交易，其本身并不见得不好，但如果这种交易占据了主流，那么基于对上市公司基本面判断所进行的交易可能就会退居次要地位。这可能会带来一定的问题，也就是说系统会呈现正反馈（即容易导致追涨杀跌）的特性。

第四，ETF发展很快。ETF本身是一种很好的产品和交易方式，在市场上广受欢迎。据报道，美国股票市场交易量中接近一半是ETF交易。但是，在ETF交易比重很大的情况下，会出现许多股指和个股的同向运动，从而减少区别化和差别化。过去人们经常说中国资本市场存在趋同现象——大小指数以及个股要涨都涨，要跌都跌，这是因为缺乏对上市公司业绩和基本面的深入分析和差别对待。在ETF比重过大的时候，就可能会出现"羊群效应"，减少基于公司基本面的交易。

第五，人工智能（AI）在股票投资决策中的应用。金融市场上可能有许多种人工智能应用，当前大家比较关注的是AI投顾。首先要区别的是，过去一些基于预测模型和趋势性分析的数学模型所作出的投资决策不能算是AI。运用AI技术对交易数据进行大规模的挖掘和深度学习，继而在深度学习的基础上得出交易策略，才是AI投顾。由于可获取的大数据绝大多数是近期的，因此学习的内容有可能也会有助于高频的程序化交易。同时，由于历史上从股市泡沫的逐步积累到最终破灭的例子相对较少，构不成大数据，不足以提供足够的知识用于深度学习，因此在这种情况下形成的 AI 投顾容易忽略中长期趋势的变动，而比较擅长短期高频分析，这也容易给交易系统带来正反馈效应，从而影响系统的稳定性和长期判断。

第六，创新公司的估值方法带来挑战。现在创新公司很多，发展很快，市值比重也很高，而且其估值和定价基本都采用一些新办法，这些新办法和以前惯用的市值分析和价格分析大不一样。对这些东西我们究竟有多大的把握？会不会由于目前的理解还不够，时间长了可能出现重大调整？究竟会不会像 2000 年纳斯达克出现泡沫时的状况一样，现在还不太好预测，但是这的确构成了一个挑战。

以上是六个最近出现的新现象和需要我们质疑的地方。为了更好地发展中国自己的股权资本市场，我们需要对这些问题进行更加密切的观察，同时需要独立地思考和分析研究，以便能够从全球和历史的实践中真正吸取到有益的知识，使我们的市场发展得更好。

(三) 股权资本市场的反馈特性

刚才提到的目前一些需要质疑的方面，都涉及系统的正反馈特性。大多数人对于正反馈、负反馈都有正确理解，但也有一部分人不熟悉这个领域，他们可能产生误解，认为正反馈是正面的、正能量的，负反馈是不好的、负能量的，这是不对的。简单来说，正反馈，就是容易导致追涨杀跌；负反馈，有利于纠正一些过热和过冷的偏差，可能有利于系统稳定。

2008 年国际金融危机爆发以后，大家开始讨论究竟是什么原因造成雷曼兄弟倒闭以及后续的大调整，以致形成这样大的危机。这时候，大家开始关注并研究正反馈特性问题，中国当时也为此做了不少工作。2009年G20峰会前，人民银行发表了四篇文章，分析指出了几个方面的问题：一是系统存在过多的正反馈效应，负反馈不足，所以呈现为不稳定。正反馈里大家明显关注的问题有评级公司的评级、会计准则，以及按照巴塞尔监管要求很多银行建立的内部评级模型（该评级模型也容易造成系统的正反馈效应）等，使得经济好的时候，所有的指标都向上，而缺少一种冷静的、纠偏的力量。二是对储蓄作了分析。指出为什么亚洲金融风波之后，亚洲国家储蓄增长比较快，而且这些储蓄可能流入美国，变成次贷的资金来源之一。三是缺乏监管。监管在危机前相当长的时期内始终处于走弱的状态。四是东南亚国家过多的储蓄之所以涌入美国，可能与美元的国际储备货币的作用有关系。

虽然国际金融危机已经过去了十几年，但是有些讨论现在仍然非常有意义。在相当多场合的学术讨论中，大家都认为系统的反馈特性是一个需要研究的重要问题，也是分析金融危机的重要角度。

对于反馈系统特性，有些人可能感到比较生疏，所以当时又有人提出另外一个词，不用正反馈、负反馈，而用顺周期、逆周期。顺周期、逆周期这种提法，大致反映了通过反馈系统进行调节的想法，但是它对系统本身的反馈特性强调得不够。到2009年中期，国际组织采用了以前曾经少量使用过的一个概念"宏观审慎政策框架"，来代表如何对系统进行调控，其中包含要尽量减少顺周期的政策，增加一些逆周期的政策。这个意图是好的，我们也都广泛接受了这个提法，同时把"宏观审慎调控"写入了很多重要的政策文件和指导方针。

但是它依然有一些缺陷，可能没有反馈系统特性这么丰富的内涵，主要体现在三个方面：第一，系统可能存在多个反馈环路。有一些环路可以切断，有一些环路可以增添。对于每个环路来讲，有些参数是可调整的，通过调整这些参数，可以减少正反馈效应和增加负反馈效应。第二，在这种系统中，有些环路体现为正反馈还是负反馈，还取决于频谱的分析。有些环路可能在高频段呈现正反馈，在低频段呈现负反馈，或者反过来。从这个角度看，调节可以更加复杂、更加综合，采用更多的手段。第三，为了达到金融系统稳定、健康，也可以有更多的做法。比如说对于多环路，可以采用断路器的做法，把一些具有正反馈的环路在一段时间内切断。有一些交易的熔断机制就是实行了断路器。国际金融危机期间，美国、德国等都对某种形式的裸卖空进行了临时性的禁止，也是一种断路器的做法。前面所说的需要关注的几个新现象和新挑战，其中有一部分在高频段容易呈现正反馈特性，比如高频交易、程序性交易、AI 投顾等。另外，我们可能需要更加关心在低频环节，也就是在中长期的过程中会不会有泡沫的积累，导致出现新的问题。

总之，我们可以从反馈系统特性的角度，更加丰富、更加综合地思考当前股权资本市场所面临的上述若干问题，然后对它进行更好的研究分析，拿出经过独立思考的独立见解，以便使我们的认识和决策上一个台阶，对于中国股权资本市场下一步如何发展能有更明晰的看法和建议。

政策性银行改革^①

一、"还原"政策性银行改革始末

（一）建立三家政策性银行的历史背景

——政策性金融创设的初衷是让专业银行真正转型为商业银行。政策性银行源自党的十四大和十四届三中全会的设计。它的初衷是实现政策性金融和商业性金融分离，让专业银行真正转型为商业银行。当时的工行、农行、中行、建行被称为四大专业银行。所谓专业银行，就是按专业领域划定疆域区隔，而非通过竞争来改善金融服务和资源配置；各领域内具有政策性含义的业务也要由专业银行来承担。例如，国家要支持的农业领域，农行就要出资放贷；工业领域的项目资金支持主要靠工行。当时是20世纪90年代初，有些工厂非常困难，过年吃顿饺子都要借钱，这就是所谓的"包饺子贷款"；还有一些按生产线发放的贷款，即使企业处于亏损状态，只要某条生产线生产的产品有市场需求，就可以申请贷款，这种类型的贷款叫作"封闭贷款"，但实际上贷款主体是企业，企业将资金具体用到哪里，银行很难搞清楚。在

---

① 源自周小川2015年8月20日接受《第一财经日报》记者专访的报道：《周小川谈政策性银行改革：资本约束是核心》。

这种情况下，专业银行无法按照改革设计顺利转型为提供竞争性金融服务的商业银行。如何解决？这就有了建立政策性金融的考虑，即政策性业务由政策性银行来承担，而工行、农行、中行、建行四家银行不再承担政策性业务，真正走向商业化改革。

——开发性金融是基于 20 世纪 90 年代我国财力状况在实践中探索的结果。理论上，政策性金融具有准财政性功能，需财政给予补贴或支持。但 90 年代我国财政很困难，税收占 GDP 比重仅为 10% 出头。在这种情况下，国家开发银行（以下简称国开行）自己逐渐摸索出一条服务国家战略、依托信用支持、不靠补贴、市场运作、自主经营、注重长期、保本微利、财务可持续的称作"开发性金融"的路子。其实，这也是个不断探索、不断完善的概念，使"开发性金融"与"政策性金融"有了区别。

（二）开发性金融在经济学思潮中的演变

——最初全球的思潮不太倾向于开发性金融。一方面是因为开发性金融很可能亏损；另一方面，这与主流经济学的变迁也有很大关系。经历过 20 世纪五六十年代的凯恩斯主义及其后的新凯恩斯主义学派盛行后，80 年代兴起了新保守主义，随着英国撒切尔政府强调市场和私营部门，限制政府干预，全球都倾向于相信：当政府更加依赖市场化运作时，政策性金融和开发性金融就不那么重要了。

——日本长期信用银行（Long – term Credit Bank of Japan）的倒闭加剧了对开发性金融的否定思潮。日本长期信用银行的运行模式类似于国开行，不吸收存款，主要依靠发债，注重为长期项目融资。由于具有准政府色彩，其发债成本略低。20 世纪 80 年代日本泡沫经济进入高峰期，在海外投资的狂潮中，从高尔夫球场到洛克菲勒大厦，背后都有日本长期信用银行的身影。90 年代后期，由于不堪巨额损失，日本长期信用银行倒闭，这加剧了其后相当长时间全球范围内对开发性金融的否定思潮。

——亚洲金融风波后，全球的政策性金融和开发性金融逐渐式微。德国邮储银行进行了私有化改革，日本的小泉政府也提出要将日本邮储银行全面私有化。欧洲投资银行（EIB）也启动转型，缩减以往的基础设施建设贷款而转向重点支持中小企业发展。直至 2008 年国际金融危机之前，全球基本都延续了这样的看法和倾向。

——2008 年金融危机爆发后，开发性金融重新得到人们的重视。人们发现，具有一定外部性的公共融资难觅投资者，尤其是基础设施、公用设施和一些涉及重要战略领域的融资，于是开始想办法用好开发性金融。原本计划把开发性金融转型为商业性金融的国家，有些在摇摆，有些干脆转回来。此外，危机爆发后西方国家的商业性金融体系都出现了"惜贷"的情形。这一方面源自商业银行自身的资产负债表状况不佳；另一方面则是从回避风险的角度出发，商业银行当时认为最好的方法就是少发放贷款而持有现金，哪怕囤积现金也不发放贷款。这些现象也使人们重新讨论对开发性金融和政策性金融的认识，即可能还是需要开发性金融和政策性金融的，而非全部都靠商业性金融机构。

——三十人小组（G30）也关注到开发性金融在中长期开发和投资中发挥的重要作用。G30 在其 2009 年关于长期融资与经济增长的研究报告中提出，金融危机过后，全球金融体系还没有为支持经济增长做好提供充足长期融资的准备，应该创设新的金融工具和专门的长期融资机构；亚洲主要新兴市场国家可运用多余的外汇储备，形成稳定的长期资金来源。2012 年对该报告进行讨论时，G30 注意到中国的国开行、巴西的开发银行（BNDES）在中长期开发和投资中发挥了重要作用。

——西方国家20世纪80年代末开始的税收改革影响了前述经济思潮的转变。一是改掉过高的所得税税率和高额累进制，实行宽税基、简税率；二是大力推行使用者付费，比如收费公路等。这使得过去许多人认为只能财政出钱干的事，变成有可能让市场来解决，财政支出占GDP的比重也可以略低一些。这对开发性金融很重要，在传统的纯公益性和商业性之间出现一个区间，可以探讨如何去实现、去融资。

（三）什么是开发性金融

——开发性金融与政策性金融存在区别。政策性金融强调政策需要，不太强调盈亏，亏损会由国家补贴。而开发性金融则有所不同，开展的是符合国家发展战略但不亏损的业务。例如20世纪90年代后期国开行支持的"两基一支"（即基础设施、基础产业、支柱产业）和后来的支持"走出去"。尽管业务随着国家战略的导向会发生动态变化，但经营方针是总体上"保本微利"，要实现自我可持续发展。

——开发性金融是长期融资领域的有益补充。传统的商业金融体系中缺少中长期融资的支柱。中短期的业务可能商业性金融能做好，长期的业务却往往有空缺，市场配置资源的有效性在长期融资领域存在缺陷，需加以补充。因此，需要有开发性金融去发挥补充市场和培育市场的功能。

——国家对开发性金融的支持表现为一种增信（credit enhancement）。从融资角度看，开发性金融不吸收储蓄存款，主要依靠特定增信后在银行间市场发债融资。融资成本不高，略高于存款基准利率。与商业性金融相比，开发性金融在融资方面具有一定成本优势，体现出增信的作用。增信不同于担保或兜底，方法也有若干种。目前，人民银行等监管部门将政策性银行的债券定义为"政策性金融债",就是给予一定的增信支持。国家对开发性金融并没有明确的财政担保,财政也没有出具安慰函。此外,国开行做的业务中有一部分是地方政府统借统还的,今后还需要更多地探讨不依赖地方政府的路子。

——开发性金融的实践探索证明了它的可持续性。我国最初创立开发性金融时并没有形成关于业务模式的完整体系。20 世纪 90 年代,人们还没有认识到开发性金融是否可行,及至 2003—2005 年国有银行改革时,和建行、中行、工行一道,国开行也经历了外部审计师审计,结果显示资产质量显著改善,不良资产比例较低——实现了可持续发展,从而说明多年实践的探索是有成效的,开发性金融的路子是有希望的。这个做法对中国进出口银行(以下简称口行)和中国农业发展银行(以下简称农发行)也有重大影响。口行也做了不少自主决策的自营业务,认为这些业务符合国家发展战略,同时也是自负盈亏、不寻求财政补贴。农发行 2004 年就申请扩大业务范围至"农业综合开发贷款",后得到了国务院批准。该类业务自负盈亏,也属于开发性金融,这些年做下来发展得不错,成为农发行的主要业务之一。

——三家银行的演变及定位。2006—2007 年,正处于政策性金融商业化转型思潮的高峰期,国际金融危机尚未发生,国内开始讨论政策性金融的商业化转型。在当时的背景和形势下,国家确定了将国开行转型成为商业性金融机构。到了应对国际金融危机时,国家又觉得需要发挥开发性金融的作用来服务国家战略和应对金融危机。结合内外部环境的变化,人们认为中国已有工行、农行、中行、建行等不少大中型商业银行,而政策性和开发性的银行只此三家,可进一步摸索和发挥好开发性金融的功能。目前,口行和农发行也有不少自营业务,是自主决策、自担风险、自负盈亏的,但仍与商业性业务有所不同,都是围绕国家战略或政策方向的，也属于开发性金融。即口行和农发行是同时在做政策性和开发性两类业务，只不过与国开行相比，政策性业务仍占显著的比重，改革的要求和定义也就有所不同。在上述背景下，国开行明确为开发性金融机构；口行和农发行则定义为政策性金融机构，对政策性金融机构的自营业务需分账管理。

二、财务健康和资本约束是核心

（一）资本约束是本轮改革的出发点和落脚点

——保持稳健和可持续性是本轮改革的重点内容之一。转轨经济的实践表明，政策性机构容易有过度扩张的冲动，成为只注重执行国家计划而忽视财务绩效的非企业化实体；其领导人容易有眼睛向上、对可持续发展重视不够的问题；容易有约束机制（特别是资本约束）欠缺和反复申请政策优惠的倾向。解决以上问题也成为本轮改革的要点之一。从经验出发，严格执行高标准的会计准则、严格按贷款的未来损失概率进行贷款分类、有效的内控和监管、保持资本充足率并实行资本约束、完善公司治理等是银行不突发财务危机、稳健和可持续发展的几个关键环节。

——三家银行尚未解决好的问题之一是资本充足率及资本约束机制。这会降低内控和监管的有效性，也会在会计和贷款分类上出现讨价还价的机会，容易出现过度扩张和财务隐患。特别是当自营业务已占一定比例，资本约束更为重要。

资本约束在一定程度上也可以解决商业银行和政策性银行之间的争议。严格地说，开发性业务和商业性业务之间的界限是有模糊性的，商业银行也可以做开发性业务，但是有的商业银行不愿意做。二者的竞争经常会陷入互相指责之中，商业银行的理由之一是，政策性银行没有资本约束，所以二者的成本并不一样。既然对银行机构真正有效的是资本约束，那么政策性银行的改革也要推行资本约束，使得其风险加权资产所产生的资本需求跟商业银行的标准基本一致，内控和外部监管即可得以明确，不再徘徊。

在资本的计算方法方面，三家银行应参照巴塞尔协议和通用的银行监管规则。当然，如果一个项目是国家明确指示去做的，该资产出现损失后国家有意承担的话，可以把风险权重稍微降低一点，因为毕竟有国家兜底。

（二）政策性、开发性金融机构资本金情况及在本轮改革中补充资本金相关安排

政策性、开发性金融机构改革的核心仍是要强调资本约束和资本充足。政策性业务不在乎盈亏、盲目扩张规模的问题，现在要通过资本约束加以解决。补充资本金可以有各种不同的方式，如果国家财政不宽裕的话，也可以用其他的方式先补充。不补的话，资本充足率无法达标；只有补充了资本，达到一定的资本充足率，才能真正建立起约束机制。

——三家银行的资本情况。国开行的资本相对多一些，资产规模超过10万亿元。在2007年末的时候，国家运用外汇储备注资了200亿美元，随后转入汇金公司，因此情况略好。不过，国开行现在资本充足率仍有缺口，虽然差距不大，但也需要补充一定资本。

口行的问题相对较复杂。1994年时，其资本金是50亿元人民币，后来一直没有增资，现在所有者权益有300亿元（2014年末，口行所有者权益为282亿元）。口行的资本充足率只有2%左右（2014年末，口行资本充足率为2.23%），即使以巴塞尔协议Ⅰ规定的8%的资本充足率作为标准，资本金也严重不足，需要

大幅增资。此轮国际金融危机以后，根据巴塞尔协议Ⅲ，各国都提高了资本充足率的标准，起码要达到10.5%～11%。

农发行同样缺少资本金。近年来农产品收购体制发生了变化，过去收购粮食、棉花是政策性业务，即使亏损也要收购；后来一部分变成了自营性收购，只有启动最低收购价和临时收储政策的才是政策性业务。虽然不是传统意义上的政策性业务了，但还带有一定的政策性色彩。农发行还有一个历史包袱影响了资本充足率，即20世纪90年代初有很多农业专项贷款发生损失。农发行现在的盈利状况不错，国家也承诺允许其用未来的盈利转补资本金，包括未来上交的所得税等。所以，通过一定的措施，农发行可以有一个未来可预期的资本补充，使资本充足率问题大体得以解决。

——解决资本充足率问题，三家银行可以采取不同措施。可以从体现公共性、体现国家利益的战略出资人中选择注资主体，包括财政、社保基金和其他一些体现公共性的投资主体。过去国开行和口行借用了部分外汇储备发放"走出去"贷款，可以实施债转股并阶段性持股。

——在解决三家银行资本充足率的过程中应该做一些前瞻性的准备。应该多留一点余地，为的是让它们在国民经济中发挥应有的作用。另外，既然开发性业务要求财务可持续、保本微利，机构自身也应有一定的自我积累，再加上负债方的资金成本相对有利，所以有条件实现部分积累。再者，资本充足率达标或略高，有利于三家银行在市场上发债融资，投资者会比较认可。

（三）政策性、开发性金融机构面临与商业银行基本相同的监管要求，对于小比例的国家指令性业务，国家会承担未来风险

——开发性金融强调自主决策。目前，对开发性银行，在监

管特殊性方面不必强调太多。通过实际账面数据不难发现，国家指令性业务的比例相当低。更多的是这样一种情况，国家希望这件事情能够由金融机构来做，但是并没有指定非要某一家金融机构做，政策性、开发性金融机构觉得能做就可以做，如果不能做也不强求。对于一些国家希望做，但没有补贴和兜底的情况，三家银行可以量力而为。开发性金融强调的是银行自主决策。方向上是国家战略所需要的，但也要自主决策，不能是行政命令，国开行主要在做这部分业务。

——对于小比例的业务国家希望按指令实施，国家也会承担未来的风险。这种业务具体有两种做法：第一种是事前规定补贴金额，看哪家银行愿意做，不论是政策性银行还是商业银行，都可投标承担。2007 年主要想走这条路，但后来发现有难度，事前承诺补贴有时不易做到。第二种是承诺事后给予兜底，风险权重得以降低，可设置和商业银行一般贷款业务不一样的风险权重，而在内控和监管标准上不再另行规定。但三家银行的主体业务还是自主决策的自营性金融业务。

（四）政策性、开发性金融机构最近若干年仍将以发债融资为主，若其在海外发债要受国家宏观审慎管理并考虑信息披露和评级对自身是否有利

——三家银行最近若干年以发债融资为主的状况不会改变。不一定有必要严格限制政策性银行吸收存款。这几家银行发放贷款之后，都要做账户管理、支付管理。比如农发行的农业综合开发贷款，派生存款会占一定比例，允许有一点存款业务无大碍。不过，三家银行最近若干年以发债融资为主的状况不会改变，除非突然出现一个能够收购商业银行的机会，但这种机会也不容易出现，所以短时间内改变不了以发债融资为主的现状。

　　全球在金融危机的背景下，都在认真考虑应对银行"大而不能倒"的问题，也拿出了一些设计。但在复苏艰难的情况下，当前还未做到。我国的系统重要性银行，似应包括三家银行，它们也应属于国际或国内定义的"系统重要性"银行，"大而不能倒"一时还改变不了。银行类金融债在我国债市上占了不小的比例，信用评级上略次于主权债，监管者认可其他金融机构投资于政策性金融债不占用其资本，促进了投资者的认可。从央行作为金融稳定当局和最后贷款人的角度来讲，也很难认可这类"系统重要性"机构的倒闭，而是强调要保持事前、事中的稳健性。这实际上构成了三家银行资产负债表负债方管理的现实生态，也是它们在国民经济中能发挥作用的条件，不是每个国家都有这样的条件。

　　——抵押补充贷款（PSL）更多是从货币政策传导的角度来考虑的。具体到一些工具，比如 PSL，并不是为某项业务设计的，更多是从货币政策传导的角度来考虑的。从央行的角度看，PSL 符合央行对未来中长期利率走势进行引导的需要，当时的情况是利率水平应下行，但如果央行只有短期政策利率，那么市场反应较慢，所以增加了对中期和长期利率的指导，引导市场未来的利率走势，这是一种前瞻性指引。另外，国际上一种普遍做法是，向央行借钱一般要出具抵押品，有助于防范道德风险。PSL 是要求有抵押的，其价格就会与抵押品的品质有关。

　　——未来在资本项目逐渐可兑换的情况下，不必严格限定发债在国内还是国外。过去人民币不可兑换，外汇与人民币一直分开管理，从而会对国内发债和国外发债作出分别处理。会出现这样的情况：人民币融资的话，可以发行政策性金融债；境外融资的话，当前虽然便宜，但投资者可能会有不同的看法。未来在资本项目逐渐可兑换的情况下，本外币政策的区分会发生变化，不一定非要限定只在国内发债或者只在国外发债。

——在国外发债需要注意两个问题。一是目前国外发债价格较为有利，但可能是一种阶段性暂时现象。另外，尽管外债便宜，但国家还有宏观审慎管理需要，有时不鼓励借那么多外债。二是政策性银行在海外发债是否有足够的信息披露和信用评级。商业银行国外发债，都有国际性评级和国际会计师做的外部审计，而且商业银行往往在海外也发行股票，海外发债不存在太多问题。但如果政策性银行在海外发债，就要考虑信息披露和评级对自身是否有利，特别是在资本充足率上不能丢分。如若有利的话，未来除了宏观审慎方面的考虑，其他方面不一定要有过多的限制。

（五）目前改革方案没有提及是否在资本市场做股权融资

——未来可能的补充资本方式。这一轮改革先主要解决约束机制和功能定位等问题。这些问题解决之后，开发性业务在财务上可持续，按理说就会有一定盈利。如果资本积累略低于扩张速度，国家可以视能力提供补充资本支持。如果国家没有补充，未来的业务需求又大于资本自我补充速度，那么有两种选择：一是按资本自我补充的速度控制业务扩张，可以少做一些、做精一点；二是吸收其他资本。从理论上看，开发性金融服务国家战略、保本微利，回报率可能低于私人资本回报率，但有的投资者可能看中其长期的资本回报，也会考虑投入，这是建立在投资者对其前景预期基础上的自愿投资。

——未来上市的可能性。到目前为止，改革方案没有提是否在资本市场做股权融资，未来有两种可能性：一是刚刚达到保本微利，尚不具备足够的吸引力上市融资；二是把业务切成几块，其中有一块可以独立出来发行并上市。国际上一些开发性机构都开始实行集团制架构。所谓集团制，世界银行集团、德国复兴信贷银行（KFW）比较典型。世界银行集团下属机构之一的国际金融公司（IFC）商业性特征比较明显；而集团成员之一的国际开发协会（IDA），则援助色彩比较浓厚；另一成员国际复兴开发银行（IBRD）也是开发性的机构，以支持中等收入国家为主。因此，业务是可以分块的。改革的争议之一是能否允许搞集团形式。集团内切块以后，有没有可能通过资本市场融资？看来可以尝试，但没有特别地明确未来会怎么样，因为还涉及混业经营的问题。

三、未来还有诸多挑战

三家银行的改革及其未来道路还要接受实践的考验，也会面临诸多挑战。如果我们能在已有的实践基础上，借鉴好的经验，不断动态改进，或许三家银行的模式能成为中国特色道路中有光彩的一部分。

（一）加强公司治理，建立董事会

——建立董事会是本轮改革题中应有之义。国开行已经成立了董事会；口行过去有董事会，后来停止运转了，现在要重建；农发行的董事会也正在设计。加强公司治理，建立董事会是本轮改革题中应有之义。

——政策性银行的董事会与商业性金融机构的董事会可能有区别。商业性金融机构董事会基本按照股东利益来安排，但是国际上也有一些大型商业银行的董事会包括两到三个有政府色彩或者公众利益色彩的人担任董事，履行社会和公众义务。类似地，三家银行的董事会也会是混合型，因为它们承担着服务国家发展战略的职能，所以政府代表的比重会大一些，同时也要有出资人利益的代表，以达到较好的平衡；既要有资本约束、保持财务健康，也要切实符合服务国家战略发展需要的方向。

（二）受地方政府融资平台影响

——地方政府融资平台里的融资分类。目前的分类是：地方政府融资平台里的融资有一部分有收益；也有一部分是纯粹公益性质的，必须用地方政府的综合税收收入来偿还；还有一部分是混合型的，市场能够偿还大部分，小部分缺口仍需地方政府用综合收入来偿还。

——地方政府应该继续向银行履行承诺。如果地方政府在建融资平台并融资时，相当一部分有担保或者变相担保，过去承诺的应该继续向银行履行承诺。承诺有多种方式，例如基础设施的收费标准、平行竞争的限制等，既可以说是地方政府的担保，也可以说是地方政府对未来经营项目所设定的条件给出承诺。无论地方政府债务下一步如何处理和重整，过去作出的承诺都应该履行。否则，不仅对政策性和开发性金融机构有影响，对其他大量参与融资平台项目的商业银行也有影响，会产生较大的负面冲击。

（三）与"一带一路"密切相关

——政策性银行、开发性银行在"一带一路"方面做了大量工作。相当一部分"走出去"项目都可以看到国开行和口行的身影。这之前，它们已做了不少工作，响应国家"走出去"号召，部署了不少力量，在很多国家和地区做了大量的工作。相较于商业银行，国开行和口行步子更大一些，抓住机会服务国家战略需求。国开行通过很多自己的努力支持了一些新区域的"走出去"；

口行原本主要支持贸易，后来也设立了专门的投资基金，主动参与投资项目。总体上看，政策性银行、开发性银行在"一带一路"方面确实做了大量工作。同时，国开行和口行也是丝路基金的出资者。

——下一步，资产质量的把握至关重要。如果资产质量把握得好，政策性银行和开发性银行就可以发挥更大作用；如果资产质量把握得不好，也会有阶段性的收缩和调整。在这方面，三家银行和商业银行面临的资本约束是类似的。